서울교통공사

필기시험 모의고사

제 1 회	영 역	직업기초능력평가, 직무수행능력평가(행정학)
	문항수	80문항
	시 간	100분
	비 고	객관식 5지선다형

SEOWONGAK
(주)서원각

제1회 필기시험 모의고사

〉〉 직업기초능력평가(40문항/50분)

1 다음은 서울교통공사 공고문의 일부이다. 빈칸에 공통적으로 들어갈 단어로 가장 적절한 것은?

지하철 (　　)운행 안내

　설 연휴를 맞아 귀경객의 교통편의를 위하여 서울지하철 1~8호선을 (　　)운행하오니 많은 이용 바랍니다.
- 설 연휴 : 2019.2.2.(토)~2.6.(수)/ 5일간
- 지하철 (　　)운행 : 2019.2.5.(화)~2.6.(수)/ 2일간
※ 종착역 도착기준 다음날 02시까지 (　　)운행
---

① 지연
② 지속
③ 지체
④ 연장
⑤ 연속

2 다음 글과 어울리는 사자성어로 적절한 것은?

　진나라의 사마위강은 자신이 모시는 도공에게 이런 말을 하였다. "전하, 나라가 편안할 때일수록 위기가 닥쳐올 것을 대비해야 합니다. 위기가 닥칠 것을 대비해 항상 만반의 준비를 하고 있어야 합니다. 미리 준비를 하고 있으면 걱정할 것이 아무 것도 없습니다." 이 말을 깊이 새겨들은 도강은 위기에 대처할 수 있도록 준비하였고, 마침내 천하통일을 이루었다.
---

① 토사구팽(兎死狗烹)
② 유비무환(有備無患)
③ 와신상담(臥薪嘗膽)
④ 선공후사(先公後私)
⑤ 맥수지탄(麥秀之嘆)

┃3~4┃ 다음 지문을 읽고 이어지는 질문에 답하시오.

　고객들에게 자사 제품과 브랜드를 최소의 비용으로 최대의 효과를 내며 알릴 수 있는 비법이 있다면, 마케팅 담당자들의 스트레스는 훨씬 줄어들 것이다. 이런 측면에서 웹2.0 시대의 UCC를 활용한 마케팅 전략은 자사 제품의 사용 상황이나 대상에 따라 약간의 차이는 보이겠지만, 마케팅 활동에 있어 굉장한 기회가 될 것이다. 그러나 마케팅 교육을 담당하는 입장에서 보면, 아직까지는 인터넷 업종을 제외한 주요 기업 마케팅 담당자들의 UCC에 대한 이해 수준이 생각보다 깊지 않다. 우선 웹2.0에 대한 정확한 이해가 부족하고, 자사 제품이나 브랜드를 어떻게 적용할 것인가 하는 고민은 많지만, 활용 전략에서 많은 어려움을 겪는다. 그래서 후년부터 (　　　　　　　　　)을(를) 주제로 강의를 할 예정이다. 이 강좌를 통해 국내 대표 인터넷 기업들의 웹2.0 비즈니스 성공 모델을 분석하면서 어떻게 활용할 것인가를 함께 고민하고자 한다.
---

3 윗글의 예상 독자는 누구인가?
① UCC 제작 교육을 원하는 기업 마케터들
② UCC 활용 교육을 원하는 기업 마케터들
③ UCC 이해 교육을 원하는 기업 웹담당자들
④ UCC 전략 교육을 원하는 기업 웹담당자들
⑤ UCC를 마케팅에 활용하고 있는 인터넷 기업 대표들

4 윗글의 괄호 안에 들어갈 강의 제목으로 가장 적절한 것은 무엇인가?
① 웹2.0 시대의 마케팅 담당자
② 웹2.0 시대의 비즈니스 성공 열쇠
③ 웹2.0 시대 비즈니스 성공 모델 완벽 분석
④ 웹2.0 시대 UCC를 통한 마케팅 활용 전략
⑤ 웹2.0 시대 국내 대표 인터넷 기업들

5 다음 글의 주제로 가장 적절한 것을 고른 것은?

유럽의 도시들을 여행하다 보면 여기저기서 벼룩시장이 열리는 것을 볼 수 있다. 벼룩시장에서 사람들은 낡고 오래된 물건들을 보면서 추억을 되살린다. 유럽 도시들의 독특한 분위기는 오래된 것을 쉽게 버리지 않는 이런 정신이 반영된 것이다.

영국의 옥스팜(Oxfam)이라는 시민단체는 헌옷을 수선해 파는 전문 상점을 운영해, 그 수익금으로 제3세계를 지원하고 있다. 파리 시민들에게는 유행이 따로 없다. 서로 다른 시절의 옷들을 예술적으로 배합해 자기만의 개성을 연출한다.

땀과 기억이 배어 있는 오래된 물건은 실용적 가치만으로 따질 수 없는 보편적 가치를 지닌다. 선물로 받아서 10년 이상써 온 손때 묻은 만년필을 잃어버렸을 때 느끼는 상실감은 새 만년필을 산다고 해서 사라지지 않는다. 그것은 그 만년필이 개인의 오랜 추억을 담고 있는 증거물이자 애착의 대상이 되었기 때문이다. 그러기에 실용성과 상관없이 오래된 것은 그 자체로 아름답다.

① 서양인들의 개성은 시대를 넘나드는 예술적 가치관으로부터 표현된다.
② 실용적 가치보다 보편적인 가치를 중요시해야 한다.
③ 만년필은 선물해 준 사람과의 아름다운 기억과 오랜 추억이 담긴 물건이다.
④ 오래된 물건은 실용적인 가치보다 더 중요한 가치를 지니고 있다.
⑤ 오래된 물건은 실용적 가치만으로 따질 수 없는 개인의 추억과 같은 보편적 가치를 지니기에 그 자체로 아름답다.

6 다음 글은 「철도안전법」에 규정되어 있는 철도종사자의 안전교육 대상 등에 대한 내용이다. 이를 보고 잘못 이해한 사람은 누구인가?

철도종사자의 안전교육 대상 등〈「철도안전법 시행규칙」 제41조의2〉
① 철도운영자 등이 철도안전에 관한 교육(이하 "철도안전교육"이라 한다)을 실시하여야 하는 대상은 다음과 같다.
• 철도차량의 운전업무에 종사하는 사람(이하 "운전업무 종사자"라 한다)
• 철도차량의 운행을 집중 제어 · 통제 · 감시하는 업무(이하 "관제업무"라 한다)에 종사하는 사람
• 여객에게 승무(乘務) 서비스를 제공하는 사람(이하 "여객승무원"이라 한다)
• 여객에게 역무(驛務) 서비스를 제공하는 사람(이하 "여객역무원"이라 한다)
• 철도차량의 운행선로 또는 그 인근에서 철도시설의 건설 또는 관리와 관련된 작업의 현장감독업무를 수행하는 사람
• 철도시설 또는 철도차량을 보호하기 위한 순회점검업무 또는 경비업무를 수행하는 사람
• 정거장에서 철도신호기 · 선로전환기 또는 조작판 등을 취급하거나 열차의 조성업무를 수행하는 사람
• 철도에 공급되는 전력의 원격제어장치를 운영하는 사람
② 철도운영자 등은 철도안전교육을 강의 및 실습의 방법으로 매 분기마다 6시간 이상 실시하여야 한다. 다만, 다른 법령에 따라 시행하는 교육에서 제3항에 따른 내용의 교육을 받은 경우 그 교육시간은 철도안전교육을 받은 것으로 본다.
③ 철도안전교육의 내용은 아래와 같으며, 교육방법은 강의 및 실습에 의한다.
• 철도안전법령 및 안전관련 규정
• 철도운전 및 관제이론 등 분야별 안전업무수행 관련 사항
• 철도사고 사례 및 사고예방대책
• 철도사고 및 운행장애 등 비상 시 응급조치 및 수습복구대책
• 안전관리의 중요성 등 정신교육
• 근로자의 건강관리 등 안전 · 보건관리에 관한 사항
• 철도안전관리체계 및 철도안전관리시스템
• 위기대응체계 및 위기대응 매뉴얼 등
④ 철도운영자 등은 철도안전교육을 법 제69조에 따른 안전전문기관 등 안전에 관한 업무를 수행하는 전문기관에 위탁하여 실시할 수 있다.
⑤ 제1항부터 제4항까지에서 규정한 사항 외에 철도안전교육의 평가방법 등에 필요한 세부사항은 국토교통부장관이 정하여 고시한다.

① 동수 : 운전업무 종사자, 관제업무 종사자, 여객승무원, 여객역무원은 철도안전교육을 받아야 하는구나.
② 영수 : 철도안전교육은 강의 및 실습의 방법으로 매 분기마다 6시간 이상 실시하는구나.
③ 미희 : 철도안전교육은 전문기관에 위탁하여 실시하기에는 너무나 어렵구나.
④ 지민 : 철도안전교육에 철도운전 및 관제이론 등 분야별 안전업무수행 관련 사항, 철도사고 사례 및 사고예방대책 등도 포함되는구나.
⑤ 현민 : 정거장에서 철도신호기 · 선로전환기 또는 조작판 등을 취급하거나 열차의 조성업무를 수행하는 사람도 철도안전교육을 받아야 하는구나.

7 다음 글을 읽고 추론할 수 없는 내용은?

우리나라의 고분, 즉 무덤은 크게 나누어 세 가지 요소로 구성되어 있다. 첫째는 목관(木棺), 옹관(甕棺)과 같이 시신을 넣어두는 용기이다. 둘째는 이들 용기를 수용하는 내부 시설로 광(壙), 곽(槨), 실(室) 등이 있다. 셋째는 매장시설을 감싸는 외부 시설로 이에는 무덤에서 지상에 성토한, 즉 흙을 쌓아 올린 부분에 해당하는 분구(墳丘)와 분구 주위를 둘러 성토된 부분을 보호하는 호석(護石) 등이 있다.

일반적으로 고고학계에서는 무덤에 대해 '묘(墓)-분(墳)-총(塚)'의 발전단계를 상정한다. 이러한 구분은 성토의 정도를 기준으로 삼은 것이다. 매장시설이 지하에 설치되고 성토하지 않은 무덤을 묘라고 한다. 묘는 또 목관묘와 같이 매장시설, 즉 용기를 가리킬 때도 사용된다. 분은 지상에 분명하게 성토한 무덤을 가리킨다. 이 중 성토를 높게 하여 뚜렷하게 구분되는 대형 분구를 가리켜 총이라고 한다.

고분 연구에서는 지금까지 설명한 매장시설 이외에도 함께 묻힌 피장자(被葬者)와 부장품이 그 대상이 된다. 부장품에는 일상품, 위세품, 신분표상품이 있다. 일상품은 일상생활에 필요한 물품들로 생산 및 생활도구 등이 이에 해당한다. 위세품은 정치, 사회적 관계를 표현하기 위해 사용된 물품이다. 당사자 사이에만 거래되어 일반인이 입수하기 어려운 물건으로 피장자가 착장(着裝)하여 위세를 드러내던 것을 착장형 위세품이라고 한다. 생산도구나 무기 및 마구 등은 일상품이기도 하지만 물자의 장악이나 군사력을 상징하는 부장품이기도 하다. 이 것들은 피장자의 신분이나 지위를 상징하는 물건으로 일상품적 위세품이라고 한다. 이러한 위세품 중에 6세기 중엽 삼국의 국가체제 및 신분질서가 정비되어 관등(官等)이 체계화된 이후 사용된 물품을 신분표상품이라고 한다.

① 묘에는 분구와 호석이 발견되지 않는다.
② 묘는 무덤의 구성요소뿐 아니라 무덤 발전단계를 가리킬 때에도 사용되는 말이다.
③ 피장자의 정치, 사회적 신분 관계를 표현하기 위해 장식한 칼을 사용하였다면 이는 위세품에 해당한다.
④ 생산도구가 물자의 장악이나 군사력을 상징하는 부장품에 사용되었다면, 이는 위세품이지 일상품은 아니다.
⑤ 성토를 높게 할수록 신분이 높다면, 같은 시대 같은 지역에 묻힌 두 피장자 중 분보다는 총에 묻힌 피장자의 신분이 높다.

8 다음은 어느 시민사회단체의 발기 선언문이다. 이 단체에 대해 판단한 내용으로 적절하지 않은 것은?

우리 사회의 경제적 불의는 더 이상 방치할 수 없는 상태에 이르렀다. 도시 빈민가와 농촌에 잔존하고 있는 빈곤은 인간다운 삶의 가능성을 원천적으로 박탈하고 있으며, 경제력을 독점하고 있는 소수계층은 각계에 영향력을 행사하여 대다수 국민들의 의사에 반하는 결정들을 관철시키고 있다. 만연된 사치와 향락은 근면과 저축의욕을 감퇴시키고 손쉬운 투기와 불로소득은 기업들의 창의력과 투자의욕을 감소시킴으로써 경제성장의 토대가 와해되고 있다. 부익부빈익빈의 극심한 양극화는 국민 간의 균열을 심화시킴으로써 사회 안정 기반이 동요되고 있으며 공공연한 비윤리적 축적은 공동체의 기본 규범인 윤리 전반을 문란케 하여 우리와 우리 자손들의 소중한 삶의 터전인 이 땅을 약육강식의 살벌한 세상으로 만들고 있다.

부동산 투기, 정경유착, 불로소득과 탈세를 공인하는 차명계좌의 허용, 극심한 소득차, 불공정한 노사관계, 농촌과 중소기업의 피폐 및 이 모든 것들의 결과인 부와 소득의 불공정한 분배, 그리고 재벌로의 경제적 집중, 사치와 향락, 환경오염 등 이 사회에 범람하고 있는 경제적 불의를 척결하고 경제정의를 실천함은 이 시대 우리 사회의 역사적 과제이다.

이의 실천이 없이는 경제 성장도 산업 평화도 민주복지 사회의 건설도 한갓 꿈에 불과하다. 이 중에서도 부동산 문제의 해결은 가장 시급한 우리의 당면 과제이다. 인위적으로 생산될 수 없는 귀중한 국토는 모든 국민들의 복지 증진을 위하여 생산과 생활에만 사용되어야 함에도 불구하고 소수의 재산 증식 수단으로 악용되고 있다. 토지 소유의 극심한 편중과 투기화, 그로 인한 지가의 폭등은 국민생활의 근거인 주택의 원활한 공급을 극도로 곤란하게 하고 있을 뿐만 아니라 물가 폭등 및 노사 분규의 격화, 거대한 투기 소득의 발생 등을 초래함으로써 현재 이 사회가 당면하고 있는 대부분의 경제적 사회적 불안과 부정의의 가장 중요한 원인으로 작용하고 있다.

정부 정책에 대한 국민들의 자유로운 선택권이 보장되며 경제적으로 시장 경제의 효율성과 역동성을 살리면서 깨끗하고 유능한 정부의 적절한 개입으로 분배의 편중, 독과점 및 공해 등 시장 경제의 결함을 해결하는 민주복지사회를 실현하여야 한다. 그리고 이것이 자유와 평등, 정의와 평화의 공동체로서 우리가 지향할 목표이다.

① 이 단체는 극빈층을 포함한 사회적 취약계층의 객관적인 생활수준은 향상되었지만 불공정한 분배, 비윤리적 부의 축적 그리고 사치와 향락 분위기 만연으로 상대적 빈곤은 심각해지고 있다고 인식한다.
② 이 단체는 정책 결정 과정이 소수의 특정 집단에 좌우되고 있다고 보고 있으므로, 정책 결정 과정에 국민 다수의 참여 보장을 주장할 가능성이 크다.
③ 이 단체는 윤리 정립과 불의 척결 등의 요소도 경제 성장에 기여할 수 있다고 본다.
④ 이 단체는 '기업의 비사업용 토지소유 제한을 완화하는 정책'에 비판적일 것이다.
⑤ 이 단체는 경제 성장의 조건으로 저축과 기업의 투자 등을 꼽고 있다.

9 두 기업 서원각, 소정의 작년 상반기 매출액의 합계는 91억 원이었다. 올해 상반기 두 기업 서원각, 소정의 매출액은 작년 상반기에 비해 각각 10%, 20% 증가하였고, 두 기업 서원각, 소정의 매출액 증가량의 비가 2 : 3이라고 할 때, 올해 상반기 두 기업 서원각, 소정의 매출액의 합계는?

① 96억 원　　　　　② 100억 원
③ 104억 원　　　　④ 108억 원
⑤ 112억 원

10 다음은 한 통신사의 요금제별 요금 및 할인 혜택에 관한 표이다. 이번 달에 전화통화와 함께 100건 이상의 문자메시지를 사용하였는데, A요금제를 이용했을 경우 청구되는 요금은 14,000원, B요금제를 이용했을 경우 청구되는 요금은 16,250원이다. 이번 달에 사용한 문자메시지는 모두 몇 건인가?

요금제	기본료	통화요금	문자메시지 요금	할인 혜택
A	없음	5원/초	10원/건	전체 요금의 20% 할인
B	5,000원/월	3원/초	15원/건	문자메시지 월 100건 무료

① 125건　　　　　② 150건
③ 200건　　　　　④ 225건
⑤ 250건

11 김정은과 시진핑은 양국의 우정을 돈독히 하기 위해 함께 서울에 방문하여 용산역에서 목포역까지 열차를 활용한 우정 휴가를 계획하고 있다. 아래의 표는 인터넷 사용법에 능숙한 김정은과 시진핑이 서울—목포 간 열차종류 및 이에 해당하는 요소들을 배치해 알아보기 쉽게 도표화한 것이다. 아래의 표를 참조하여 이 둘이 선택할 수 있는 대안(열차종류)을 보완적 방식을 통해 고르면 어떠한 열차를 선택하게 되겠는가? (단, 각 대안에 대한 최종결과 값 수치에 대한 반올림은 없는 것으로 한다.)

평가 기준	중요도	열차 종류				
		KTX 산천	ITX 새마을	무궁화호	ITX 청춘	누리로
경제성	60	3	5	4	6	6
디자인	40	9	7	2	5	5
서비스	20	8	4	3	4	4

① ITX 새마을　　　　② ITX 청춘
③ 무궁화호　　　　　④ 누리로
⑤ KTX 산천

12 다음 주어진 〈상황〉을 근거로 판단할 때, ○○씨가 지원받을 수 있는 주택보수비용의 최대 액수는?

• 주택을 소유하고 해당 주택에 거주하는 가구를 대상으로 주택 노후도 평가를 실시하여 그 결과(경·중·대보수)에 따라 다음과 같이 주택보수비용을 지원한다.

[주택보수비용 지원 내용]

구분	경보수	중보수	대보수
보수항목	도배 또는 장판	수도시설 또는 난방시설	지붕 또는 기둥
주택당 보수비용 지원한도액	350만 원	650만 원	950만 원

• 소득인정액에 따라 위 보수비용 지원한도액의 80~100% 차등 지원

구분	중위소득 25% 미만	중위소득 25% 이상 35% 미만	중위소득 35% 이상 43% 미만
지원율	100%	90%	80%

〈상황〉
○○씨는 현재 거주하고 있는 A주택의 소유자이며, 소득인정액이 중위 40%에 해당한다. A주택 노후도 평가 결과, 지붕의 수선이 필요한 주택보수비용 지원 대상에 선정되었다.

① 520만 원　　　　② 650만 원
③ 760만 원　　　　④ 855만 원
⑤ 950만 원

13 다음 〈그림〉은 연도별 연어의 포획량과 회귀율을 나타낸 것이다. 이에 대한 설명 중 옳지 않은 것은?

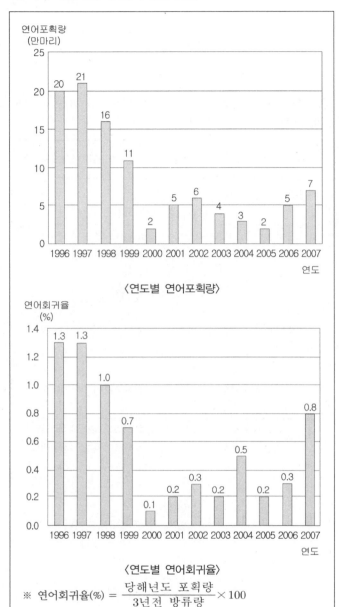

〈연도별 연어포획량〉

〈연도별 연어회귀율〉

$$※ \ 연어회귀율(\%) = \frac{당해년도 \ 포획량}{3년전 \ 방류량} \times 100$$

① 1999년도와 2000년도의 연어방류량은 동일하다.
② 연어포획량이 가장 많은 해와 가장 적은 해의 차이는 20만 마리를 넘지 않는다.
③ 연어회귀율은 증감을 거듭하고 있다.
④ 2004년도 연어방류량은 1,500만 마리가 넘는다.
⑤ 2000년도는 연어포획량이 가장 적고, 연어회귀율도 가장 낮다.

14 다음 표는 A지역 전체 가구를 대상으로 원자력발전소 사고 전·후 식수 조달원 변경에 대해 사고 후 설문조사한 결과이다. 사고 전에 비해 사고 후에 이용 가구 수가 감소한 식수 조달원의 수는 몇 개인가? (단, A지역 가구의 식수 조달원은 수돗물, 정수, 약수, 생수로 구성되며, 각 가구는 한 종류의 식수 조달원만 이용한다.)

〈원자력발전소 사고 전·후 A지역 조달원별 가구 수〉

(단위 : 가구)

사고 전 조달원 \ 사고 후 조달원	수돗물	정수	약수	생수
수돗물	40	30	20	30
정수	10	50	10	30
약수	20	10	10	40
생수	10	10	10	40

① 0개
② 1개
③ 2개
④ 3개
⑤ 4개

구분	계약자	계약기간	수량	계약방법
조례시설물	580	–	–	–
음료수 자판기	4명	13.12.23~19.01.20	4역 4대	공모 추첨
	9명	14.03.01~19.02.28	9역 9대	
	215명	14.10.01~19.09.30	112역 215대	
	185명	15.07.25~20.08.09	137역 185대	
	5명	14.03.01~19.02.28	5역 5대	
통합 판매대	5명	14.03.01~19.02.28	5역 5대	
	90명	14.10.01~19.09.30	60역 90대	
	40명	15.07.26~20.08.09	34역 40대	
스낵 자판기	25명	13.12.23~19.01.20	24역 25대	
	3명	15.08.03~20.08.09	3역 3대	
일반시설물	7명	–	5종 1219대	–
현금 인출기	㈜○○러스	16.01.22~21.01.21	114역 228대	공개 경쟁 입찰
	㈜○○링크	13.04.29~18.07.28	155역 184대	
위생용품 자동판매기	㈜○○실업	13.10.14~18.10.31	117역 129대	
		14.06.30~19.08.29	144역 149대	
스낵 자판기	㈜○○시스	14.01.02~19.01.01	106역 184대	
자동칼라 사진기	㈜○○양행	17.07.10~20.06.01	91역 91대	
		15.03.02~20.06.01	100역 100대	
무인택배 보관함	㈜○○새누	12.03.06~17.12.31	98역 154개소	
물품보관·전달함	㈜○○박스	15.11.10~18.11.09	151역 157개소	협상에 의한 계약

15 공모추첨을 통해 계약한 시설물 중 가장 많은 계약자를 기록하고 있는 시설물은?

① 조례시설물   ② 음료수자판기

③ 통합판매대   ④ 스낵자판기

⑤ 일반시설물

16 2019년에 계약이 만료되는 계약자는 총 몇 명인가? (단, 단일 계약자는 제외한다.)

① 353   ② 368

③ 371   ④ 385

⑤ 392

┃17~18┃ 다음은 제주도의 수출에 대한 자료이다. 물음에 답하시오.

〈연도별 수출실적〉

(단위 : 천 달러, %)

구분	2016년	2017년
합계	128,994	155,292
1차 산품	68,685	61,401
농산물	24,530	21,441
수산물	41,996	38,555
축산물	2,159	1,405
공산품	60,309	93,891

〈부문별 수출실적〉

(단위 : 천 달러, %)

구분		농산물	수산물	축산물	공산품
2013년	금액	27,895	50,868	1,587	22,935
	비중	27.0	49.2	1.5	22.2
2014년	금액	23,905	41,088	1,086	40,336
	비중	22.5	38.6	1.0	37.9
2015년	금액	21,430	38,974	1,366	59,298
	비중	17.7	32.2	1.1	49.0
2016년	금액	24,530	41,996	2,159	60,309
	비중	19.0	32.6	1.7	46.7
2017년	금액	21,441	38,555	1,405	93,891
	비중	13.8	24.8	0.9	60.5

17 위의 자료에 대한 올바른 설명을 〈보기〉에서 모두 고른 것은 어느 것인가?

〈보기〉

㈎ 2016년과 2017년의 수산물 수출실적은 1차 산품에서 50% ~60%의 비중을 차지한다.

㈏ 2013년~2017년 기간 동안 수출실적의 증감 추이는 농산물과 수산물이 동일하다.

㈐ 2013년~2017년 기간 동안 농산물, 수산물, 축산물, 공산품의 수출실적 순위는 매년 동일하다.

㈑ 2013년~2017년 기간 동안 전체 수출실적은 매년 꾸준히 증가하였다.

① ㈎, ㈏

② ㈏, ㈑

③ ㈐, ㈑

④ ㈎, ㈏, ㈐

⑤ ㈏, ㈐, ㈑

18 다음 중 2013년 대비 2017년의 수출금액 감소율이 가장 큰 1차 산품부터 순서대로 올바르게 나열한 것은 어느 것인가?

① 농산물 > 축산물 > 수산물

② 농산물 > 수산물 > 축산물

③ 수산물 > 농산물 > 축산물

④ 수산물 > 축산물 > 농산물

⑤ 축산물 > 수산물 > 농산물

19 다음 주어진 조건을 모두 고려했을 때 옳은 것은?

〈조건〉

• A, B, C, D, E의 월급은 각각 10만 원, 20만 원, 30만 원, 40만 원, 50만 원 중 하나이다.

• A의 월급은 C의 월급보다 많고, E의 월급보다는 적다.

• D의 월급은 B의 월급보다 많고, A의 월급도 B의 월급보다 많다.

• C의 월급은 B의 월급보다 많고, D의 월급보다는 적다.

• D는 가장 많은 월급을 받지는 않는다.

① 월급이 세 번째로 많은 사람은 A이다.

② E와 C의 월급은 20만 원 차이가 난다.

③ B와 E의 월급의 합은 A와 C의 월급의 합보다 많다.

④ 월급이 제일 많은 사람은 E이다.

⑤ 월급이 가장 적은 사람은 C이다.

20 다음을 보고 옳은 것을 모두 고르면?

서울교통공사에서 문건 유출 사건이 발생하여 관련자 다섯 명을 소환하였다. 다섯 명의 이름을 편의상 갑, 을, 병, 정, 무라 부르기로 한다. 다음은 관련자들을 소환하여 조사한 결과 참으로 밝혀진 내용들이다.

㉠ 소환된 다섯 명이 모두 가담한 것은 아니다.

㉡ 갑이 가담했다면 을도 가담했고, 갑이 가담하지 않았다면 을도 가담하지 않았다.

㉢ 을이 가담했다면 병이 가담했거나 갑이 가담하지 않았다.

㉣ 갑이 가담하지 않았다면 정도 가담하지 않았다.

㉤ 정이 가담하지 않았다면 갑이 가담했고 병은 가담하지 않았다.

㉥ 갑이 가담하지 않았다면 무도 가담하지 않았다.

㉦ 무가 가담했다면 병은 가담하지 않았다.

① 가담한 사람은 갑, 을, 병 세 사람뿐이다.

② 가담하지 않은 사람은 무 한 사람뿐이다.

③ 가담한 사람은 을과 병 두 사람뿐이다.

④ 가담한 사람은 병과 정 두 사람뿐이다.

⑤ 가담한 사람은 갑, 을, 병, 무 이렇게 네 사람이다.

21 다음 글의 내용과 날씨를 근거로 판단할 경우 종아가 여행을 다녀온 시기로 가능한 것은?

- 종아는 선박으로 '포항 → 울릉도 → 독도 → 울릉도 → 포항' 순으로 3박 4일의 여행을 다녀왔다.
- '포항 → 울릉도' 선박은 매일 오전 10시, '울릉도 → 포항' 선박은 매일 오후 3시에 출발하며, 편도 운항에 3시간이 소요된다.
- 울릉도에서 출발해 독도를 돌아보는 선박은 매주 화요일과 목요일 오전 8시에 출발하여 당일 오전 11시에 돌아온다.
- 최대 파고가 3m 이상인 날은 모든 노선의 선박이 운항되지 않는다.
- 종아는 매주 금요일에 술을 마시는데, 술을 마신 다음날은 멀미가 심해 선박을 탈 수 없다.
- 이번 여행 중 종아는 울릉도에서 호박엿 만들기 체험을 했는데, 호박엿 만들기 체험은 매주 월·금요일 오후 6시에만 할 수 있다.

날씨

(㊌ : 최대 파고)

日	月	火	水	木	金	土
16 ㊌ 1.0m	17 ㊌ 1.4m	18 ㊌ 3.2m	19 ㊌ 2.7m	20 ㊌ 2.8m	21 ㊌ 3.7m	22 ㊌ 2.0m
23 ㊌ 0.7m	24 ㊌ 3.3m	25 ㊌ 2.8m	26 ㊌ 2.7m	27 ㊌ 0.5m	28 ㊌ 3.7m	29 ㊌ 3.3m

① 19일(水) ~ 22일(土)

② 20일(木) ~ 23일(日)

③ 23일(日) ~ 26일(水)

④ 25일(火) ~ 28일(金)

⑤ 26일(水) ~ 29일(土)

｜22~23｜ 다음은 C공공기관의 휴가 규정이다. 이를 보고 이어지는 물음에 답하시오.

휴가종류		휴가사유	휴가일수
연가		정신적, 육체적 휴식 및 사생활 편의	재직기간에 따라 3~21일
병가		질병 또는 부상으로 직무를 수행할 수 없거나 전염병으로 다른 직원의 건강에 영향을 미칠 우려가 있을 경우	-일반병가 : 60일 이내 -공적병가 : 180일 이내
공가		징병검사, 동원훈련, 투표, 건강검진, 헌혈, 천재지변, 단체교섭 등	공가 목적에 직접 필요한 시간
특별 휴가	경조사 휴가	결혼, 배우자 출산, 입양, 사망 등 경조사	대상에 따라 1~20일
	출산 휴가	임신 또는 출산 직원	출산 전후 총 90일(한 번에 두 자녀 출산 시 120일)
	여성보건 휴가	매 생리기 및 임신한 여직원의 검진	매월 1일
	육아시간 및 모성보호 시간 휴가	생후 1년 미만 유아를 가진 여직원 및 임신 직원	1일 1~2시간
	유산·사산 휴가	유산 또는 사산한 경우	임신기간에 따라 5~90일
	불임치료 휴가	불임치료 시술을 받는 직원	1일
	수업 휴가	한국방송통신대학에 재학 중인 직원 중 연가일수를 초과하여 출석 수업에 참석 시	연가일수를 초과하는 출석수업 일수
	재해 구호 휴가	풍수해, 화재 등 재해피해 직원 및 재해지역 자원봉사 직원	5일 이내
	성과우수 자 휴가	직무수행에 탁월한 성과를 거둔 직원	5일 이내
	장기재직 휴가	10~19년, 20~29년, 30년 이상 재직자	10~20일
	자녀 입대 휴가	군 입대 자녀를 둔 직원	입대 당일 1일
	자녀 돌봄 휴가	어린이집~고등학교 재학 자녀를 둔 직원	2일(3자녀인 경우 3일)

※ 휴가일수의 계산
- 연가, 병가, 공가 및 특별휴가 등의 휴가일수는 휴가 종류별로 따로 계산

- 반일연가 등의 계산
  - 반일연가는 14시를 기준으로 오전, 오후로 사용, 1회 사용을 4시간으로 계산
  - 반일연가 2회는 연가 1일로 계산
  - 지각, 조퇴, 외출 및 반일연가는 별도 구분 없이 계산, 누계 8시간을 연가 1일로 계산하고, 8시간 미만의 잔여시간은 연가일수 미산입

22 다음 중 위의 휴가 규정에 대한 올바른 설명이 아닌 것은?

① 출산휴가와 육아시간 및 모성보호시간 휴가는 출산한 여성이 사용할 수 있는 휴가다.

② 15세 이상 자녀가 있는 경우에도 자녀를 돌보기 위하여 휴가를 사용할 수 있다.

③ 재직기간에 따라 휴가 일수가 달라지는 휴가 종류는 연가밖에 없다.

④ 징병검사나 동원훈련에 따른 휴가 일수는 정해져 있지 않다.

⑤ 30년 이상 재직한 직원의 최대 장기재직 특별휴가 일수는 20일이다.

23 C공공기관에 근무하는 T대리는 지난 1년간 다음과 같은 근무 기록을 가지고 있다. 다음 기록만을 참고할 때, T대리의 연가 사용 일수에 대한 올바른 설명은?

T대리는 지난 1년간 개인적인 용도로 외출 16시간을 사용하였다. 또한, 반일연가 사용횟수는 없으며, 인사기록지에는 조퇴가 9시간, 지각이 5시간이 각각 기록되어 있다.

① 연가를 4일 사용하였다.

② 연가를 4일 사용하였으며, 외출이 1시간 추가되면 연가일수가 5일이 된다.

③ 연가를 3일 사용하였다.

④ 연가를 3일 사용하였으며, 외출이 2시간 추가되어도 연가일수가 추가되지 않는다.

⑤ 연가를 3일과 반일연가 1회를 사용하였다.

┃24~25┃ 다음은 김치냉장고 매뉴얼 일부이다. 물음에 답하시오.

〈김치에 대한 잦은 질문〉

구분	확인 사항
김치가 얼었어요.	• 김치 종류, 염도에 따라 저장하는 온도가 다르므로 김치의 종류를 확인하여 주세요. • 저염김치나 물김치류는 얼기 쉬우므로 '김치 저장-약냉'으로 보관하세요.
김치가 너무 빨리 시어요.	• 저장 온도가 너무 높지 않은지 확인하세요. 저염김치의 경우는 낮은 온도에서는 얼 수 있으므로 빨리 시어지더라도 '김치저장-약냉'으로 보관하세요. • 김치를 담글 때 양념을 너무 많이 넣으면 빨리 시어질 수 있습니다.
김치가 변색 되었어요.	• 김치를 담글 때 물빼기가 덜 되었거나 숙성되며 양념이 어우러지지 않아 발생할 수 있습니다. • 탈색된 김치는 효모 등에 의한 것이므로 걷어내고, 김치 국물에 잠기도록 하여 저장하세요.
김치 표면에 하얀 것이 생겼어요.	• 김치 표면이 공기와 접촉하면서 생길 수 있으므로 보관 시 공기가 닿지 않도록 우거지를 덮고 소금을 뿌리거나 위생비닐로 덮어 주세요. • 김치를 젖은 손으로 꺼내지는 않으시나요? 외부 수분이 닿을 경우에도 효모가 생길 수 있으니 마른 손 혹은 위생장갑을 사용해 주시고, 남은 김치는 꾹꾹 눌러 국물에 잠기도록 해주세요. • 효모가 생긴 상태에서 그대로 방치하면 더 번질 수 있으며, 김치를 무르게 할 수 있으므로 생긴 부분은 바로 제거해 주세요. • 김치냉장고에서도 시간이 경과하면 발생할 수 있습니다.
김치가 물러졌어요.	• 물빼기가 덜 된 배추를 사용할 경우 혹은 덜 절여진 상태에서 공기에 노출되거나 너무 오래절일 경우 발생할 수 있습니다. 저염 김치의 경우에서 빈번하게 발생하므로 적당히 간을 하는 것이 좋습니다. 또한 설탕을 많이 사용할 경우에도 물러질 수 있습니다. • 무김치의 경우는 무를 너무 오래 절이면 무에서 많은 양의 수분이 빠져나오게 되어 물러질 수 있습니다. 절임 시간은 1시간을 넘지 않도록 하세요. • 김치 국물에 잠긴 상태에서 저장하는 것이 중요합니다. 특히 저염 김치의 경우는 주의해주세요.

김치에서 이상한 냄새가 나요.	• 초기에 마늘, 젓갈 등의 양념에 의해 발생할 수 있으나 숙성되면서 점차 사라질 수 있습니다. 마늘, 양파, 파를 많이 넣으면 노린내나 군덕내가 날 수 있으니 적당히 넣어 주세요. • 발효가 시작되지 않은 상태에서 김치냉장고에 바로 저장할 경우 발생할 수 있습니다. • 김치가 공기와 많이 접촉했거나 시어지면서 생기는 효모가 원인이 될 수 있습니다. • 김치를 담근 후 공기와의 접촉을 막고, 김치를 약간 맛들인 상태에서 저장하면 예방할 수 있습니다.
김치에서 쓴맛이 나요.	• 김치가 숙성되기 전에 나타날 수 있는 현상으로, 숙성되면 줄거나 사라질 수 있습니다. • 품질이 좋지 않은 소금이나 마그네슘 함량이 높은 소금으로 배추를 절였을 경우에도 쓴맛이 날 수 있습니다. • 열무김치의 경우, 절인 후 씻으면 쓴맛이 날 수 있으므로 주의하세요.
배추에 양념이 잘 배지 않아요.	• 김치를 담근 직후 바로 낮은 온도에 보관하면 양념이 잘 배지 못하므로 적당한 숙성을 거쳐 보관해 주세요.

24 다음 상황에 적절한 확인 사항으로 보기 어려운 것은?

> 나영씨는 주말에 김치냉장고에서 김치를 꺼내고는 이상한 냄새에 얼굴을 찌푸렸다. 담근 지 세 달 정도 지났는데도 잘 익은 김치냄새가 아닌 꿉꿉한 냄새가 나서 어떻게 처리해야 할지 고민이다.

① 초기에 마늘, 양파, 파를 많이 넣었는지 확인한다.
② 발효가 시작되지 않은 상태에서 김치냉장고에 바로 넣었는지 확인한다.
③ 김치가 공기와 많이 접촉했는지 확인한다.
④ 김치를 젖은 손으로 꺼냈는지 확인한다.
⑤ 시어지면서 생기는 효모가 원인인지 확인한다.

25 위 매뉴얼을 참고하여 확인할 수 없는 사례는?

① 쓴 맛이 나는 김치
② 양념이 잘 배지 않는 배추
③ 김치의 나트륨 문제
④ 물러진 김치
⑤ 겉면에 하얀 것이 생긴 김치

┃26~27┃ 다음은 특정 시점 A국의 B국에 대한 주요 품목의 수출입 내역을 나타낸 것이다. 이를 보고 이어지는 물음에 답하시오.

(단위 : 천 달러)

수출		수입		합계	
품목	금액	품목	금액	품목	금액
섬유류	352,165	섬유류	475,894	섬유류	828,059
전자전기	241,677	전자전기	453,907	전자전기	695,584
잡제품	187,132	생활용품	110,620	생활용품	198,974
생활용품	88,354	기계류	82,626	잡제품	188,254
기계류	84,008	화학공업	38,873	기계류	166,634
화학공업	65,880	플라스틱/고무	26,957	화학공업	104,753
광산물	39,456	철강금속	9,966	플라스틱/고무	51,038
농림수산물	31,803	농림수산물	6,260	광산물	39,975
플라스틱/고무	24,081	잡제품	1,122	농림수산물	38,063
철강금속	21,818	광산물	519	철강금속	31,784

26 다음 중 위의 도표에서 알 수 있는 A국 ↔ B국간의 주요 품목 수출입 내용이 아닌 것은? (단, 언급되지 않은 품목은 고려하지 않는다)

① A국은 B국과의 교역에서 수출보다 수입을 더 많이 한다.
② B국은 1차 산업의 생산 또는 수출 기반이 A국에 비해 열악하다고 볼 수 있다.
③ 양국의 상호 수출입 액 차이가 가장 적은 품목은 기계류이다.
④ A국의 입장에서, 총 교역액에서 수출액이 차지하는 비중이 가장 큰 품목은 광산물이다.
⑤ 수입보다 수출을 더 많이 하는 품목 수는 A국이 B국보다 많다.

27 A국에서 무역수지가 가장 큰 품목의 무역수지 액은 얼마인가? (단, 무역수지=수출액-수입액)

① 27,007천 달러
② 38,937천 달러
③ 186,010천 달러
④ 25,543천 달러
⑤ 11,852천 달러

28 서울교통공사는 서울지하철 1~8호선, 9호선 2·3단계 구간 (290역, 313.7km)을 운영하는 세계적 수준의 도시철도 운영기관으로서, 하루 600만 명이 넘는 시민에게 안전하고 편리한 도시철도 서비스를 제공하고 있는 공기업이다. 다음 중 서울교통공사에서 수행하는 사업의 범위에 해당하지 않는 것은?

① 도시철도 건설·운영에 따른 도시계획사업

② 「도시철도법」에 따른 도시철도부대사업

③ 시각장애인 등 교통약자를 위한 시설의 개선과 확충

④ 도시철도와 다른 교통수단의 연계수송을 위한 각종 시설의 건설·운영

⑤ 기존 버스운송사업자의 노선과 중복되는 버스운송사업

29 다음에서 설명하고 있는 것은 서울교통공사의 공사이미지 중 무엇에 대한 내용인가?

> 누구나 안전하고 행복하게 이용할 수 있는 서울교통공사가 될 수 있도록 최선을 다하겠습니다.
> 장난꾸러기 지하철 친구
> "또타"
> 또, 또, 타고 싶은 서울지하철!
> 시민들에게 어떻게 웃음을 주나 늘 고민하는 장난꾸러기 친구, "또타"를 소개합니다.
>
> 서울교통공사의 공식 캐릭터 "또타"는 시민 여러분과 늘 함께하는 서울지하철의 모습을 밝고 유쾌한 이미지로 표현합니다.
>
> 전동차 측면 모양으로 캐릭터 얼굴을 디자인하여 일상적으로 이용하는 대중교통수단의 모습을 참신한 느낌으로 담아냈고, 메인 컬러로 사용한 파란색은 시민과 공사 간의 두터운 신뢰를 상징하고 있습니다.
>
> 안전하며 편리한 서울지하철, 개구쟁이 "또타"와 함께라면 자꾸만 타고 싶은 즐겁고 행복한 공간이 됩니다.

① 슬로건 ② 캐릭터

③ 로고송 ④ 홍보영화

⑤ 사이버홍보관

30 다음은 「철도안전법」상 운전업무 종사자와 관제업무 종사자의 준수사항이다. 다음 자료를 참고할 때 희재(운전업무 종사자)와 수호(관제업무 종사자)에 대한 설명으로 옳은 것은?

〈운전업무 종사자의 준수사항〉
㉠ 철도차량이 차량정비기지에서 출발하는 경우 다음의 기능에 대하여 이상 여부를 확인할 것
• 운전제어와 관련된 장치의 기능
• 제동장치 기능
• 그 밖에 운전 시 사용하는 각종 계기판의 기능
㉡ 철도차량이 역시설에서 출발하는 경우 여객의 승하차 여부를 확인할 것. 다만, 여객승무원이 대신하여 확인하는 경우에는 그러하지 아니하다.
㉢ 철도신호에 따라 철도차량을 운행할 것
㉣ 철도차량의 운행 중에 휴대전화 등 전자기기를 사용하지 아니할 것. 다만, 다음의 어느 하나에 해당하는 경우로서 철도운영자가 운행의 안전을 저해하지 아니하는 범위에서 사전에 사용을 허용한 경우에는 그러하지 아니하다.
• 철도사고 등 또는 철도차량의 기능장애가 발생하는 등 비상상황이 발생한 경우
• 철도차량의 안전운행을 위하여 전자기기의 사용이 필요한 경우
• 그 밖에 철도운영자가 철도차량의 안전운행에 지장을 주지 아니한다고 판단하는 경우
㉤ 철도운영자가 정하는 구간별 제한속도에 따라 운행할 것
㉥ 열차를 후진하지 아니할 것. 다만, 비상상황 발생 등의 사유로 관제업무 종사자의 지시를 받는 경우에는 그러하지 아니하다.
㉦ 정거장 외에는 정차를 하지 아니할 것. 다만, 정지신호의 준수 등 철도차량의 안전운행을 위하여 정차를 하여야 하는 경우에는 그러하지 아니하다.
㉧ 운행구간의 이상이 발견된 경우 관제업무 종사자에게 즉시 보고할 것
㉨ 관제업무 종사자의 지시를 따를 것

〈관제업무 종사자의 준수사항〉
㉠ 관제업무 종사자는 다음의 정보를 운전업무 종사자, 여객승무원에게 제공하여야 한다.
• 열차의 출발, 정차 및 노선변경 등 열차 운행의 변경에 관한 정보
• 열차 운행에 영향을 줄 수 있는 다음의 정보
-철도차량이 운행하는 선로 주변의 공사·작업의 변경 정보
-철도사고등에 관련된 정보
-재난 관련 정보
-테러 발생 등 그 밖의 비상상황에 관한 정보
㉡ 철도사고 등이 발생하는 경우 여객 대피 및 철도차량 보호 조치 여부 등 사고현장 현황을 파악할 것
㉢ 철도사고 등의 수습을 위하여 필요한 경우 다음의 조치를 할 것
• 사고현장의 열차운행 통제
• 의료기관 및 소방서 등 관계기관에 지원 요청

- 사고 수습을 위한 철도종사자의 파견 요청
- 2차 사고 예방을 위하여 철도차량이 구르지 아니하도록 하는 조치 지시
- 안내방송 등 여객 대피를 위한 필요한 조치 지시
- 전차선(電車線, 선로를 통하여 철도차량에 전기를 공급하는 장치를 말한다)의 전기공급 차단 조치
- 구원(救援)열차 또는 임시열차의 운행 지시
- 열차의 운행간격 조정

① 희재는 차량정비기지에서 자신이 운전하는 철도 차량의 2가지 기능의 이상여부를 확인 후 출발하였다.
② 철도차량의 기능 고장에 따른 비상상황에서도 희재는 핸드폰을 사용할 수 없다.
③ 철도사고의 수습을 위하여 필요한 경우 희재는 전차선의 전기공급 차단 조치를 해야 한다.
④ 수호는 운행구간의 이상이 발생하면 희재에게 보고해야 한다.
⑤ 비상상황에 따른 수호의 지시가 있을 경우 희재는 열차를 후진할 수 있다.

┃31~32┃ 다음은 서울교통공사의 조직도이다. 물음에 답하시오.

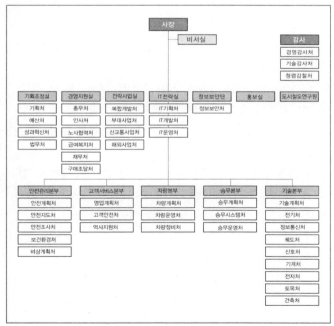

31 위 조직도를 참고하여 다음 빈칸에 들어갈 말로 적절한 것은?

> 서울교통공사는 (㉠)개의 실과 5개의 본부, (㉡)개의 처로 이루어져 있다.

	㉠	㉡
①	8	42
②	7	43
③	6	44
④	5	45
⑤	4	46

32 다음 중 조직도를 올바르게 이해한 사람을 고르면?

> ㉠ 진우 : 승무계획처, 역사지원처, 보건환경처는 본부 소속이다.
> ㉡ 수향 : 경영감사처, 기술감사처, 정보보안처는 같은 소속이다.
> ㉢ 진두 : 노사협력처, 급여복지처, 성과혁신처는 같은 소속이다.
> ㉣ 상우 : 도시철도연구원 아래 안전계획처와 안전지도처가 있다.
> ㉤ 연경 : 홍보실 아래 영업계획처, 해외사업처가 있다.

① 진우
② 수향
③ 진두
④ 상우
⑤ 연경

33 다음은 엑셀 함수의 사용에 따른 결과 값을 나타낸 것이다. 옳은 값을 모두 고른 것은?

> ㉠ =ROUND(2.145, 2) → 2.15
> ㉡ =MAX(100, 200, 300) → 200
> ㉢ =IF(5 > 4, "보통", "미달") → 미달
> ㉣ =AVERAGE(100, 200, 300) → 200

① ㉠, ㉡
② ㉠, ㉣
③ ㉡, ㉢
④ ㉡, ㉣
⑤ ㉢, ㉣

34 다음 파일/폴더에 관한 특징 중, 올바른 설명을 모두 고른 것은?

> (가) 파일은 쉼표(,)를 이용하여 파일명과 확장자를 구분한다.
> (나) 폴더는 일반 항목, 문서, 사진, 음악, 비디오 등의 유형을 선택하여 각 유형에 최적화된 폴더로 사용할 수 있다.
> (다) 파일/폴더는 새로 만들기, 이름 바꾸기, 삭제, 복사 등이 가능하며, 파일이 포함된 폴더도 삭제할 수 있다.
> (라) 파일/폴더의 이름에는 ₩, /, :, *, ?, ", 〈, 〉 등의 문자는 사용할 수 없으며, 255자 이내로(공백 미포함) 작성할 수 있다.
> (마) 하나의 폴더 내에 같은 이름의 파일이나 폴더가 존재할 수 없다.
> (바) 폴더의 '속성' 창에서 해당 폴더에 포함된 파일과 폴더의 개수를 확인할 수 있다.

① (나), (다), (라), (마)

② (가), (라), (마), (바)

③ (나), (다), (마), (바)

④ (가), (나), (라), (마)

⑤ (나), (라), (마), (바)

35 다음 자료는 '발전량' 필드를 기준으로 발전량과 발전량이 많은 순위를 엑셀로 나타낸 표이다. 태양광의 발전량 순위를 구하기 위한 함수식으로 'C3'셀에 들어가야 할 알맞은 것은 어느 것인가?

	A	B	C
1	<에너지원별 발전량(단위: Mwh)>		
2	에너지원	발전량	순위
3	태양광	88	2
4	풍력	100	1
5	수력	70	4
6	바이오	75	3
7	양수	65	5

① =ROUND(B3,$B$3:$B$7,0)

② =ROUND(B3,$B$3:$B$7,1)

③ =RANK(B3,$B$3:$B$7,1)

④ =RANK(B3,$B$2:$B$7,0)

⑤ =RANK(B3,$B$3:$B$7,0)

36 다음은 B사의 어느 시점 경영 상황을 나타내고 있는 자료이다. 다음 자료를 보고 판단한 의견 중 적절하지 않은 것은?

계정과목		금액(단위 : 백만 원)
1. 매출액		5,882
2. 매출원가		4,818
상품매출원가		4,818
3. 매출총이익		1,064
4. 판매/일반관리비		576
직접비용	직원급여	256
	복리후생비	56
	보험료	3.7
	출장비	5.8
	시설비	54
간접비용	지급임차료	44
	통신비	2.9
	세금과공과	77
	잡비	4.5
	여비교통비	3.8
	장비구매비	6
	사무용품비	0.3
	소모품비	1
	광고선전비	33
	건물관리비	28
5. 영업이익		488

① 영업이익이 해당 기간의 최종 순이익이라고 볼 수 없다.

② 여비교통비는 직접비용에 포함되어야 한다.

③ 위와 같은 표는 특정한 시점에서 그 기업의 자본 상황을 알 수 있는 자료이다.

④ 매출원가는 기초재고액에 당기 제조원가를 합하고 기말 재고액을 차감하여 산출한다.

⑤ 지급보험료는 간접비용에 포함되어야 한다.

| 다음은 명령어에 따른 도형의 변화에 관한 설명이다. 물음에 답하시오.

〈명령어〉	
명령어	도형의 변화
□	1번과 2번을 180도 회전시킨다.
■	1번과 3번을 180도 회전시킨다.
◇	2번과 3번을 180도 회전시킨다.
◆	2번과 4번을 180도 회전시킨다.
○	1번과 3번의 작동상태를 다른 상태로 바꾼다. 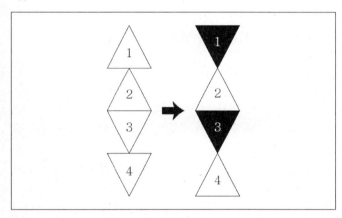
●	2번과 4번의 작동상태를 다른 상태로 바꾼다.

37 도형이 다음과 같이 변하려면, 어떤 명령어를 입력해야 하는가?

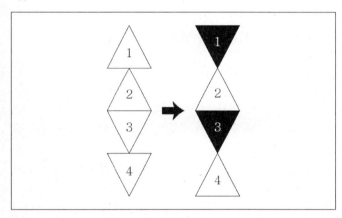

① □ ◆ ○ ② ■ ◇ ●

③ ○ ◇ ◆ ④ ◆ ◇ ■

⑤ ◇ ■ □

38 다음 상태에서 명령어 ◆ ■ ● ○을 입력한 경우의 결과로 적절한 것은?

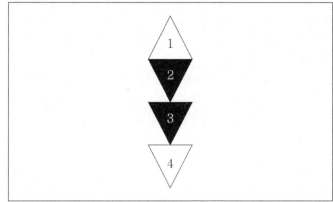

①   ②

③   ④

⑤

39 철도 관련 소기업 G사의 사장은 최근 경영상황이 악화되었으나 스마트 트레인과 관련하여 자사가 가지고 있는 기술을 활용할 수 있음을 확인하고 지금의 위기 상황을 탈출하기 위한 방침을 설명하며 절대 사기를 잃지 말 것을 주문하고자 한다. 다음 중 G사의 사장이 바람직한 리더로서 직원들에게 해야 할 연설의 내용으로 적절하지 않은 것은?

① "지금의 어려움뿐 아니라 항상 미래의 지향점을 잊지 않고 반드시 이 위기를 극복하겠습니다."

② "여러분들이 해 주어야 할 일들을 하나하나 제가 지시하기보다 모두가 자발적으로 우러나오는 마음을 가질 수 있는 길이 무엇인지 고민할 것입니다."

③ "저는 어떠한 일이 있어도 위험이 따르는 도전을 거부할 것이니 모두들 안심하고 업무에 만전을 기해주시길 바랍니다."

④ "우리 모두 지금 상황에 안주하지 말고 도전과 혁신을 위해 지속적으로 노력해야 합니다."

⑤ "저는 이 난관을 극복하기 위해 당면한 과제를 어떻게 해결할까 하는 문제보다 무엇을 해야 하는지에 집중하며 여러분을 이끌어 나가겠습니다."

40 직장 내에서의 성희롱 문제는 많은 부분 성희롱의 판단 기준에 대한 확실한 인식 부족에서 기인하기도 한다. 다음 중, 성희롱에 대한 인식과 그 판단 기준으로 적절하지 않은 것은?

① 성희롱은 행위자가 성적 의도를 가지고 한 행동이냐 아니냐를 밝혀내는 것이 가장 중요한 판단 기준으로 인정된다.

② 피해자와 비슷한 조건과 상황에 있는 사람이 피해자의 입장이라면 문제가 되는 성적 언동에 대해 어떻게 반응했을까를 함께 고려하여야 한다.

③ 성적 수치심은 성적 언동 등으로 인해 피해자가 느끼는 불쾌한 감정으로 그 느낌은 행위자가 아닌 피해자의 관점을 기초로 판단되어야 한다.

④ 성적 언동 및 요구는 신체의 접촉이나 성적인 의사표현 뿐만 아니라 성적 함의가 담긴 모든 언행과 요구를 말한다.

⑤ 성희롱은 「남녀차별금지 및 구제에 관한 법률」과 「남녀고용평등법」 등에 명문화 되어 있다.

1 피터스(Peters)가 제시한 뉴거버넌스 이론 모형에 해당하지 않는 것은?

① 시장지향적 정부모형
② 참여 정부모형
③ 탈내부규제 모형
④ 고객지향적 모형
⑤ 신축적 정부모형

2 다음 중 오스본과 개블러가 제시한 기업가적 정부 운영의 형태로 볼 수 없는 것은?

① 촉진적 정부
② 경쟁적 정부
③ 고객 지향적 정부
④ 투입 지향적 정부
⑤ 기업가적 정부

3 다음 중 사회적 기업의 유형에 대한 설명으로 옳지 않은 것은?

① 일자리제공형 – 조직의 주된 목적이 취약계층에게 일자리를 제공하는 것이다.

② 사회서비스제공형 – 조직의 주된 목적이 취약계층에게 사회서비스를 제공하는 것이다.

③ 지역사회공헌형 – 조직의 주된 목적이 지역사회에 공헌하는 것이다.

④ 혼합형 – 사회적 목적의 실현 여부를 계량화하여 판단하기 곤란한 경우 사용한다.

⑤ 사회적 기업의 유형으로는 일자리제공형, 사회서비스제공형, 지역사회공헌형, 혼합형, 기타형이 있다.

4 다음은 정책평가에 관한 내용이다. 가장 옳지 않은 내용을 고르면?

① 정책평가의 경우 과정평가와 결과평가로 나눌 수 있다.

② 과정평가는 정책이 문제를 명확하게 인식하고 그에 따라 추구하는 목적을 적절하게 설정하고 올바른 여론수렴 및 투입기능 등을 통해 형성하며 상황에 부합되게 집행되었는지를 평가한다.

③ 결과평가는 투입평가와 진행평가로 구분한다.

④ 산출평가는 정책집행으로 인해 나온 정책적인 산출물이 사전에 의도했던 대로 되었는지를 보는 것이다.

⑤ 영향평가는 정책 산출물이 실제 대상 집단에 적용되어 해당 결과가 어떠했는지를 평가하는 것이다.

5 정치·행정이원론과 관련된 설명으로 옳은 것은?

① 행정관리의 능률성을 이념으로 한다.

② 행정의 정책결정기능을 강조한다.

③ 관리의 효율보다 정치적 대응성을 선호한다.

④ 행정의 가치지향성을 강화한다.

⑤ 대내관리보다 대외지향성을 지향한다.

6 복지국가의 실현방안으로서 평등주의에 기초하는 제도로 극빈자나 노동력이 결여된 자 또는 원호보호대상자에 한해 원조·구호·구제하는 사업은?

① 공공부조

② 건강보험

③ 노후보험

④ 국민연금

⑤ 최저생계보장

7 신공공관리와 뉴거버넌스의 특징 중 가장 유사성이 높은 것은?

① 관리기구

② 정부역할

③ 관료역할

④ 서비스

⑤ 분석수준

8 다음 중 리그스가 제시한 일반체제모형에서 프리즘사회의 특징으로 옳지 않은 것은?

① 현대적 요인의 집중

② 분화와 미분화의 존재

③ 연고우선주의

④ 가격의 불확정성

⑤ 다분파주의

9 T. Parsons가 체제론적 접근방법에서 제시한 행정체제의 기능으로 옳지 않은 것은?

① 적응기능

② 목표달성기능

③ 통합기능

④ 체제유지기능

⑤ 통제기능

10 리플리와 프랭클린(R. B. Repley & Franklin)은 정책유형이 달라짐에 따라 정책형성과정과 정책집행과정도 달라진다고 주장하였다. 다음은 그들이 제시한 정책 유형 중 어떤 정책에 관한 것인가?

> 정부는 특정 전문지식과 자격을 갖춘 몇몇 개인이나 기업에게 특정한 기간 동안 사업을 할 수 있도록 허용하되 일정한 기간 후에는 자격조건을 재심사하도록 함으로써 경쟁력을 높이고 공익을 위해서 서비스 제공에 대한 규정을 지키도록 하는 것이다.

① 경쟁적 규제정책

② 보호적 규제정책

③ 상징정책

④ 분배정책

⑤ 재분배정책

11 정책평가의 내적 타당성을 저해하는 요인들 중 외재적 요인은?

① 선발요인
② 역사요인
③ 측정요인
④ 도구요인
⑤ 상실요인

12 정책의제설정과 관련된 이론과 설명이 바르게 연결된 것은?

A. 사이먼(H. Simon)의 의사결정론
B. 체제이론
C. 다원주의론
D. 무의사결정론

㉠ 조직의 주의 집중력은 한계가 있어 일부의 사회문제만이 정책의제로 선택된다.
㉡ 문지기(gate-keeper)가 선호하는 문제가 정책의제로 채택된다.
㉢ 이익집단들이나 일반 대중이 정책의제설정에 상당한 영향력을 행사한다.
㉣ 대중에 대한 억압과 통제를 통해 엘리트들에게 유리한 이슈만 정책의제로 설정된다.

	A	B	C	D
①	㉠	㉡	㉢	㉣
②	㉠	㉢	㉡	㉣
③	㉣	㉡	㉢	㉠
④	㉣	㉢	㉡	㉠
⑤	㉣	㉡	㉠	㉢

13 다음 중 시민이 바라는 정책은 직선에 의한 시장선출이나 지방의회 구성에서 출발된다는 주장을 뒷받침할 수 있는 이론은?

① 다원주의
② 엘리트론
③ 제한된 엘리트론
④ 계급주의
⑤ 조합주의

14 다음 중 무의사결정론에 대한 설명으로 옳지 않은 것은?

① 정책의제설정에서 지배엘리트의 이해관계와 일치하는 사회문제만 정책의제화 한다는 이론이다.
② 정부는 정책의제 설정 시에는 관여하지 않고 방임자적 입장을 취한다.
③ 관료이익과 상충되거나 과잉충성과 과잉동조의 형태를 보일 때 나타나는 현상이다.
④ 신엘리트이론이라고 할 수 있다.
⑤ 사회적 이슈로 떠올랐다고 하더라도 기각하거나 방치, 지연하고 폭력이나 위장합의 등을 통하여 정책의제화시키지 않는다.

15 변혁적 리더십에 대한 설명으로 옳지 않은 것은?

① 리더는 자신의 리더십을 통하여 목표를 달성하는 과정에서 자신과 부하들의 한 차원 높은 인간적 성장을 추구해야 한다.
② 변혁적 리더십은 부하들로 하여금 신뢰, 감탄, 충성, 존경심의 감정을 야기함으로써 기대한 것보다 더 높은 수준의 노력을 하게 하고, 이는 상사와 부하가 함께 발전하는 상황을 만들어 낸다.
③ 리더는 부하 개개인의 니즈에 관심을 가지고 그의 멘토나 코치의 역할을 하며, 부하는 자기계발의 강한 욕구와 목표달성의 동기를 가지게 된다.
④ 변혁적 리더십은 리더십 자체를 훈련될 수 있는 행동으로 보고 개인의 성격 특성보다는 집단적 성향을 다룬다.
⑤ 리더가 가지고 있는 미래의 비전을 구체화하여 부하들에게 제시하여 현재의 안전지대에서 벗어나 보다 도전적인 미래를 추구하게끔 만들고, 현재 하고 있는 일에 최선을 다해 미래에 대한 긍정적인 시각과 함께 자신의 능력에 대한 자부심을 갖도록 한다.

16 M. Weber의 관료제이론에 대한 설명이 아닌 것은?

① 관료제는 일정한 자격 또는 능력에 따라 규정된 기능을 수행하는 분업의 원리에 따른다.

② 조직은 엄격한 계층제의 원리에 따라 운영된다.

③ 조직의 기능은 일정한 규칙에 의해 제한된다.

④ 이상적인 관료제는 증오나 열정 없이 형식주의적인 비정의성에 따라 움직인다.

⑤ 이상적인 관료제는 정치적 전문성에 의해 충원되는 제도를 갖는다.

17 조직구성원의 인간관에 따른 조직관리와 동기부여에 관한 이론들로서 바르게 설명한 것을 모두 고른 것은?

> ㉠ 허즈버그의 욕구충족요인 이원론에 의하면, 불만요인을 제거해야 조직원의 만족감을 높이고 동기가 유발된다는 것이다.
> ㉡ 로크의 목표설정이론에 의하면, 동기유발을 위해서는 구체성이 높고 난이도가 높은 목표가 채택되어야 한다는 것이다.
> ㉢ 합리적·경제적 인간관은 테일러의 과학적 관리론, 맥그리거의 X이론, 아지리스의 미성숙인 이론의 기반을 이룬다.
> ㉣ 자아실현적 인간관은 호손실험을 바탕으로 해서 비공식적집단의 중요성을 강조하며, 자율적으로 문제를 해결하도록 한다.

① ㉠㉡㉢㉣   ② ㉠㉡㉢

③ ㉠㉡㉣   ④ ㉡㉢

⑤ ㉢㉣

18 변혁적 리더십에 대한 설명으로 옳지 않은 것은?

① 조직변동 추구에 초점을 둔다.

② 거래적 리더십에 대응되는 개념이다.

③ H. Rainey와 S. Watson에 의하면 주로 하위관리자에게 나타나는 유형이다.

④ 조직구성원들의 높은 실적과 관여를 유인하는 장치를 강조한다.

⑤ 개별적 고려, 지적 자극, 영감적 동기부여, 이상화 영향력의 네 가지 요소로 종합된다.

19 다음 중 (   )을 채우기에 가장 적합한 것은?

> (   )는(은) 복잡성·공식성·집권성 등의 조직구조의 기본변수와 규모·기술·환경 등의 조직의 상황변수, 조직구성원의 가치관 및 태도 등의 (   )(이)라는 변수들의 역학에 관련된다. 권위적일 경우 집권화되고, 조직구성원들의 태도와 행동의 분화율이 높을수록 복잡성이 증대되고, 일상화된 기술을 활용하여 행동의 자율성이 낮을수록 (   )된다.

① 조직문화 – 조직설계 – 공식화

② 조직문화 – 조직설계 – 집권화

③ 조직설계 – 조직문화 – 공식화

④ 조직변수 – 조직문화 – 복잡화

⑤ 조직변수 – 조직문화 – 집권화

20 원리주의자가 주장하는 조직의 원리는 분화의 원리와 통합의 원리로 구성되어 있는 바 다음 중 분화의 원리에 해당하지 않는 것은?

① 부성화의 원리

② 기능명시의 원리

③ 계층제의 원리

④ 참모조직의 원리

⑤ 분업의 원리

21 Blake & Mouton의 관리망 모형의 유형으로 볼 수 없는 것은?

① 무관심형   ② 자유방임형

③ 과업형   ④ 타협형

⑤ 단합형

22 다면평가제에 대한 설명으로 옳지 않은 것은?

① 개인성과 중심의 조직 개편이 다면평가제의 등장배경 중 하나이다.

② 우리나라는 1998년 공무원임용령에 다면평가 결과를 승진에 활용할 수 있는 법적 근거를 마련하였다.

③ 현재 다면평가의 결과를 역량개발, 교육훈련 등에 활용하도록 하고 승진, 전보, 성과급 지급 등에는 참고 자료로 활용한다.

④ 인간관계 중심의 인기투표로 변질될 가능성이 존재한다.

⑤ 정실인사의 폐단을 방지하고 공정한 인사정책을 운영할 수 있는 장치의 하나이다.

23 다음 중 배치전환의 효용성으로 볼 수 없는 것은?

① 보직에 대한 부적응을 해결할 수 있다.

② 보직에 있어서 기회균등을 보장한다.

③ 보직의 내용변화에 따른 조정이 가능하다.

④ 새로운 경험과 지식습득을 위한 교육훈련의 수단이 된다.

⑤ 할거주의의 타파와 승진기회의 제공수단이 된다.

24 다음 중 적극적 인사행정과 가장 관련이 적은 것은?

① 실적주의의 비용통성 보완

② 모집방법의 다양화

③ 정치적 임용의 부분적 허용

④ 인사의 분권화

⑤ 정년보장식 신분보장

25 다음 중 직위분류제의 수립절차를 올바르게 나열한 것은?

㉠ 직무평가	㉡ 정급
㉢ 직무분석	㉣ 직급명세서의 작성
㉤ 직무조사	

① ㉤㉢㉠㉣㉡

② ㉣㉤㉢㉡㉠

③ ㉤㉣㉢㉠㉡

④ ㉣㉢㉤㉠㉡

⑤ ㉤㉠㉡㉢㉣

26 "채용시험 성적이 우수한 사람이 근무성적도 높게 나타나야 한다"는 것은 시험의 효용성 측정기준 중 어디에 해당하는가?

① 타당도　　　　② 신뢰도

③ 객관도　　　　④ 난이도

⑤ 변별도

27 평정자인 A팀장은 피평정자인 B팀원이 성실하다는 것을 이유로 창의적이고 청렴하다고 평정하였다. A팀장이 범한 오류에 가장 가까운 것은?

① 연쇄효과(halo effect)

② 근접효과(recency effect)

③ 관대화 경향(tendency of leniency)

④ 선입견과 편견(prejudice)

⑤ 초두효과(primacy effect)

28 성과주의 예산의 장점으로 옳지 않은 것은?

① 정부가 계획한 사업의 목적과 성질, 비용을 파악하기 용이하다.
② 예산편성에 있어 자금배분을 합리화할 수 있고, 예산 집행에 있어서도 신축성을 기할 수 있다.
③ 수량적으로 나타낼 수 없는 업무성과에 대한 측정단위를 선정하기 쉽다.
④ 행정기관이 스스로 내부통제를 함으로써 능률적인 행정관리를 할 수 있다.
⑤ 성과분석에서 얻게 되는 자료는 다음 회계연도의 예산에 반영할 수 있다.

29 점증주의의 이점으로 보기 어려운 것은?

① 타협의 과정을 통해 이해관계의 갈등을 조정하는 데 유리하다.
② 대안의 탐색과 분석에 소요되는 비용을 줄일 수 있다.
③ 예산결정을 간결하게 한다.
④ 합리적·총체적 관점에서 의사결정이 가능하다.
⑤ 중요한 정치적 가치들을 예산결정에서 고려할 수 있다.

30 다음 중 기획예산제도(PPBS)의 특성에 해당하는 것은?

① 예산이 조직의 일선기관들에 의하여 분산되어 편성되기 쉽다.
② 투입중심의 예산편성으로 인해 목표가 불명확하다.
③ 장기적인 안목을 중시하며 비용편익분석 등 계량적인 분석기법의 사용을 강조한다.
④ 정책결정단위가 정책결정패키지를 작성함에 있어 신축성을 가지며 체제적 접근을 선호한다.
⑤ 정부의 사업계획에 의한 비용편익분석이 가능하다.

31 다음은 특별회계에 대한 설명이다. 가장 타당한 것은?

① 특별회계는 기금과는 달리 예산단일의 원칙에 부합한다.
② 특별회계는 일반회계와는 달리 입법부의 심의를 받지 않는다.
③ 국가에서 특정사업을 운영하기 위해 일반회계와 구분하여 경리할 필요가 있을 때 설치한다.
④ 특별회계의 세입은 주로 조세수입으로 이루어진다.
⑤ 예산팽창을 효과적으로 통제할 수 있다.

32 예산 집행의 신축성 유지 방안에 관한 설명으로 옳지 않은 것은?

① 세출예산의 장(章), 관(款), 항(項)은 행정과목으로 예산의 전용(轉用)이 가능하다.
② 예산이 이용(移用)은 입법과목 간의 융통을 말한다.
③ 세항 이하의 행정과목에 대해서는 기획재정부장관의 승인만으로 과목 간 상호전용이 가능하다.
④ 이월(移越)은 당해 회계연도 예산을 차년도 예산으로 사용하는 것이다.
⑤ 정부는 예측할 수 없는 예산 외의 지출 또는 예산초과지출에 충당하기 위하여 예비비를 세입세출예산에 계상할 수 있다.

33 영기준 예산제도(ZBB)의 특징으로 옳지 않는 것은?

① 예산배분 결정에 있어 경제 원리를 반영한다.
② 전 행정계층에 걸쳐 관리자가 예산편성에 참여한다.
③ 목표달성을 위한 대안의 평가와 결과를 분석한다.
④ 예산편성 시 전년도 예산을 기준으로 한다.
⑤ 행정의 쇄신과 변화를 지속적으로 추구한다.

34 라이트(D. Wright)의 정부 간 관계모형에 대한 설명 중 옳지 않은 것은?

① 분리형(seperated model)은 중앙 – 지방 간의 독립적인 관계를 의미한다.

② 내포형(inclusive model)은 지방정부가 중앙정부에 완전히 의존되어 있는 관계를 의미한다.

③ 중첩형(overlapping model)은 정치적 타협과 협상에 의한 중앙 – 지방 간의 상호의존 관계를 의미한다.

④ 경쟁형(competitive model)은 정책을 둘러싼 정부 간 경쟁관계를 의미한다.

⑤ 포괄형(inclusive authority model)은 중앙정부와 지방정부 사이에 엄격한 명령, 복종관계가 존재한다.

35 다음은 분권화에 대하여 설명한 것이다. 옳지 않은 것은?

① 신속한 사무 처리에 기여한다.

② 규모의 경제를 실현한다.

③ 규모가 클수록 분권화된다.

④ 위기의 존재는 집권화를 촉진한다.

⑤ 관리자의 양성에 기여한다.

36 지방자치단체장 · 지방의회의원의 직권남용 · 직무유기 등 위법 · 부당행위뿐만 아니라 정책적 실수나 다른 정치적 이유로도 주민이 소환투표를 청구할 수 있는 지방자치에서의 주민참여방식은?

① 주민청원

② 주민투표

③ 주민소환

④ 주민발의

⑤ 주민총회

37 지방세의 원칙 중 세무행정의 측면이 아닌 것은 ?

① 자주성

② 편의성

③ 국지성

④ 응익성

⑤ 최소비용성

38 감축관리에 대한 설명으로 틀린 것은?

① 행정개혁의 한 형태로 행정기능의 축소 또는 통폐합 위주의 대대적인 정부조직 정비운동을 예로 들 수 있다.

② 1970년대 후반 미국 사회에서 논의되기 시작하였으며, 비능률적이거나 불필요한 기존의 특정 조직이나 사업계획을 축소 내지 폐지시켜 재정비하는 것을 말한다.

③ 한정된 자원을 낭비없이 효율적으로 배분하기 위해 채택된 영기준예산과 그 맥락이 같다고 볼 수 있다.

④ 미국에서 전개된 감축관리는 재정의 어려움을 극복하기 위한 대책으로 시작되었으며, 단순히 정책이나 행정조직의 일부를 폐지 또는 축소하는 것이 아닌 자원의 낭비를 막고 행정조직의 전반에 걸쳐 효율성을 높이기 위한 것이었다.

⑤ 감축관리는 불필요한 사업의 폐기와 기구의 축소를 통한 정비운동이지 예산의 절약이나 예산의 삭감과는 관계가 없다.

39 입법통제에 관한 설명으로 옳지 않은 것은?

① 행정의 전문화, 기술화는 입법통제를 위축시킨다.

② 입법통제는 공식적 내부통제에 속한다.

③ 행정국가가 대두되면서 입법통제의 영향력이 약화되었다.

④ 의원들의 특수이익 추구, 국정에 대한 정보부족, 적절한 통제체제의 미비 등의 한계를 지닌다.

⑤ 법률제정, 공공정책의 결정, 예산심의, 상임위원회의 활동, 국정조사 등의 제도적 장치가 있다.

40 행정개혁으로 인한 저항을 감소시키는 방법으로 옳지 않은 것은?

① 의사전달의 촉진

② 기득권 이익의 제한

③ 참여기회의 확대

④ 개혁안의 명확화

⑤ 집단토론과 훈련

서울교통공사

필기시험 모의고사

영 역	직업기초능력평가, 직무수행능력평가(행정학)
문항수	80문항
시 간	100분
비 고	객관식 5지선다형

제 2 회

SEOWONGAK

(주)서원각

제2회 필기시험 모의고사

>> 직업기초능력평가(40문항/50분)

1 다음 밑줄 친 외래어의 맞춤법이 틀린 것은?

① 서울시가 4차 산업혁명 <u>심포지움</u>을 성공적으로 마쳤다.

② IT기술의 발달로 홍보 및 투자 <u>트렌드</u>가 급격히 변하고 있다.

③ 미국산 <u>로브스터</u>를 캐나다산으로 속이고 판매해 온 온라인 유통업자가 붙잡혔다.

④ 새로 출시된 <u>모션</u> 베드는 국내외 IT 기업들의 기술이 결합된 걸작이다.

⑤ 서울 지하철역 중 가장 긴 <u>에스컬레이터</u>를 가지고 있는 역은 당산역이다.

2 다음 빈칸에 들어갈 말로 가장 적절한 것은?

여름에 아이스케이크 장사를 하다가 가을바람만 불면 단팥죽 장사로 간판을 남 먼저 바꾸는 것을 누가 욕하겠는가. 장사꾼, 기술자, 사무원의 생활 방도는 이 길이 오히려 정도(正道)이기도 하다. 오늘의 변절자도 자기를 이 같은 사람이라 생각하고 또 그렇게 자처한다면 별문제다. 그러나 더러운 변절의 정당화를 위한 엄청난 공언(公言)을 늘어놓은 것은 분반(噴飯)할 일이다. 백성들이 그렇게 사람 보는 눈이 먼 줄 알아서는 안 된다. 백주 대로에 돌아앉아 볼기짝을 까고 대변을 보는 격이라면 점잖지 못한 표현이라 할 것인가.

( )를 지키기란 참으로 어려운 일이다. 자기의 신념에 어긋날 때면 목숨을 걸어 항거하여 타협하지 않고 부정과 불의한 권력 앞에는 최저의 생활, 최악의 곤욕을 무릅쓸 각오가 없으면 섣불리 ( )를 입에 담아서는 안 된다. 정신의 자존 자시(自尊自恃)를 위해서는 자학(自虐)과도 같은 생활을 견디는 힘이 없이는 ( )는 지켜지지 않는다.

① 용기 ② 지조

③ 영지 ④ 거래

⑤ 자조

3 다음 제시된 내용을 토대로 관광회사 직원들이 추론한 내용으로 가장 적합한 것은?

세계여행관광협의회(WTTC)에 따르면 지난해인 2016년 전세계 국내총생산(GDP) 총합에서 관광산업이 차지한 직접 비중은 2.7%이다. 여기에 고용, 투자 등 간접적 요인까지 더한 전체 비중은 9.1%로, 금액으로 따지면 6조 3,461억 달러에 이른다. 직접 비중만 놓고 비교해도 관광산업의 규모는 자동차 산업의 2배이고 교육이나 통신 산업과 비슷한 수준이다. 아시아를 제외한 전 대륙에서는 화학 제조업보다도 관광산업의 규모가 큰 것으로 나타났다.

서비스 산업의 특성상 고용을 잣대로 삼으면 그 차이는 더욱 더 벌어진다. 지난해 전세계 관광산업 종사자는 9,800만 명으로 자동차 산업의 6배, 화학 제조업의 5배, 광업의 4배, 통신 산업의 2배로 나타났다. 간접 고용까지 따지면 2억 5,500만 명이 관광과 관련된 일을 하고 있어, 전 세계적으로 근로자 12명 가운데 1명이 관광과 연계된 직업을 갖고 있는 셈이다. 이러한 수치는 향후 2~3년간은 계속 유지될 것으로 보인다. 실제 백만 달러를 투입할 경우, 관광산업에서는 50명분의 일자리가 추가로 창출되어 교육 부문에 이어 두 번째로 높은 고용 창출효과가 있는 것으로 조사되었다.

유엔세계관광기구(UNWTO)의 장기 전망에 따르면 관광산업의 성장은 특히 한국이 포함된 동북아시아에서 두드러질 것으로 예상된다. UNWTO는 2010년부터 2030년 사이 이 지역으로 여행하는 관광객이 연평균 9.7% 성장하여 2030년 5억 6,500만명이 동북아시아를 찾을 것으로 전망했다. 전 세계 시장에서 차지하는 비율도 현 22%에서 2030년에는 30%로 증가할 것으로 예측했다.

그런데 지난해 한국의 관광산업 비중(간접 분야 포함 전체 비중)은 5.2%로 세계 평균보다 훨씬 낮다. 관련 고용자수(간접 고용 포함)도 50만 3,000여 명으로 전체의 2%에 불과하다. 뒤집어 생각하면 그만큼 성장의 여력이 크다고 할 수 있다.

① 상민 : 2016년 전 세계 국내총생산(GDP) 총합에서 관광산업이 차지한 직접 비중을 금액으로 따지면 2조 달러가 넘는다.

② 대현 : 2015년 전 세계 통신 산업의 종사자는 자동차 산업의 종사자의 약 3배 정도이다.

③ 동근 : 2017년 전 세계 근로자 수는 20억 명을 넘지 못한다.

④ 수진 : 한국의 관광산업 수준이 간접 고용을 포함하는 고용 수준에서 현재의 세계 평균 수준 비율과 비슷해지려면 3백억 달러 이상을 관광 산업에 투자해야 한다.

⑤ 영수 : 2020년에는 동북아시아를 찾는 관광객의 수가 연간 약 2억 8,000명을 넘을 것이다.

4 다음 빈칸에 들어갈 말은?

> 모든 사회문제는 양면성을 가지고 있습니다. 한쪽 이야기만 듣고 그쪽 논리를 따라가면 오히려 속이 편하지만, 양쪽 이야기를 듣고 나면 머리가 아픕니다. 그런 헷갈리는 상황에서 기억할 만한 원칙이 바로 '의심스러울 때는 (   )의 이익으로' 해석하라는 것입니다. 전세 분쟁에서 세입자의 이익을 우선으로 하는 것이 그 예입니다.

① 행위자
② 약자
③ 다수자
④ 타자
⑤ 화자

5 다음 글에 대한 이해로 적절하지 않은 것은?

> 외국 통화에 대한 자국 통화의 교환 비율을 의미하는 환율은 장기적으로 한 국가의 생산성과 물가 등 기초 경제 여건을 반영하는 수준으로 수렴된다. 그러나 단기적으로 환율은 이와 괴리되어 움직이는 경우가 있다. 만약 환율이 예상과는 다른 방향으로 움직이거나 또는 비록 예상과 같은 방향으로 움직이더라도 변동 폭이 예상보다 크게 나타날 경우 경제 주체들은 과도한 위험에 노출될 수 있다. 환율이나 주가 등 경제 변수가 단기에 지나치게 상승 또는 하락하는 현상을 오버슈팅(overshooting)이라고 한다. 이러한 오버슈팅은 물가 경직성 또는 금융 시장 변동에 따른 불안 심리 등에 의해 촉발되는 것으로 알려져 있다. 여기서 물가 경직성은 시장에서 가격이 조정되기 어려운 정도를 의미한다.
>
> 물가 경직성에 따른 환율의 오버슈팅을 이해하기 위해 통화를 금융 자산의 일종으로 보고 경제 충격에 대해 장기와 단기에 환율이 어떻게 조정되는지 알아보자. 경제에 충격이 발생할 때 물가나 환율은 충격을 흡수하는 조정 과정을 거치게 된다. 물가는 단기에는 장기 계약 및 공공요금 규제 등으로 인해 경직적이지만 장기에는 신축적으로 조정된다. 반면 환율은 단기에서도 신축적인 조정이 가능하다. 이러한 물가와 환율의 조정 속도 차이가 오버슈팅을 초래한다. 물가와 환율이 모두 신축적으로 조정되는 장기에서의 환율은 구매력 평가설에 의해 설명되는데, 이에 의하면 장기의 환율은 자국 물가 수준을 외국 물가 수준으로 나눈 비율로 나타나며, 이를 균형 환율로 본다. 가령 국내 통화량이 증가하여 유지될 경우 장기에서는 자국 물가도 높아져 장기의 환율은 상승한다. 이 때 통화량을 물가로 나눈 실질 통화량은 변하지 않는다.
>
> 그런데 단기에는 물가의 경직성으로 인해 구매력 평가설에 기초한 환율과는 다른 움직임이 나타나면서 오버슈팅이 발생할 수 있다. 가령 국내 통화량이 증가하여 유지될 경우, 물가가 경직적이어서 실질 통화량은 증가하고 이에 따라 시장 금리는 하락한다. 국가 간 자본 이동이 자유로운 상황에서, 시장 금리 하락은 투자의 기대 수익률 하락으로 이어져, 단

기성 외국인 투자 자금이 해외로 빠져나가거나 신규 해외 투자 자금 유입을 위축시키는 결과를 초래한다. 이 과정에서 자국 통화의 가치는 하락하고 환율은 상승한다. 통화량의 증가로 인한 효과는 물가가 신축적인 경우에 예상되는 환율 상승에, 금리 하락에 따른 자금의 해외 유출이 유발하는 추가적인 환율 상승이 더해진 것으로 나타난다. 이러한 추가적인 상승 현상이 환율의 오버슈팅인데, 오버슈팅의 정도 및 지속성은 물가 경직성이 클수록 더 크게 나타난다. 시간이 경과함에 따라 물가가 상승하여 실질 통화량이 원래 수준으로 돌아오고 해외로 유출되었던 자금이 시장 금리의 반등으로 국내로 복귀하면서, 단기에 과도하게 상승했던 환율은 장기에는 구매력 평가설에 기초한 환율로 수렴된다.

① 환율의 오버슈팅이 발생한 상황에서 물가 경직성이 클수록 구매력 평가설에 기초한 환율로 수렴되는 데 걸리는 기간이 길어질 것이다.
② 환율의 오버슈팅이 발생한 상황에서 외국인 투자 자금이 국내 시장 금리에 민감하게 반응할수록 오버슈팅 정도는 커질 것이다.
③ 물가 경직성에 따른 환율의 오버슈팅은 물가의 조정 속도보다 환율의 조정 속도가 빠르기 때문에 발생하는 것이다.
④ 물가가 신축적인 경우가 경직적인 경우에 비해 국내 통화량 증가에 따른 국내 시장 금리 하락 폭이 작을 것이다.
⑤ 국내 통화량이 증가하여 유지될 경우 장기에는 실질 통화량이 변하지 않으므로 장기의 환율도 변함이 없을 것이다.

6 다음은 스마트 트레인과 관련된 내용의 글이다. 다음 글에 대한 설명으로 옳은 것은?

부산국제철도기술산업전의 'Digital Railway' 부스에서는 현대로템 열차 운전 시스템의 현재와 발전 진행 상황을 알아볼 수 있었다. CBTC는 'Communication-Based Train Control'의 약자로 중앙관제센터에서 통신을 기반으로 열차를 중앙집중식으로 원격 제어하는 철도 신호시스템을 이야기하는데 한국에서는 RF-CBCT 타입인 KRTCS-1을 사용하고 있다. 현재 신분당선이나 우이신설선, 인천지하철 2호선 등 무인운전 차량들도 KRTCS-1을 탑재하고 있다.

차량에 탑재된 KRTCS-1 시스템은 지상 신호 장치인 WATC, 차상 신호 장치, 관제실로 구분되는데 관제실에서 명령 신호가 오면 지상 신호 장치 WATC는 경로가 운행 가능한 상태인지를 빠르게 판단하고 차량에게 이동 권한을 부여한다. 이를 받은 차량 신호 장치는 정해진 목적지까지 안전하고 빠르게 운행하며 지상 신호 장치와 관제실과 실시간으로 운행 데이터를 주고받을 수 있다. 이는 운전자 개입 없이 관제실에서 원격 제어만으로 기동과 출발 전 워밍업, 본선 운행과 스케줄링까지 모두 자동으로 이루어지는 무인 시스템이며 영국의 국제공인 인증기관 '리카르도'로부터 ATP(Automatic Train Protection, 열차자동방호) 부분에 대해서 안전등급 중 최고인 SIL Level 4 인증까지 취득했다. 이뿐만 아니라, 출퇴근 시간 등 배차 간격이 좁은 시간대가 아닐 때는 친환경 모드인 '에코-드라이빙' 모드로 추진·제동제어, 출입문 자동 제어 등의 기능을 활용하여 최적의 운행패턴으로 운행 가능하도록 지원할 수 있다.

한편 현재 현대로템이 개발 중인 운전 시스템으로 KRTCS-2가 있다. KRTCS-1이 도시철도용 신호 시스템이었다면 KRTCS-2는 도시와 도시를 연결하는 간선형 철도나 고속철도용으로 개발되고 있는 것이 특징이다. KRTCS-2는 유럽 철도 표준인 ETCS-2에 기반을 두고 있으며 KTX나 SRT 등에 향후 ETCS-2 도입이 예정된 만큼, KRTCS-2 역시 적용 가능한 시스템으로 볼 수 있다.

KRTCS-2 시스템은 차량과 지상, 관제실 통신에 초고속 무선 인터넷 LTE-R을 이용한다. KRTCS-1이 지상 센서만으로 차량의 이동을 감지하고 컨트롤했다면, KRTCS-2는 LTE-R 무선통신을 도입해 열차가 어느 구간(폐색)에 위치하는지를 실시간으로 감지하고 좀 더 효율적으로 스케줄링할 수 있다는 장점이 있다. KRTCS-2 역시 SIL Level 4등급을 독일의 시험인증 기관인 'TUV-SUD'로부터 인증받아 그 안전성과 정확성을 입증했다. 현재 KRTCS-2에서 열차를 안전하게 보호하는 ATP 시스템이 개발을 마쳤고, 자동운전 기능을 추가하기 위한 작업에 박차를 가하고 있다. 따라서 가까운 시일 내에 한국의 고속철도에 KRTCS-2 시스템이 적용되어 도시철도뿐만 아니라 일반·고속철도에서도 무인운전이 현실화될 것으로 기대된다.

① KRTCS-1는 한국의 철도 신호시스템이며 현재 무인운전 차량에는 탑재되어 있지 있다.

② SIL Level 4 인증을 취득한 시스템은 KRTCS-2뿐이다.

③ KRTCS-2는 간선형 철도나 고속철도용으로 개발되고 있다.

④ KRTCS-1 시스템은 LTE-R 무선통신을 도입해 열차가 어느 구간에 위치하는지를 실시간으로 감지하고 좀 더 효율적으로 스케줄링할 수 있다는 장점이 있다.

⑤ 무인운전의 경우 고속철도에서는 현실화되기 어렵다.

▌7~8 ▌ 다음 글을 읽고 이어지는 물음에 답하시오.

경쟁의 승리는 다른 사람의 재산권을 침탈하지 않으면서 이기는 경쟁자의 능력, 즉 경쟁력에 달려 있다. 공정경쟁에서 원하는 물건의 소유주로부터 선택을 받으려면 소유주가 원하는 대가를 치를 능력이 있어야 하고 남보다 먼저 신 자원을 개발하거나 신 발상을 창안하려면 역시 그렇게 해낼 능력을 갖추어야 한다. 다른 기업보다 더 좋은 품질의 제품을 더 값싸게 생산하는 기업은 시장경쟁에서 이긴다. 우수한 자질을 타고났고, 탐사 또는 연구개발에 더 많은 노력을 기울인 개인이나 기업은 새로운 자원이나 발상을 대체로 남보다 앞서서 찾아낸다.

개인의 능력은 천차만별한데 그 차이는 타고나기도 하고 후천적 노력에 의해 결정되기도 한다. 능력이 후천적 노력만의 소산이라면 능력의 우수성에 따라 결정되는 경쟁 결과를 불공정하다고 불평하기는 어렵다. 그런데 능력의 많은 부분은 타고난 것이거나 부모에게서 직간접적으로 물려받은 유무형적 재산에 의한 것이다. 후천적 재능 습득에서도 그 성과는 보통 개발자가 타고난 자질에 따라 서로 다르다. 타고난 재능과 후천적 능력을 딱 부러지게 구분하기도 쉽지 않은 것이다.

어쨌든 내가 능력 개발에 소홀했던 탓에 경쟁에서 졌다면 패배를 승복해야 마땅하다. 그러나 순전히 타고난 불리함 때문에 불이익을 당했다면 억울함이 앞선다. 이 점을 내세워 타고난 재능으로 벌어들이는 소득은 그 재능 보유자의 몫으로 인정할 수 없다는 필자의 의견에 동의하는 학자도 많다. 자신의 재능을 발휘하여 경쟁에서 승리하였다 하더라도 해당 재능이 타고난 것이라면 승자의 몫이 온전히 재능 보유자의 것일 수 없고 마땅히 사회에 귀속되어야 한다는 말이다.

그런데 재능도 노동해야 발휘할 수 있으므로 재능발휘를 유도하려면 그 노고를 적절히 보상해주어야 한다. 이론상으로는 재능발휘로 벌어들인 수입에서 노고에 대한 보상만큼은 재능 보유자의 소득으로 인정하고 나머지만 사회에 귀속시키면 된다.

7 윗글을 읽고 나눈 다음 대화의 ㉠~㉤ 중, 글의 내용에 따른 합리적인 의견 제기로 볼 수 없는 것은?

> A : "타고난 재능과 후천적 노력에 대하여 어떻게 보아야 할지에 대한 필자의 의견이 담겨 있는 글입니다."
> B : "맞아요. 필자의 의견에 따르면 앞으로는 ㉠선천적인 재능에 대한 경쟁이 더욱 치열해질 것 같습니다."
> A : "그런데 우리가 좀 더 확인해야 할 것은, ㉡과연 얼마만큼의 보상이 재능 발휘 노동의 제공에 대한 몫이냐 하는 점입니다."
> B : "그와 함께, ㉢얻어진 결과물에서 어떻게 선천적 재능에 의한 부분을 구별해낼 수 있을까에 대한 물음 또한 과제로 남아 있다고 볼 수 있겠죠."
> A : "그뿐이 아닙니다. ㉣타고난 재능이 어떤 방식으로 사회에 귀속되어야 공정한 것인지, ㉤특별나게 열심히 재능을 발휘할 유인은 어떻게 찾을 수 있을지에 대한 고민도 함께 이루어져야 하겠죠."

① ㉠

② ㉡

③ ㉢

④ ㉣

⑤ ㉤

8 윗글에서 필자가 주장하는 내용과 견해가 다른 것은 어느 것인가?

① 경쟁에서 승리하기 위해서는 능력이 필요하다.

② 능력에 의한 경쟁 결과가 불공정하다고 불평할 수 없다.

③ 선천적인 능력이 우수한 사람은 경쟁에서 이길 수 있는 확률이 높다.

④ 후천적인 능력이 모자란 결과에 대해서는 승복해야 한다.

⑤ 타고난 재능에 의해 얻은 승자의 몫은 일정 부분 사회에 환원해야 한다.

9 한 학년에 세 반이 있는 학교가 있다. 학생수가 A반은 20명, B반은 30명, C반은 50명이다. 수학 점수 평균이 A반은 70점, B반은 80점, C반은 60점일 때, 이 세 반의 평균은 얼마인가?

① 62점

② 64점

③ 66점

④ 68점

⑤ 70점

10 바른 항공사는 서울—상해 직항 노선에 50명이 초과로 예약 승객이 발생하였다. 승객 모두는 비록 다른 도시를 경유해서라도 상해에 오늘 도착하기를 바라고 있다. 아래의 그림이 경유 항공편의 여유 좌석 수를 표시한 항공로일 때, 타 도시를 경유하여 상해로 갈 수 있는 최대의 승객 수는 구하면?

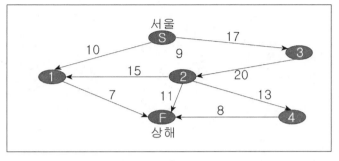

① 24

② 29

③ 30

④ 33

⑤ 37

11 다음은 S공사에서 사원에게 지급하는 수당에 대한 자료이다. 2019년 7월 현재 부장 甲의 근무연수는 12년 2개월이고, 기본급은 300만 원이다. 2019년 7월 甲의 월급은 얼마인가? (단, S공사 사원의 월급은 기본급과 수당의 합으로 계산되고 제시된 수당 이외의 다른 수당은 없으며, 10년 이상 근무한 직원의 정근수당은 기본급의 50%를 지급한다)

구분	지급 기준	비고
정근수당	근무연수에 따라 기본급의 0~50% 범위 내 차등 지급	매년 1월, 7월 지급
명절휴가비	기본급의 60%	매년 2월(설), 10월(추석) 지급
가계지원비	기본급의 40%	매년 홀수 월에 지급
정액급식비	130,000원	매월 지급
교통보조비	• 부장 : 200,000원 • 과장 : 180,000원 • 대리 : 150,000원 • 사원 : 130,000원	매월 지급

① 5,830,000원

② 5,880,000원

③ 5,930,000원

④ 5,980,000원

⑤ 6,030,000원

12 다음은 성인 남녀 1천 명을 대상으로 실시한 에너지원별 국민 인식 조사 결과이다. 다음 자료를 올바르게 해석한 것은 어느 것인가?

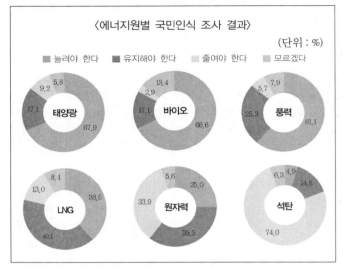

〈에너지원별 국민인식 조사 결과〉

(단위 : %)

■ 늘려야 한다 ■ 유지해야 한다 ■ 줄여야 한다 ■ 모르겠다

태양광: 9.2 5.8 17.1 67.9

바이오: 13.4 2.9 17.1 66.6

풍력: 5.7 7.9 25.3 61.1

LNG: 8.4 13.0 38.5 40.1

원자력: 5.6 25.0 33.9 35.5

석탄: 6.3 4.9 14.8 74.0

① 모든 에너지원에 대하여 줄여야 한다는 의견이 압도적으로 많다.
② 유지하거나 늘려야 한다는 의견은 모든 에너지원에서 절반 이상을 차지한다.
③ 한 가지 의견이 절반 이상의 비중을 차지하는 에너지원은 모두 4개이다.
④ 늘려야 한다는 의견이 더 많은 에너지원일수록 줄여야 한다는 의견도 더 많다.
⑤ LNG와 원자력에 대한 국민 인식 현황은 동일한 순서로 나타난다.

13 다음은 S공사 직원의 출장 횟수에 관한 자료이다. 이에 대한 설명 중 옳지 않은 것을 고르면? (단, 회당 출장 인원은 동일하며 제시된 자료에 포함되지 않은 해외 출장은 없다)

〈제습기 A ~ E의 습도별 연간소비전력량〉

(단위 : kWh)

제습기＼습도	40%	50%	60%	70%	80%
A	550	620	680	790	840
B	560	640	740	810	890
C	580	650	730	800	880
D	600	700	810	880	950
E	660	730	800	920	970

㉠ 습도가 70%일 때 연간소비전력량이 가장 적은 제습기는 A 이다.
㉡ 각 습도에서 연간소비전력량이 많은 제습기부터 순서대로 나열하면, 습도 60%일 때와 습도 70%일 때의 순서를 동일 하다.
㉢ 습도가 40%일 때 제습기 E의 연산소비전력량은 습도가 50%일 때 제습기 B의 연간소비전력량보다 많다.
㉣ 제습기 각각에서 연간소비전력량은 습도가 80%일 때가 40%일 때의 1.5배 이상이다.

① ㉠, ㉡
② ㉠, ㉢
③ ㉡, ㉣
④ ㉠, ㉢, ㉣
⑤ ㉡, ㉢, ㉣

┃14~15┃ 다음은 서울교통공사에서 제공하고 있는 유아수유실 현황에 관한 자료이다. 물음에 답하시오.

〈유아수유실 현황〉

○ 1호선

역명	역명
종로3가역	동대문역

○ 2호선

역명	역명
시청역	성수역
강변역	잠실역
삼성역	강남역
신림역	대림역
신촌역	영등포구청역
신설동역	

○ 3호선

역명	역명
구파발역	독립문역
옥수역	고속터미널역
양재역	도곡역

○ 4호선

역명	역명
노원역	미아사거리역
길음역	동대문역사문화공원역
서울역	이촌역
사당역	

○ 5호선

역명	역명
김포공항역	우장산역
까치산역	목동역
영등포구청역	신길역
여의도역	여의나루역
충정로역	광화문역
동대문역사문화공원역	청구역
왕십리역	답십리역
군자역	아차산역
천호역	강동역
고덕역	올림픽공원역
거여역	

○ 6호선

역명	역명
응암역	불광역
월드컵경기장역	합정역
대흥역	공덕역
삼각지역	이태원역
약수역	상월곡역
동묘앞역	안암역

○ 7호선

역명	역명
수락산역	노원역
하계역	태릉입구역
상봉역	부평구청역
어린이대공원역	뚝섬유원지역
논현역	고속터미널역
이수역	대림역
가산디지털단지역	광명사거리역
온수역	까치울역
부천종합운동장역	춘의역
신중동역	부천시청역
상동역	삼산체육관역
굴포천역	

○ 8호선

역명	역명
모란역	몽촌토성역
잠실역	가락시장역
장지역	남한산성입구역

※ 해당 역에 하나의 유아수유실을 운영 중이다.

14 다음 중 2호선 유아수유실이 전체에서 차지하는 비율은?

① 10.5% ② 11.5%
③ 12.5% ④ 13.5%
⑤ 14.5%

15 다음 중 가장 많은 유아수유실을 운영 중인 지하철 호선 ㉮와 가장 적은 유아수유실을 운영 중인 지하철 호선 ㉯로 적절한 것은?

	㉮	㉯		㉮	㉯
①	7호선	1호선	②	6호선	2호선
③	5호선	3호선	④	4호선	4호선
⑤	3호선	5호선			

16 다음의 ㈎, ㈏는 100만 원을 예금했을 때 기간에 따른 이자에 대한 표이다. 이에 대한 설명으로 옳은 것은? (단, 예금할 때 약정한 이자율은 변하지 않는다)

구분	1년	2년	3년
㈎	50,000원	100,000원	150,000원
㈏	40,000원	81,600원	124,864원

㉠ ㈎는 단순히 원금에 대한 이자만을 계산하는 이자율이 적용되었다.
㉡ ㈎의 경우, 매년 물가가 5% 상승할 경우(원금+이자)의 구매력을 모든 기간에 같다.
㉢ ㈏의 경우, 매년 증가하는 이자액은 기간이 길어질수록 커진다.
㉣ ㈏와 달리 ㈎와 같은 이자율 계산 방법은 현실에서는 볼 수 없다.

① ㉠, ㉢ ② ㉠, ㉣
③ ㉡, ㉣ ④ ㉡, ㉢
⑤ ㉠, ㉡, ㉢

17 다음의 내용에 따라 두 번의 재배정을 한 결과, 병이 홍보팀에서 수습 중이다. 다른 신입사원과 최종 수습부서를 바르게 연결한 것은?

신입사원을 뽑아서 1년 동안의 수습 기간을 거치게 한 후, 정식사원으로 임명을 하는 한 회사가 있다. 그 회사는 올해 신입사원으로 2명의 여자 직원 갑과 을, 그리고 2명의 남자 직원 병과 정을 뽑았다. 처음 4개월의 수습기간 동안 갑은 기획팀에서, 을은 영업팀에서, 병은 총무팀에서, 정은 홍보팀에서 각각 근무하였다. 그 후 8개월 동안 두 번의 재배정을 통해서 신입사원들은 다른 부서에서도 수습 중이다. 재배정할 때마다 다음의 세 원칙 중 한 가지 원칙만 적용되었고, 같은 원칙은 다시 적용되지 않았다.

〈원칙〉
1. 기획팀에서 수습을 거친 사람과 총무팀에서 수습을 거친 사람은 서로 교체해야 하고, 영업팀에서 수습을 거친 사람과 홍보팀에서 수습을 거친 사람은 서로 교체한다.
2. 총무팀에서 수습을 거친 사람과 홍보팀에서 수습을 거친 사람만 서로 교체한다.
3. 여성 수습사원만 서로 교체한다.

① 갑 – 총무팀　　　　② 을 – 영업팀
③ 을 – 총무팀　　　　④ 정 – 영업팀
⑤ 정 – 총무팀

18 A, B, C, D, E, F가 달리기 경주를 하여 보기와 같은 결과를 얻었다. 1등부터 6등까지 순서대로 나열한 것은?

㉠ A는 D보다 먼저 결승점에 도착하였다.
㉡ E는 B보다 더 늦게 도착하였다.
㉢ D는 C보다 먼저 결승점에 도착하였다.
㉣ B는 A보다 더 늦게 도착하였다.
㉤ E가 F보다 더 앞서 도착하였다.
㉥ C보다 먼저 결승점에 들어온 사람은 두 명이다.

① A – D – C – B – E – F
② A – D – C – E – B – F
③ F – E – B – C – D – A
④ B – F – C – E – D – A
⑤ C – D – B – E – F – A

19 다음 글의 내용이 참일 때, 반드시 참인 것만을 모두 고른 것은?

전통문화 활성화 정책의 일환으로 일부 도시를 선정하여 문화관광특구로 지정할 예정이다. 특구 지정 신청을 받아본 결과, A, B, C, D, 네 개의 도시가 신청하였다. 선정과 관련하여 다음 사실이 밝혀졌다.
• A가 선정되면 B도 선정된다.
• B와 C가 모두 선정되는 것은 아니다.
• B와 D 중 적어도 한 도시는 선정된다.
• C가 선정되지 않으면 B도 선정되지 않는다.

㉠ A와 B 가운데 적어도 한 도시는 선정되지 않는다.
㉡ B도 선정되지 않고, C도 선정되지 않는다.
㉢ D는 선정된다.

① ㉠
② ㉡
③ ㉠, ㉢
④ ㉡, ㉢
⑤ ㉠, ㉡, ㉢

20 100명의 근로자를 고용하고 있는 ○○기관 인사팀에 근무하는 S는 고용노동법에 따라 기간제 근로자를 채용하였다. 제시된 법령의 내용을 참고할 때, 기간제 근로자로 볼 수 없는 경우는?

> 제10조
> ① 이 법은 상시 5인 이상의 근로자를 사용하는 모든 사업 또는 사업장에 적용한다. 다만 동거의 친족만을 사용하는 사업 또는 사업장과 가사사용인에 대하여는 적용하지 아니한다.
> ② 국가 및 지방자치단체의 기관에 대하여는 상시 사용하는 근로자의 수에 관계없이 이 법을 적용한다.
> 제11조
> ① 사용자는 2년을 초과하지 아니하는 범위 안에서(기간제 근로계약의 반복갱신 등의 경우에는 계속 근로한 총 기간이 2년을 초과하지 아니하는 범위 안에서) 기간제 근로자※를 사용할 수 있다. 다만 다음 각 호의 어느 하나에 해당하는 경우에는 2년을 초과하여 기간제 근로자로 사용할 수 있다.
>   1. 사업의 완료 또는 특정한 업무의 완성에 필요한 기간을 정한 경우
>   2. 휴직·파견 등으로 결원이 발생하여 당해 근로자가 복귀할 때까지 그 업무를 대신할 필요가 있는 경우
>   3. 전문적 지식·기술의 활용이 필요한 경우와 박사 학위를 소지하고 해당 분야에 종사하는 경우
> ② 사용자가 제1항 단서의 사유가 없거나 소멸되었음에도 불구하고 2년을 초과하여 기간제 근로자로 사용하는 경우에는 그 기간제 근로자는 기간의 정함이 없는 근로계약을 체결한 근로자로 본다.
>
> ※ 기간제 근로자라 함은 기간의 정함이 있는 근로계약을 체결한 근로자를 말한다.

① 수습기간 3개월을 포함하여 1년 6개월간 A를 고용하기로 근로계약을 체결한 경우
② 근로자 E의 휴직으로 결원이 발생하여 2년간 B를 계약직으로 고용하였는데, E의 복직 후에도 B가 계속해서 현재 3년 이상 근무하고 있는 경우
③ 사업 관련 분야 박사학위를 취득한 C를 계약직(기간제) 연구원으로 고용하여 C가 현재 3년간 근무하고 있는 경우
④ 국가로부터 도급받은 3년간의 건설공사를 완성하기 위해 D를 그 기간 동안 고용하기로 근로계약을 체결한 경우
⑤ 근로자 F가 해외 파견으로 결원이 발생하여 돌아오기 전까지 3년간 G를 고용하기로 근로계약을 체결한 경우

21 ◇◇자동차그룹 기술개발팀은 수소연료전지 개발과 관련하여 다음의 자료를 바탕으로 회의를 진행하고 있다. 잘못된 분석을 하고 있는 사람은?

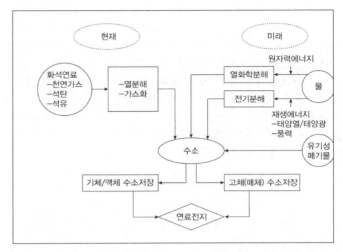

① 甲 : 현재는 석유와 천연가스 등 화석연료에서 수소를 얻고 있지만, 미래에는 재생에너지나 원자력을 활용한 수소 제조법이 사용될 것이다.
② 乙 : 수소는 기체, 액체, 고체 등 저장 상태에 관계없이 연료전지에 활용할 수 있다는 장점을 갖고 있다.
③ 丙 : 수소저장기술은 기체나 액체 상태로 저장하는 방식과 고체(매체)로 저장하는 방식으로 나눌 수 있다.
④ 丁 : 수소를 제조하는 기술에는 화석연료를 전기분해하는 방법과 재생에너지를 이용하여 물을 열분해하는 두 가지 방법이 있다.
⑤ 戊 : 수소는 물, 석유, 천연가스 및 유기성 폐기물 등에 함유되어 있으므로, 다양한 원료로부터 생산할 수 있다는 장점을 갖고 있다.

22 사람들은 살아가면서 많은 소비를 하게 되며, 그에 따른 의사 결정을 하게 된다. 이렇듯 소비자 의사 결정이라고 불리는 이 과정은 크게 문제 인식, 정보 탐색, 대안 평가 및 선택, 결정, 구매 및 평가의 순서로 진행된다. 하지만 모든 소비자가 이러한 과정을 준수하여 소비하지는 않으며, 순서가 바뀌거나 또는 건너뛰는 경우도 있다. 다음의 사례는 5명의 사람이 여름휴가철을 맞아 드넓은 동해바다 앞의 게스트 하우스를 예약하고 이를 찾아가기 위해 활용할 교통수단을 놓고 선택에 대한 고민을 하고 있다. 이 부분은 소비자 의사 결정과정 중 대안평가 및 선택에 해당하는 부분인데, 아래의 조건들은 대안을 평가하는 방식들을 나열한 것이다. 이들 중 ⊙의 내용을 참고하여 보완적 평가방식을 활용해 목적지까지 가는 동안의 이동수단으로 가장 적절한 것을 고르면?

> Ⅰ. 조건
> ⊙ 보완적 평가방식이란 각각의 상표에 있어 어떤 속성의 약점을 다른 속성의 강점에 의해 보완하여 전반적인 평가를 내리는 방식을 말한다.
> ⓒ 사전편집식이란 가장 중요시하는 평가기준에서 최고로 평가되는 상표를 선택하는 방식을 말한다.
> ⓒ 순차적 제거식이란 중요하게 생각하는 특정 속성의, 최소 수용기준을 설정하고 난 뒤에 그 속성에서 수용 기준을 만족시키지 못하는 상표를 제거해 나가는 방식을 말한다.
> ② 결합식이란, 상표 수용을 위한 최소 수용기준을 모든 속성에 대해 마련하고, 각 상표별로 모든 속성의 수준이 최소한의 수용 기준을 만족시키는가에 따라 평가하는 방식을 말한다.

> Ⅱ. 내용
>
> | 평가 기준 | 중요도 | 이동수단들의 가치 값 | | | | |
> |---|---|---|---|---|---|---|
> | | | 비행기 | 고속 철도 | 고속 버스 | 오토 바이 | 도보 |
> | 속도감 | 40 | 9 | 8 | 2 | 1 | 1 |
> | 경제성 | 30 | 2 | 5 | 8 | 9 | 1 |
> | 승차감 | 20 | 4 | 5 | 6 | 2 | 1 |

① 고속철도
② 비행기
③ 오토바이
④ 고속버스
⑤ 도보

23 다음은 철도운행 안전관리자의 자격취소·효력정지 처분에 대한 내용이다. 다음의 내용을 참고하였을 때 옳지 않은 설명은? (단, 사고는 모두 철도운행 안전관리자의 고의 또는 중과실로 일어났다고 본다.)

> 1. 일반기준
> ⊙ 위반행위가 둘 이상인 경우로서 그에 해당하는 각각의 처분기준이 다른 경우에는 그중 무거운 처분기준에 따르며, 위반행위가 둘 이상인 경우로서 그에 해당하는 각각의 처분기준이 같은 경우에는 무거운 처분기준의 2분의 1까지 가중하되, 각 처분기준을 합산한 기간을 초과할 수 없다.
> ⓒ 위반행위의 횟수에 따른 행정처분의 기준은 최근 1년간 같은 위반행위로 행정처분을 받은 경우에 적용한다. 이 경우 행정처분 기준의 적용은 같은 위반행위에 대하여 최초로 행정처분을 한 날과 그 처분 후의 위반행위가 다시 적발된 날을 기준으로 한다.
>
> 2. 개별기준
>
> | 위반사항 및 내용 | 처분기준 | | |
> |---|---|---|---|
> | | 1차 위반 | 2차 위반 | 3차 위반 |
> | • 거짓이나 그 밖의 부정한 방법으로 철도운행 안전관리자 자격을 받은 경우 | 자격 취소 | | |
> | • 철도운행 안전관리자 자격의 효력정지 기간 중 철도운행 안전관리자 업무를 수행한 경우 | 자격 취소 | | |
> | • 철도운행 안전관리자 자격을 다른 사람에게 대여한 경우 | 자격 취소 | | |
> | • 철도운행 안전관리자의 업무 수행 중 고의 또는 중과실로 인한 철도사고가 일어난 경우 | | | |
> | 1) 사망자가 발생한 경우 | 자격 취소 | | |
> | 2) 부상자가 발생한 경우 | 효력 정지 6개월 | 자격 취소 | |
> | 3) 1천만 원 이상 물적 피해가 발생한 경우 | 효력 정지 3개월 | 효력 정지 6개월 | 자격 취소 |
> | • 약물을 사용한 상태에서 철도운행 안전관리자 업무를 수행한 경우 | 자격 취소 | | |
> | • 술을 마신 상태의 기준을 넘어서 철도운행 안전관리자 업무를 하다가 철도사고를 일으킨 경우 | 자격 취소 | | |
> | • 술을 마신상태에서 철도운행 안전관리자 업무를 수행한 경우 | 효력 정지 3개월 | 자격 취소 | |
> | • 술을 마시거나 약물을 사용한 상태에서 업무를 하였다고 인정할만한 상당한 이유가 있음에도 불구하고 확인이나 검사 요구에 불응한 경우 | 자격 취소 | | |

① 영호씨는 부정한 방법으로 철도운행 안전관리자 자격을 얻은 사실이 확인되어 자격이 취소되었다.

② 6개월 전 중과실 사고로 인해 효력정지 3개월의 처분을 받은 민수씨가 다시 철도운행 안전관리자의 업무 수행 중 2천만 원의 물적 피해를 입히는 사고를 일으켰다면 효력정지 6개월의 처분을 받게 된다.

③ 지만씨는 업무 수행 도중 사망자가 발생하는 사고를 일으켜 철도운행 안전관리자의 자격이 취소되었다.

④ 입사 후 처음으로 음주 상태에서 철도운행 안전관리자 업무를 수행한 정혜씨는 효력정지 3개월 처분을 받았다.

⑤ 위반행위가 없었던 경호씨는 이번 달 업무 수행 중 1천만 원의 물적 피해와 부상자가 발생하는 사고를 일으켰고 효력정지 3개월의 처분을 받았다.

24 다음 〈조건〉을 근거로 판단할 때, 〈보기〉에서 옳은 것만을 모두 고르면?

〈조건〉
• 인공지능 컴퓨터와 매번 대결할 때마다, 甲은 A, B, C전략 중 하나를 선택할 수 있다.
• 인공지능 컴퓨터는 대결을 거듭할수록 학습을 통해 각각의 전략에 대응하므로, 동일한 전략을 사용할수록 甲이 승리할 확률은 하락한다.
• 각각의 전략을 사용한 횟수에 따라 각 대결에서 甲이 승리할 확률은 아래와 같고, 甲도 그 사실을 알고 있다.
• 전략별 사용횟수에 따른 甲의 승률

(단위 : %)

전략별 사용횟수 전략종류	1회	2회	3회	4회
A전략	60	50	40	0
B전략	70	30	20	0
C전략	90	40	10	0

㉠ 甲이 총 3번의 대결을 하면서 각 대결에서 승리할 확률이 가장 높은 전략부터 순서대로 선택한다면, 3가지 전략을 각각 1회씩 사용해야 한다.

㉡ 甲이 총 5번의 대결을 하면서 각 대결에서 승리할 확률이 가장 높은 전략부터 순서대로 선택한다면, 5번째 대결에서는 B전략을 사용해야 한다.

㉢ 甲이 1개의 전략만을 사용하여 총 3번의 대결을 하면서 3번 모두 승리할 확률을 가장 높이려면, A전략을 선택해야 한다.

㉣ 甲이 1개의 전략만을 사용하여 총 2번의 대결을 하면서 2번 모두 패배할 확률을 가장 낮추려면, A전략을 선택해야 한다.

① ㉠, ㉡ ② ㉠, ㉢
③ ㉡, ㉣ ④ ㉠, ㉢, ㉣
⑤ ㉡, ㉢, ㉣

25 어느 날 진수는 직장선배로부터 '직장 내에서 서열과 직위를 고려한 소개의 순서'를 정리하라는 요청을 받았다. 진수는 다음의 내용처럼 정리하고 직장선배에게 보여 주었다. 하지만 직장선배는 세 가지 항목이 틀렸다고 지적하였다. 지적을 받은 세 가지 항목은 무엇인가?

㉠ 연소자를 연장자보다 먼저 소개한다.
㉡ 같은 회사 관계자를 타 회사 관계자에게 먼저 소개한다.
㉢ 상급자를 하급자에게 먼저 소개한다.
㉣ 동료임원을 고객, 방문객에게 먼저 소개한다.
㉤ 임원을 비임원에게 먼저 소개한다.
㉥ 되도록 성과 이름을 동시에 말한다.
㉦ 상대방이 항상 사용하는 경우라면 Dr. 등의 칭호를 함께 언급한다.
㉧ 과거 정부 고관일지라도, 전직인 경우 호칭사용은 결례이다.

① ㉠, ㉡, ㉥ ② ㉢, ㉤, ㉧
③ ㉣, ㉤, ㉥ ④ ㉣, ㉤, ㉧
⑤ ㉣, ㉦, ㉧

26 다음 조직도를 올바르게 이해한 사람은 누구인가?

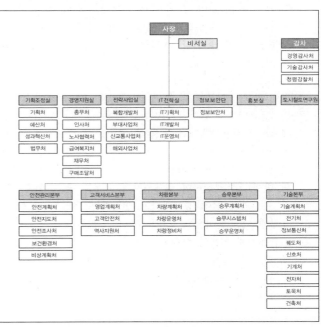

① 경영감사처는 사장 직속이 아니라 감사 산하에 별도로 소속되어 있다.
② 5본부가 사장 직속으로 구성되어 있다.
③ 7실 44처로 구성되어 있다.
④ 사장, 감사, 본부, 실, 단, 원, 처로 분류할 수 있다.
⑤ 기술본부는 9개의 처로 구성되어 있다.

다음은 '갑'사의 내부 결재 규정에 대한 설명이다. 다음 글을 읽고 이어지는 물음에 답하시오.

제○○조(결재)

① 기안한 문서는 결재권자의 결재를 받아야 효력이 발생한다.

② 결재권자는 업무의 내용에 따라 이를 위임하여 전결하게 할 수 있으며, 이에 대한 세부사항은 따로 규정으로 정한다. 결재권자가 출장, 휴가, 기타의 사유로 상당한 기간 동안 부재중일 때에는 그 직무를 대행하는 자가 대결할 수 있되, 내용이 중요한 문서는 결재권자에게 사후에 보고(후열)하여야 한다.

③ 결재에는 완결, 전결, 대결이 있으며 용어에 대한 정의와 결재방법은 다음과 같다.

　1. 완결은 기안자로부터 최종 결재권자에 이르기까지 관계자가 결재하는 것을 말한다.

　2. 전결은 사장이 업무내용에 따라 각 부서장에게 결재권을 위임하여 결재하는 것을 말하며, 전결하는 경우에는 전결하는 자의 서명 란에 '전결'표시를 하고 맨 오른쪽 서명 란에 서명하여야 한다.

　3. 대결은 결재권자가 부재중일 때 그 직무를 대행하는 자가 하는 결재를 말하며, 대결하는 경우에는 대결하는 자의 서명 란에 '대결'표시를 하고 맨 오른쪽 서명 란에 서명하여야 한다.

제○○조(문서의 등록)

① 문서는 당해 마지막 문서에 대한 결재가 끝난 즉시 결재일자순에 따라서 번호를 부여하고 처리과별로 문서등록대장에 등록하여야 한다. 동일한 날짜에 결재된 문서는 조직내부 원칙에 의해 우선순위 번호를 부여한다. 다만, 비치문서는 특별한 규정이 있을 경우를 제외하고는 그 종류별로 사장이 정하는 바에 따라 따로 등록할 수 있다.

② 문서등록번호는 일자별 일련번호로 하고, 내부결재문서인 때에는 문서등록대장의 수신처란에 '내부결재'표시를 하여야 한다.

③ 처리과는 당해 부서에서 기안한 모든 문서, 기안형식 외의 방법으로 작성하여 결재권자의 결재를 받은 문서, 기타 처리과의 장이 중요하다고 인정하는 문서를 제1항의 규정에 의한 문서등록대장에 등록하여야 한다.

④ 기안용지에 의하여 작성하지 아니한 보고서 등의 문서는 그 문서의 표지 왼쪽 위의 여백에 부서기호, 보존기간, 결재일자 등의 문서등록 표시를 한 후 모든 내용을 문서등록대장에 등록하여야 한다.

---

27 다음 중 '갑'사의 결재 및 문서의 등록 규정을 올바르게 이해하지 못한 것은?

① '대결'은 결재권자가 부재중일 경우 직무대행자가 행하는 결재 방식이다.

② 최종 결재권자는 여건에 따라 상황에 맞는 전결권자를 지정할 수 있다.

③ '전결'과 '대결'은 문서 양식상의 결재방식이 동일하다.

④ 문서등록대장은 매년 1회 과별로 새롭게 정리된다.

⑤ 기안문과 보고서 등 모든 문서는 결재일자가 기재되며 그 일자에 따라 문서등록대장에 등록된다.

28 '갑'사에 근무하는 직원의 다음과 같은 결재 문서 관리 및 조치 내용 중 규정에 따라 적절하게 처리한 것은?

① A 대리는 같은 날짜에 결재된 문서 2건을 같은 문서번호로 분류하여 등록하였다.

② B 대리는 중요한 내부 문서에는 '내부결재'를 표시하였고, 그 밖의 문서에는 '일반문서'를 표시하였다.

③ C 과장은 부하 직원에게 문서등록대장에 등록된 문서 중 결재 문서가 아닌 것도 포함될 수 있다고 알려주었다.

④ D 사원은 문서의 보존기간은 보고서에 필요한 사항이며 기안 문서에는 기재할 필요가 없다고 판단하였다.

⑤ 본부장이 최종 결재권자로 위임된 문서를 본부장 부재 시에 팀장이 최종 결재하게 되면, 팀장은 '전결' 처리를 한 것이다.

29 다음 시트의 [D10]셀에서 =DCOUNT(A2:F7,4,A9:B10)을 입력했을 때 결과 값으로 옳은 것은?

	A	B	C	D	E	F
1	4차 산업혁명 주요 테마별 사업체당 종사자 수					
2		2015	2016	2017	2018	2019
3	자율주행	24.2	21.2	21.9	20.6	20
4	인공지능	22.6	17	19.2	18.7	18.7
5	빅데이터	21.8	17.5	18.9	17.8	18
6	드론	43.8	37.2	40.5	39.6	39.7
7	3D프린팅	25	18.6	21.8	22.7	22.6
8						
9	2015	2019				
10	<25	>19				

① 0　　　　　　　　　　② 1

③ 2　　　　　　　　　　④ 3

⑤ 4

30 원모와 친구들은 여름휴가를 와서 바다에 입수하기 전 팬션 1층에 모여 날씨가 궁금해 인터넷을 통해 날씨를 보고 있다. 이때 아래에 주어진 조건을 참조하여 원모와 친구들 중 주어진 날씨 데이터를 잘못 이해한 사람을 고르면?

> (조건 1) 현재시간은 월요일 오후 15시이다.
> (조건 2) 5명의 휴가기간은 월요일 오후 15시(팬션 첫날)부터 금요일 오전 11시(팬션 마지막 날)까지이다.

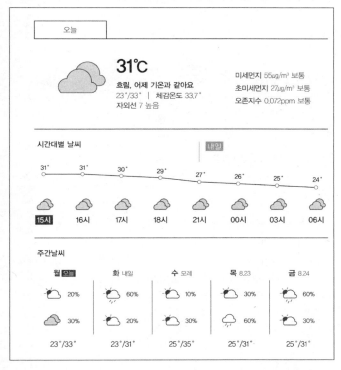

① 원모 : 우리 팬션 퇴실하는 날에는 우산을 준비 해야겠어.
② 형일 : 내일 오전에는 비가 와서 우산 없이는 바다를 보며 산책하기는 어려울 것 같아.
③ 우진 : 우리들이 휴가 온 이번 주 날씨 중에서 수요일 오후 온도가 가장 높아.
④ 연철 : 자정이 되면 지금보다 온도가 더 높아져서 열대야 현상으로 인해 오늘밤 잠을 자기가 힘들 거야.
⑤ 규호 : 오늘 미세먼지는 보통수준이야.

31 다음의 알고리즘에서 인쇄되는 S는?

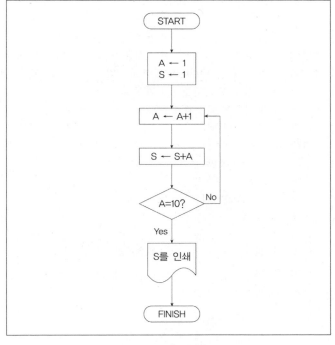

① 36
② 45
③ 55
④ 66
⑤ 75

32 다음은 총무팀 오 과장이 팀장으로부터 지시받은 이번 주 업무 내역이다. 팀장은 오 과장에게 가급적 급한 일보다 중요한 일을 먼저 처리해 줄 것을 당부하며 아래의 일들에 대한 시간 분배를 잘해 줄 것을 지시하였는데, 팀장의 지시사항을 참고로 오 과장이 처리해야 할 업무를 순서대로 바르게 나열한 것은?

I 긴급하면서 중요한 일	II 긴급하지 않지만 중요한 일
- 부서 손익실적 정리(A)	- 월별 총무용품 사용현황 정리(D)
- 개인정보 유출 방지책 마련(B)	- 부산 출장계획서 작성(E)
- 다음 주 부서 야유회 계획 수립(C)	- 내방 고객 명단 작성(F)
III 긴급하지만 중요하지 않은 일	IV 긴급하지 않고 중요하지 않은 일
- 민원 자료 취합 정리(G)	- 신입사원 신규 출입증 배부(J)
- 영업부 파티션 교체 작업 지원(H)	- 프린터기 수리 업체 수배(K)
- 출입증 교체 인원 파악(I)	- 정수기 업체 배상 청구 자료 정리(L)

① (D) – (A) – (G) – (K)
② (B) – (E) – (J) – (H)
③ (A) – (G) – (E) – (K)
④ (B) – (F) – (G) – (L)
⑤ (I) – (E) – (C) – (J)

33 다음과 같은 상황에서 길동이가 '맛나 음식점'에서 계속 일하기 위한 최소한의 연봉은 얼마인가?

> 현재 '맛나 음식점'에서 일하고 있는 길동이는 내년도 연봉 수준에 대해 '맛나 음식점' 사장과 협상을 하고 있다. 길동이는 협상이 결렬될 경우를 대비하여 퓨전 음식점 T의 개업을 고려하고 있다. 시장 조사 결과는 다음과 같다.
> • 보증금 3억 원(은행에서 연리 7.5%로 대출 가능)
> • 임대료 연 3,000만 원
> • 연간 영업비용
> – 직원 인건비 8,000만 원
> – 음식 재료비 7,000만 원
> – 기타 경비 6,000만 원
> • 연간 기대 매출액 3.5억 원

① 8,600만 원   ② 8,650만 원

③ 8,700만 원   ④ 8,750만 원

⑤ 8,800만 원

34 다음 표는 E통신사에서 시행하는 이동 통화 요금제 방식이다. 다음과 같은 방식으로 통화를 할 경우, 한 달 평균 이동전화 사용 시간이 몇 분 초과일 때부터 B요금제가 유리한가?

요금제	기본 요금(원)	1분당 전화 요금(원)
A	15,000	180
B	18,000	120

① 35분   ② 40분

③ 45분   ④ 50분

⑤ 55분

35 다음은 장식품 제작 공정을 나타낸 것이다. 이에 대한 설명으로 옳은 것만을 〈보기〉에서 있는 대로 고른 것은? (단, 주어진 조건 이외의 것은 고려하지 않는다)

> 〈조건〉
> • A~E의 모든 공정 활동을 거쳐 제품이 생산되며, 제품 생산은 A 공정부터 시작된다.
> • 각 공정은 공정 활동별 한 명의 작업자가 수행하며, 공정 간 부품의 이동 시간은 고려하지 않는다.

〈작업순서〉

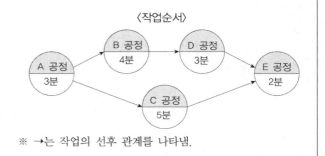

> ※ →는 작업의 선후 관계를 나타냄.

> 〈보기〉
> ㉠ 첫 번째 완제품은 생산 시작 12분 후에 완성된다.
> ㉡ 제품은 최초 생산 후 매 3분마다 한 개씩 생산될 수 있다.
> ㉢ C 공정의 소요 시간이 2분 지연되어도 첫 번째 완제품을 생산하는 총소요시간은 변화가 없다.

① ㉠

② ㉡

③ ㉠, ㉢

④ ㉡, ㉢

⑤ ㉠, ㉡, ㉢

36 다음은 ㈜달라의 휴대폰 매뉴얼 중 주의사항 일부를 나타낸 것이다. 아래의 내용을 참조하여 서술한 내용으로 가장 적절하지 않은 것을 고르면?

㈜달라의 휴대폰 사용 시 주의사항

본 기기 사용 전 아래의 지시사항을 지키지 않을 경우 사용자는 심각한 상해를 입거나 사망할 수 있으므로 주의를 요합니다.

□ 화재주의
- 충전단자나 외부접속단자 (microUSB 접속단자)에 전도성 이물질 (금속 조각, 연필심 등)을 접촉시키거나 내부로 넣지 마세요.
- 사용 중이나 충전 중에 이불 등으로 덮거나 또는 감싸지 마세요.
- 배터리가 새거나 냄새가 날 때는 즉시 사용을 중지하고 화기에서 멀리 두세요. 새어 나온 액체에 불이 붙거나 발화, 파열의 원인이 될 수 있습니다.
- 일반 쓰레기와 같이 버리지 마세요. 발화 및 환경파괴의 원인이 됩니다.

□ 피부손상 주의
- 휴대전화의 인터넷, 동영상, 게임 등을 장시간 사용 시에 제품 표면의 온도가 올라갈 수 있으므로 사용을 잠시 중단하세요.
- 신체의 일부가 오랜 시간 휴대전화에 닿지 않도록 하세요. 휴대전화 장시간 사용 중 오랫동안 피부에 접촉 시 피부가 약한 분들은 저온화상의 우려가 있기 때문에 사용에 있어서 주의를 요합니다.

□ 충전 시 주의
- USB 아이콘이 위로 향한 채 꽂으세요. 반대로 하게 되면 제품에 치명적인 손상을 줄 수 있습니다.
- 충전 중에 사용 시 감전의 우려가 있을 수 있으니 반드시 충전기와 분리 후에 사용하세요.
- 충전기 또는 배터리 단자 등에 이상이 있을 시에 무리한 충전을 하지 말고 ㈜달라 고객 상담실 (Tel : 1544-1234)로 문의하신 후에 가까운 ㈜달라 서비스센터로 가서서 제품을 확인 받으시기 바랍니다. (화재의 위험이 있습니다.)

---

① 해당 제품은 환경파괴의 원인으로 작용하므로 일반 쓰레기하고 같이 버리면 안 된다.
② 해당 제품의 오랜 사용으로 인해 피부에 장시간 맞닿아 있게 되면 피부가 약한 사람의 경우 저온화상을 입을 수 있다.
③ 핸드폰 충전 시 치명적인 손상을 방지하기 위해 USB 아이콘이 위로 향하는 방향으로 꽂아야 한다.

④ 해당 제품인 핸드폰을 게임이나 동영상 등에 오래 사용할 경우 제품에 온도가 높아질 수 있으므로 이러한 경우에는 핸드폰의 사용을 중단해야 한다.
⑤ 핸드폰 사용 시에 배터리 부분에서 냄새가 나게 되는 경우에 핸드폰 전원을 꺼야 한다.

37 다음은 A, B 사원의 직업 기초 능력을 평가한 결과이다. 이에 대한 설명으로 가장 적절한 것은?

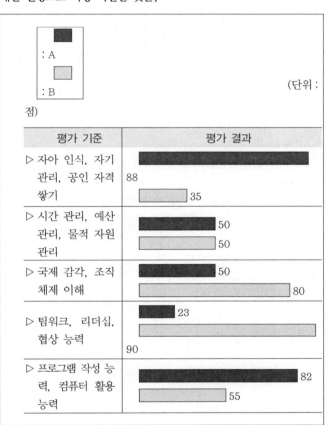

: A
: B
(단위 : 점)

평가 기준	평가 결과
▷ 자아 인식, 자기 관리, 공인 자격 쌓기	88 / 35
▷ 시간 관리, 예산 관리, 물적 자원 관리	50 / 50
▷ 국제 감각, 조직 체제 이해	50 / 80
▷ 팀워크, 리더십, 협상 능력	23 / 90
▷ 프로그램 작성 능력, 컴퓨터 활용 능력	82 / 55

① A는 B보다 스스로를 관리하고 개발하는 능력이 우수하다.
② A는 B보다 조직의 체제와 경영을 이해하는 능력이 우수하다.
③ A는 B보다 업무 수행 시 만나는 사람들과 원만하게 지내는 능력이 우수하다.
④ B는 A보다 정보를 검색하고 정보 기기를 활용하는 능력이 우수하다.
⑤ B는 A보다 업무 수행에 필요한 시간, 자본 등의 자원을 예측 계획하여 할당하는 능력이 우수하다.

38 다음 중 팀워크에 관한 설명에 부합하는 사례로 옳은 것은?

팀워크란 팀 구성원이 공동의 목적을 달성하기 위해 상호 관계성을 가지고 서로 협력하여 일을 해나가는 것을 말한다. 좋은 팀워크를 유지한다고 해서 의견충돌이나 갈등이 없는 것이 아니지만 구성원은 상호 신뢰하고 존중하고 각자 역할과 책임을 다하므로 의견충돌이나 갈등상황이 지속되지 않고 효율적으로 업무를 추진다. 이러한 조직에서는 이기주의 또는 자의식 과잉 등 개인을 우선하는 분위기, 팀 내 분열을 조장하는 파벌주의, 비효율적 업무처리 등 팀워크를 저해하는 요소를 찾을 수 없다.

〈사례〉
㉠ 평소 구성원 간 협동 또는 교류보다는 경쟁을 모토로 삼는 A팀은 올 상반기 매출실적이 사내 1위였다.
㉡ B팀은 지난주 회의 때 ○○제품의 출시일자를 두고 의견이 갈려 결론을 내지 못했지만, 이번 회의에서는 토론 및 설득을 통해 출시일자를 늦추자는 방안을 만장일치로 채택하였다.
㉢ C팀은 팀원 간 사적으로 친밀하고 단합을 중시하여 화기애애한 분위기이지만 사적인 관계로 인해 업무처리 속도가 다른 팀에 비하여 떨어지고 실수가 잦다.

① ㉠
② ㉡
③ ㉢
④ ㉠, ㉢
⑤ ㉡, ㉢

39 스마트 트레인과 관련하여 CBM 시스템을 설명하는 甲과 乙의 말에서 알 수 있는 직업윤리의 덕목은 무엇인가?

甲 : "CBM(Condition Based Maintenance) 시스템은 4차산업 혁명의 핵심인 ABC 산업으로 불리는 AI, Big Data, Cloud 이 세 가지가 모두 집약되어 최적의 차량 유지보수를 가능하게 합니다. CBM 시스템과 연결된 운전실 디스플레이나 운영자 및 정비자에게 태블릿 PC로 열차상태를 실시간으로 확인할 수 있습니다. 이런 경우, 정해진 방법에 따라 운전자는 조속한 고장 조치를 취할 수 있으며, 이러한 정보는 서버를 통해 자동으로 운영자 및 유지보수자에게 전달되어 열차의 운행일정과 유지보수 일정의 효율적인 계획을 수립할 수 있습니다. 저는 이러한 CBM 시스템을 개발하는 것이 누구나 할 수 있는 것은 아니며 교육을 통한 지식과 경험을 갖추어야만 가능한 것임을 알고 있기에 제가 알고 있는 지식을 총 동원하여 최고의 시스템을 개발하기 위해 앞으로 더욱 노력할 것입니다."

乙 : "CBM 시스템은 차량과 지상 양쪽에서 모두 열차 상태에 대해 실시간 모니터링이 가능합니다. 현재 운행되는 열차는 유지보수 매뉴얼 등 별도의 문서 없이는 정비 인력이 설계도나 유지보수 방법을 모두 파악하기 어렵습니다. 여기서 CBM 시스템을 이용하면 이러한 문제도 쉽게 해결할 수 있습니다. CBM 시스템에 연결된 모바일 장비 또는 사무실의 PC에서 웹 기반의 빅데이터 분석 플랫폼에 접속하여 각 고장에 대한 유지보수 메뉴를 클릭하면 고장과 관련된 데이터와 작업 지시서를 확인할 수 있습니다. 작업지시서에는 작업 매뉴얼과 관련 부품 재고, 위치 등 유지보수 작업에 필요한 모든 정보가 표시되어 엔지니어가 차량의 고장에 효율적으로 대처할 수 있습니다. 차량의 부품에도 각각 센서를 부착해 마모 상태 등을 측정한 후 정말 문제가 있을 때에 한해서 교체하게 되면 불필요한 비용을 절감할 수 있게 됩니다. 저는 평소에도 스마트 트레인 분야에 관심이 많았는데 이러한 시스템을 개발하는 것은 저에게 딱 맞는 일이라고 생각합니다. 앞으로도 긍정적인 생각을 갖고 업무 수행을 원활히 하도록 노력할 것입니다."

	甲	乙
①	전문가의식	천직의식
②	전문가의식	직분의식
③	천직의식	전문가의식
④	천직의식	소명의식
⑤	소명의식	직분의식

40 당신은 서울교통공사 입사 지원자이다. 서류전형 통과 후, NCS 기반의 면접을 보기 위해 면접장에 들어가 있는데, 면접관이 당신에게 다음과 같은 질문을 하였다. 다음 중 면접관의 질문에 대한 당신의 대답으로 가장 적절한 것은?

> 면접관 : 최근 많은 회사들이 윤리경영을 핵심 가치로 내세우며, 개혁을 단행하고 있습니다. 그건 저희 회사도 마찬가지입니다. 윤리경영을 단행하고 있는 저희 회사에 도움이 될 만한 개인 사례를 말씀해 주시기 바랍니다.
>
> 당신 : (   )

① 저는 시간관념이 철저하므로 회의에 늦은 적이 한 번도 없습니다.

② 저는 총학생회장을 역임하면서, 맡은 바 책임이라는 것이 무엇인지 잘 알고 있습니다.

③ 저는 상담사를 준비한 적이 있어서, 타인의 말을 귀 기울여 듣는 것이 얼마나 중요한지 알고 있습니다.

④ 저는 동아리 생활을 할 때, 항상 동아리를 사랑하는 마음으로 남들보다 먼저 동아리실을 청소하고, 시설을 유지하기 위해 노력했습니다.

⑤ 저는 모든 일이 투명하게 이뤄져야 한다고 생각합니다. 그래서 어린 시절 반에서 괴롭힘을 당하는 친구가 있으면 일단 선생님께 말씀드리곤 했습니다.

1 다음 중 살라 모형의 특성에 관한 내용으로 옳지 않은 것은?

① 사랑방 모형이라고도 한다.

② 과도한 중앙집권제를 추구한다.

③ 행정의 효율화 및 민주화가 충만하다.

④ 다수의 상충되는 가치명령체계로 인한 업무수행의 일체감이 결여되어 있다.

⑤ 근대화 된 "사무실 행정"에는 미치지 못하는 일종의 과도기적인 행정을 의미한다.

2 능률성을 나타내는 투입-산출 비율에서 투입과 산출을 모두 줄이는데 분모가 되는 투입을 훨씬 더 많이 감축함으로써 얻는 능률성은?

① 소극적 능률성

② 적극적 능률성

③ 퇴행적 능률성

④ 기계적 능률성

⑤ 사회적 능률성

3 정치행정이원론에 대한 설명으로 옳지 않은 것은?

① 한국과 같이 중앙집권적 권력체계와 행정제도의 역사를 가진 국가에서 행정은 국가 의사를 전문적 능력과 법령에 따라 집행하는 일선행정임을 강조하는 이론에서 설명되기도 한다.

② 미국에서는 1880년대 공무원제도 개혁의 중심이론으로 작용하였다.

③ 이원론의 대표학자인 윌슨은 당시 미국의 진보주의와 유럽식 중앙집권국가의 관리이론에 영향을 받았다.

④ 행정은 원리에 충실하면서 국가의사를 과학적 원칙과 원리에 따라서 결정하여야 한다.

⑤ 행정은 전통적인 당파정치에서 분리되어 전문적, 과학적 관리 중심이어야 한다.

4 엽관주의와 실적주의에 대한 설명으로 옳은 것만을 모두 고르면?

> ⊙ 엽관주의는 실적 이외의 요인을 고려하여 임용하는 방식으로 정치적 요인, 혈연, 지연 등이 포함된다.
>
> ⓛ 엽관주의는 정실임용에 기초하고 있기 때문에 초기부터 민주주의의 실천원리와는 거리가 멀었다.
>
> ⓒ 엽관주의는 정치지도자의 국정지도력을 강화함으로써 공공정책의 실현을 용이하게 해 준다.
>
> ⓔ 실적주의는 정치적 중립에 집착하여 인사행정을 소극화·형식화시켰다.
>
> ⓜ 실적주의는 국민에 대한 관료의 대응성을 높일 수 있다는 장점이 있다

① ㉠㉢

② ㉡㉣

③ ㉡㉤

④ ㉢㉣

⑤ ㉣㉤

5 행정이념에 관한 설명으로 옳은 것은?

① 행정의 능률화와 행정의 민주화는 서로 독립적인 관계에 있다.

② 행정이념을 행정인이 추구해야 할 궁극적인 가치로 보기는 어렵다.

③ 비용편익분석을 하면 행정의 합리성을 해친다.

④ 중첩성(overlapping)은 행정의 합법성의 하위개념이다.

⑤ 행정활동을 평가하는 기술성을 강조한다.

6 다음 중에서 신공공관리론(NPM)의 오류에 대한 반작용으로 대두된 신공공서비스론(NPS)에서 주장하는 원칙에 해당하는 것은?

① 지출보다는 수익 창출

② 노젓기보다는 방향잡기

③ 서비스 제공보다는 권한 부여

④ 고객이 아닌 시민에 대한 봉사

⑤ 시장기구를 통한 변화 촉진

7 사이먼(H.A. Simon)의 행정이론과 관계가 있다고 보기 어려운 것은?

① 행정은 사회적 집단현상이다.
② 행정은 의사결정과정을 핵심으로 한다.
③ 행정이란 목표 달성을 위한 인간의 합리적인 협동행위이다.
④ 행정은 기능적 행정이론의 입장에서 연구될 필요가 있다.
⑤ 행정은 논리적 실증주의와 사회심리학적 접근방법에 따라 연구되어야 한다.

8 다음 중 시민공동생산에 대한 설명으로 가장 옳지 않은 것은?

① 재정확대를 수반하지 않으면서 지역사회가 필요로 하는 공공서비스를 확보할 수 있게 한다.
② 시민들의 무임승차 문제를 해결하기 위한 대안이다.
③ 관료제의 비효율성에 대한 비판적 시각을 기초로 하고 있다.
④ 모든 서비스영역에 시민공동생산이 가능한 것은 아니다.
⑤ 도로에서 휴지 줍기, 자율방범대의 조직 등이 시민공동생산의 예이다.

9 다음 중 신행정론에 대한 설명으로 옳지 않은 것은?

① 가치중립적이며 효율성을 강조하는 이론을 비판한다.
② 행정의 책임성과 능동적인 대처를 강조한다.
③ 고객에 대한 관심과 서비스를 강조한다.
④ 대표적인 학자로는 왈도, 마리니, 프레드릭슨이 있다.
⑤ 시민의 참여와 사회적 형평성 등을 추구하는 실증주의적 연구방법을 사용한다.

10 다음 설명 중 행태론적 접근방법과 가장 관계가 없는 것은?

① 행정의 실체는 제도나 법률이다.
② 가치중립성을 지킨다.
③ 연구의 초점은 행정인의 행태이다.
④ 사회현상도 자연과학과 같이 과학적 연구가 가능하다.
⑤ 인식론적 근거로서 논리실증주의를 신봉한다.

11 롤스(Rawls)가 말하는 정의(justice)에 관한 설명으로 옳지 않은 것은?

① 다른 사람의 유사한 자유와 상충되지 않는 한도 내에서 개개인의 기본적 자유권이 평등하게 인정되어야 한다.
② 가장 불우한 사람의 편익을 최대화해야 한다.
③ 사회·경제적 불평등은 그 모체가 되는 모든 직무와 지위에 대한 기회균등이 공정하게 이루어진 조건하에서 직무나 지위에 부수해 존재해야 한다.
④ 기회균등의 원리가 차등원리에 우선해야 한다.
⑤ 차등조정의 원리가 기본적 자유의 평등원리에 우선해야 한다.

12 다음 중 로위(Lowi)의 정책유형에 해당하지 않는 것은?

① 배분정책
② 규제정책
③ 재분배정책
④ 구성정책
⑤ 전략정책

13 정책분석을 위한 델파이 기법에 대한 설명으로 옳지 않은 것은?

① 미래를 예측하는 질적 예측 방법의 하나로 여러 전문가들의 의견을 되풀이해서 모으고, 교환하고, 발전시켜 미래를 예측하는 방법이다.

② 전문가들의 전문적 견해를 묻는 초기 단계에서 실명성을 강조하고 그 결과를 통합해 다시 되돌려 줌으로써 이전의 견해를 수정할 수 있게 해 준다.

③ 자료 수집 초기 단계에서 상반된 주장이 나오면 대면 토론을 하도록 한다.

④ 사람 선정의 기준으로 전문가일 뿐만 아니라 해당 문제에 대해 흥미와 이해관계가 있다는 점을 이용하며, 의식적으로 갈등을 조장함으로써 창의적인 대안이 도출되기를 기대한다.

⑤ 일반적인 조사 방법의 절차와 같이 표본선정, 질의서 작성, 신뢰도와 타당도 검증 등의 단계를 거쳐 수행된다.

14 다음 중 내적 타당성에 영향을 미치는 요인이 아닌 것은?

① 성숙효과
② 측정수단의 변화
③ 실험대상의 소멸
④ 다수적 처리에 의한 간섭
⑤ 통계적 회귀

15 대형 참사 발생 후 이를 계기로 그동안 해결하지 못했던 정책 문제에 대한 대책을 마련하는 상황을 설명하는 데 적합한 정책결정 모형은?

① 합리모형
② 점증모형
③ 만족모형
④ 혼합주사모형
⑤ 쓰레기통 모형

16 기획담당자가 어렵고 많은 노력을 요하는 비정형적 기획은 꺼리고 전례답습적인 정형적 결정·기획을 선호하는 현상을 나타낸 법칙은?

① 유도기획 법칙
② 파킨슨 법칙
③ 윌슨의 법칙
④ 그레샴 법칙
⑤ 그로쉬의 법칙

17 관료제의 민주주의 발전에 공헌하는 요소가 아닌 것은?

① 변화의 요구에 대한 기여이다.
② 공적취임에 있어서 기회균등을 제공한다.
③ 법 앞의 평등사상 구현에 기여한다.
④ 민주적 목적을 효율적으로 집행하는 데 기여한다.
⑤ 민주주의의 수단적 기능을 제공한다.

18 조직구조에 대한 설명으로 옳은 것은?

① 매트릭스조직은 수평적인 팀제와 유사하다.
② 정보통신기술의 발달로 통솔의 범위는 과거보다 좁아졌다.
③ 기계적 조직구조는 직무의 범위가 넓다.
④ 유기적인 조직은 안정적인 행정환경에서 성과가 상대적으로 높다.
⑤ 수평적 전문화 수준이 높을수록 업무는 단순해진다.

19 McGregor의 이론 중 X이론의 관리전략과 관련이 먼 것은?

① 목표관리 및 자체평가제도를 활성화시킨다.
② 권위주의적 성향을 띠는 관리체계를 확립시킨다.
③ 조직구성원들의 엄격한 감독과 구체적인 통제체제를 구축한다.
④ 조직구성원들의 경제적 욕구추구에 적응한 경제적 보상체계를 확립한다.
⑤ 명령체계가 발달하여 계층제적 조직구조가 발달한다.

20 관료제의 구조적 측면에서의 병리현상으로 볼 수 없는 것은?

① 할거주의　　　　　　② 동조과잉

③ 전문가적 무능　　　　④ Peter의 원칙

⑤ 조직의 활력 상실

21 다음은 조직 내 인간의 행동에 영향을 미치는 동기이론에 대한 설명이다. 옳은 것은?

① 매슬로우(Maslow)는 두 가지 이상의 욕구가 하나의 행동으로 발현될 수 있다고 하였다.

② 앨더퍼(Alderfer)와 매슬로우는 욕구 만족 시 욕구 발로의 전진적·상향적 진행만을 강조한다는 공통점이 있다.

③ 맥크릴랜드(McClelland)는 개인의 행동을 동기화시키는 욕구는 학습되는 것으로, 개인마다 욕구의 계층에 차이가 있다고 주장하였다.

④ 샤인(Schein)의 복잡한 인간모형은 연구 자료가 중요 사건기록법을 근거로 수집되었다는 한계가 있다.

⑤ 허즈버그(Herzberg)는 단순 직무 제공을 통하여 직무수행자의 낮은 성장 욕구를 해결할 수 있다고 보았다.

22 허즈버그(F. Herzberg)가 주장하는 위생요인(hygiene factors)으로 볼 수 없는 것은?

① 자아계발

② 보수

③ 작업조건

④ 회사 및 조직의 정책

⑤ 상관과의 관계

23 E. H. Schein의 조직인간관에서 복잡한 인간관과 관계가 있는 것은?

① Z이론적 인간

② 상황적응이론

③ 미성숙형 인간

④ 신고전적 조직이론

⑤ 자아실현 인간관

24 팀의 주요사업에 기여도가 약한 사람에게는 팀에 주어지는 성과 포인트를 배정하지 않음으로써, 성실한 참여를 유도하는 방식은 다음 중 어디에 해당하는가?

① 긍정적 강화　　　　　② 소거

③ 처벌　　　　　　　　④ 부정적 강화

⑤ 타산적 몰입

25 목표관리(MBO)와 조직발전(OD)의 유사점에 관한 내용으로 옳지 않은 것은?

① Y론적 인간관에 입각하여 민주적 관리전략을 강조한다.

② 결과지향적 목표를 추구한다.

③ 환경에의 적응능력에 무관심한 단순한 성향이다.

④ 평가와 환류를 중시한다.

⑤ 조직전체의 유기적인 협조체제를 강조한다.

26 다음 중 개방형 인사관리의 장점이 아닌 것은?

① 행정조직의 관료화를 억제하는 기능을 수행한다.

② 내부승진 기회의 확대로 공직자의 사기제고에 기여한다.

③ 행정조직에 대한 민주적 통제를 강화한다.

④ 임용의 융통성을 증대한다.

⑤ 적극적 인사행정이 가능하게 한다.

27 직위분류제의 수립절차가 순서대로 나열된 것은?

> ㉠ 직무분석
> ㉡ 계획의 수립
> ㉢ 직무기술서의 작성
> ㉣ 직무평가
> ㉤ 직위분류담당자의 선정

① ㉡ - ㉤ - ㉢ - ㉠ - ㉣

② ㉡ - ㉤ - ㉢ - ㉣ - ㉠

③ ㉤ - ㉡ - ㉢ - ㉠ - ㉣

④ ㉤ - ㉢ - ㉡ - ㉣ - ㉠

⑤ ㉤ - ㉠ - ㉢ - ㉡ - ㉣

28 엽관주의와 실적주의 발전 과정에 대한 설명 중 적절하지 않은 것은?

① 엽관주의는 정당이념의 철저한 실현이 가능하다.

② 직업공무원제는 직위분류제와 계급제를 지향하고 있다.

③ 엽관주의는 관료기구와 국민의 동질성을 확보하기 위한 수단으로 발전했다.

④ 정실주의는 인사권자의 개인적 신임이나 친분관계를 기준으로 한다.

⑤ 대표관료제는 실적주의를 훼손하고 행정능률을 저하시킬 수 있다

29 직위분류제의 구성요소로서 직위에 내포되는 직무의 종류, 곤란도, 책임도, 자격요건 등이 상당히 유사하여 채용, 보수 기타 인사행정상 동일하게 다룰 수 있는 직위의 집단은?

① 직류   ② 직급

③ 직렬   ④ 직군

⑤ 직위

30 선발시험의 효용성에 대한 설명으로 옳지 않은 것은?

① 신뢰성은 시험 그 자체의 문제이지만, 타당성은 시험과 기준과의 관계를 말한다.

② 신뢰성이 높다고 해서 반드시 타당성이 높은 시험이라고 할 수 없다.

③ 타당성의 기준 측면이 되는 것은 근무성적, 결근율, 이직률 등이다.

④ 재시험법, 복수양식법, 이분법 등은 신뢰성을 검증하는 수단이다.

⑤ 동시적 타당성 검증과 예측적 타당성 검증은 구성타당성을 검증하는 수단이다.

31 담당직무에 대한 숙련도가 높은 상위 직급의 경력은 하위직급의 경력보다 배점비율을 높여야 한다는 경력평정의 원칙은?

① 근시성의 원칙

② 습숙성의 원칙

③ 친근성의 원칙

④ 유사성의 원칙

⑤ 발전성의 원칙

32 공무원의 정치적 중립성이 중요시되는 이유가 아닌 것은?

① 불편부당(不偏不黨)한 정책집행을 통한 전체이익의 실현을 위해서

② 선거비용의 절약을 통한 정치의 민주화를 위해서

③ 정당 간 공정한 선거를 위해서

④ 행정의 계속성 유지를 위해서

⑤ 행정의 자율성과 전문성 확보를 위해서

33 영기준예산(ZBB)과 일몰법의 비교 설명으로 틀린 것은?

① 영기준예산과 일몰법은 모두 자원배분의 효율성을 높이기 위한 수단이다.

② 일몰법은 예산에 관한 심의 통제를 위한 입법적 과정이다.

③ 영기준예산은 행정부의 예산편성에 관련된 행정적 과정이다.

④ 일몰법은 입법적 과정으로 개혁추진기관이 기관이나 사업의 존립 필요성을 입증한다.

⑤ 영기준예산은 시간과 노력이 과중하고 소규모 조직이 희생당할 가능성이 높다.

34 현금주의와 발생주의에 대한 설명으로 옳지 않은 것은?

① 현금주의는 이해와 통제가 용이하고 운용경비의 절감이 가능하다.

② 현금주의는 단식부기에 의한 조작 가능성이 높다.

③ 발생주의는 재정성과에 대한 정보공유로 재정의 투명성, 신뢰성이 제고된다.

④ 발생주의는 감가상각 평가 시 평가자의 주관성이 개입될 우려가 높다.

⑤ 발생주의는 현금의 영향 파악이 용이하다.

35 점증주의의 이점으로 보기 어려운 것은?

① 타협의 과정을 통해 이해관계의 갈등을 조정하는 데 유리하다.

② 대안의 탐색과 분석에 소요되는 비용을 줄일 수 있다.

③ 예산결정을 간결하게 한다.

④ 합리적·총체적 관점에서 의사결정이 가능하다.

⑤ 중요한 정치적 가치들을 예산결정에서 고려할 수 있다.

36 다음 중 기획예산제도(PPBS)의 특성에 해당하는 것은?

① 예산이 조직의 일선기관들에 의하여 분산되어 편성되기 쉽다.

② 투입중심의 예산편성으로 인해 목표가 불명확하다.

③ 장기적인 안목을 중시하며 비용편익분석 등 계량적인 분석기법의 사용을 강조한다.

④ 정책결정단위가 정책결정패키지를 작성함에 있어 신축성을 가지며 체제적 접근을 선호한다.

⑤ 정부의 사업계획에 의한 비용편익분석이 가능하다.

37 다음 중 자본예산에 대한 설명으로 옳지 않은 것은?

① 복식예산의 일종이다.

② 불균형예산을 편성하는 제도이다.

③ 선진국의 경우는 자본예산편성을 통한 조달재원으로 공공사업을 실시하여 경기를 확보하기 위해 필요하다.

④ 단기 재정계획의 수립에 용이하다.

⑤ 후진국의 경우는 경제성장 또는 도시개발계획을 효율적으로 추진하기 위한 투자재원의 확보방안으로 필요하다.

38 지방자치단체의 계층구조의 유형 중 단층제의 장점으로 옳은 것은?

① 민주주의 원리를 확산시킬 수 있다.

② 행정의 낭비를 제거하고 능률을 증진시킨다.

③ 국가의 감독기능을 유지할 수 있다.

④ 지역의 특수성과 개별성은 간과하나 신속한 행정을 도모할 수 있다.

⑤ 행정의 책임소재로 갈등이 나타난다.

39 다음 중 지방재정의 특성으로 볼 수 없는 것은?

① 다양성 　　　　② 독립성

③ 응익성 　　　　④ 타율성

⑤ 비탄력성

40 G. Caiden의 국가발전단계별 행정기능에 속하지 않는 것은?

① 전통적 기능 　　　② 국민형성 기능

③ 경제관리적 기능 　　④ 사회복지 기능

⑤ 환경변화 기능

서울교통공사

필기시험 모의고사

	영 역	직업기초능력평가, 직무수행능력평가(행정학)
제 3 회	문항수	80문항
	시 간	100분
	비 고	객관식 5지선다형

SEOWONGAK
(주)서원각

제 3 회 필기시험 모의고사

〉〉 직업기초능력평가(40문항/50분)

1 밑줄 친 부분의 표기가 가장 적절한 것은?

① 엄마는 첫째를 <u>각별이</u> 아꼈다.

② 강사원은 정대리와 유부장의 지시가 달라 입장이 <u>곤난해졌다.</u>

③ 새신발이 잘 맞지 않는지 <u>발뒷꿈치가</u> 온통 까져서 걷기가 힘들다.

④ 열이 끓는 아이의 엉덩이에 주사를 <u>맞혔다.</u>

⑤ 머리를 한올한올 <u>반드시</u> 넘기고 무대로 올랐다.

2 다음 중 밑줄 친 단어와 같은 의미로 사용된 문장은?

종묘(宗廟)는 조선시대 역대 왕과 왕비, 그리고 추존(追尊)된 왕과 왕비의 신주(神主)를 봉안하고 제사를 <u>지내는</u> 왕실의 사당이다. 신주는 사람이 죽은 후 하늘로 돌아간 신혼(神魂)이 의지하는 것으로, 왕과 왕비의 사후에도 그 신혼이 의지할 수 있도록 신주를 제작하여 종묘에 봉안했다. 조선 왕실의 신주는 우주(虞主)와 연주(練主) 두 종류가 있는데, 이 두 신주는 모양은 같지만 쓰는 방식이 달랐다. 먼저 우주는 묘호(廟號), 상시(上諡), 대왕(大王)의 순서로 붙여서 썼다. 여기에서 묘호와 상시는 임금이 승하한 후에 신위(神位)를 종묘에 봉안할 때 올리는 것으로서, 묘호는 '태종', '세종', '문종' 등과 같은 추존 칭호이고 상시는 8글자의 시호로 조선의 신하들이 정해 올렸다.

한편 연주는 유명증시(有明贈諡), 사시(賜諡), 묘호, 상시, 대왕의 순서로 붙여서 썼다. 사시란 중국이 조선의 승하한 국왕에게 내려준 시호였고, 유명증시는 '명나라 왕실이 시호를 내린다'는 의미로 사시 앞에 붙여 썼던 것이었다. 하지만 중국 왕조가 명나라에서 청나라로 바뀐 이후에는 연주의 표기 방식이 바뀌었는데, 종래의 표기 순서 중에서 유명증시와 사시를 빼고 표기하게 되었다. 유명증시를 뺀 것은 더 이상 시호를 내려줄 명나라가 존재하지 않았기 때문이었고, 사시를 뺀 것은 청나라가 시호를 보냈음에도 불구하고 조선이 청나라를 오랑캐의 나라로 치부하여 그것을 신주에 반영하지 않았기 때문이었다.

① 그는 산속에서 <u>지내면서</u> 혼자 공부를 하고 있다.

② 둘은 전에 없이 친하게 <u>지내고</u> 있었다.

③ 그는 이전에 시장을 <u>지내고</u> 지금은 시골에서 글을 쓰며 살고 있다.

④ 비가 하도 오지 않아 기우제를 <u>지내기로</u> 했다.

⑤ 아이들은 휴양지에서 여름 방학을 <u>지내기를</u> 소원하였다.

3 다음 서식을 보고 빈칸에 들어갈 알맞은 단어를 고른 것은?

납품(장착) 확인서
1. 제　　　품　　명 : 슈퍼터빈(연료과급기)
2. 회　　　사　　명 : 서원각
3. 사업자등록번호 : 123-45-67890
4. 주　　　　　　소 : 경기도 고양시 일산서구 가좌동 846
5. 대　　표　　자 : 정 확 한
6. 공 급 받 는 자 : ㈜소정 코리아
7. 납품(계약)단가 : 일금 이십육만원정(₩ 260,000)
8. 납품(계약)금액 : 일금 이백육십만원정(₩ 2,600,000)
9. 장착차량 현황

차종	연식	차량 번호	사용 연료	규격 (size)	수량	비고
스타렉스			경유	72mm	4	
카니발			경유		2	
투싼			경유	56mm	2	
야무진			경유		1	
이스타나			경유		1	
합계					10	₩2,600,000

귀사 제품 슈퍼터빈을 테스트한 결과 연료절감 및 매연저감에 효과가 있으므로 당사 차량에 대해 (　　　) 장착하였음을 확인합니다.

납　　품　　처 : ㈜소정 코리아
사업자등록번호 : 987-65-43210
상　　　　　호 : ㈜소정 코리아
주　　　　　소 : 서울시 강서구 가양동 357-9
대　　표　　자 : 장 착 해

① 일절

② 일체

③ 전혀

④ 반품

⑤ 환불

4 다음 글을 읽고 이 글을 뒷받침할 수 있는 주장으로 가장 적합한 것은?

X선 사진을 통해 폐질환 진단법을 배우고 있는 의과대학 학생을 생각해 보자. 그는 암실에서 환자의 가슴을 찍은 X선 사진을 보면서, 이 사진의 특징을 설명하는 방사선 전문의의 강의를 듣고 있다. 그 학생은 가슴을 찍은 X선 사진에서 늑골뿐만 아니라 그 밑에 있는 폐, 늑골의 음영, 그리고 그것들 사이에 있는 아주 작은 반점들을 볼 수 있다. 하지만 처음부터 그럴 수 있었던 것은 아니다. 첫 강의에서는 X선 사진에 대한 전문의의 설명을 전혀 이해하지 못했다. 그가 가리키는 부분이 무엇인지, 희미한 반점이 과연 특정질환의 흔적인지 전혀 알 수가 없었다. 전문의가 상상력을 동원해 어떤 가상적 이야기를 꾸며내는 것처럼 느껴졌을 뿐이다. 그러나 몇 주 동안 이론을 배우고 실습을 하면서 지금은 생각이 달라졌다. 그는 문제의 X선 사진에서 이제는 늑골 뿐 아니라 폐와 관련된 생리적인 변화, 흉터나 만성 질환의 병리학적 변화, 급성질환의 증세와 같은 다양한 현상들까지도 자세하게 경험하고 알 수 있게 될 것이다. 그는 전문가로서 새로운 세계에 들어선 것이고, 그 사진의 명확한 의미를 지금은 대부분 해석할 수 있게 되었다. 이론과 실습을 통해 새로운 세계를 볼 수 있게 된 것이다.

① 관찰은 배경지식에 의존한다.

② 과학에서의 관찰은 오류가 있을 수 있다.

③ 과학 장비의 도움으로 관찰 가능한 영역은 확대된다.

④ 관찰정보는 기본적으로 시각에 맺혀지는 상에 의해 결정된다.

⑤ X선 사진의 판독은 과학데이터 해석의 일반적인 원리를 따른다.

5 다음 A ~ F에 대한 평가로 적절하지 못한 것은?

어느 때부터 인간으로 간주할 수 있는가와 관련된 주제는 인문학뿐만 아니라 자연과학에서도 흥미로운 주제이다. 특히 태아의 인권 취득과 관련하여 이러한 주제는 다양하게 논의되고 있다. 과학적으로 볼 때, 인간은 수정 후 시간이 흐름에 따라 수정체, 접합체, 배아, 태아의 단계를 거쳐 인간의 모습을 갖추게 되는 수준으로 발전한다. 수정 후에 태아가 형성되는 데까지는 8주 정도가 소요되는데 배아는 2주 경에 형성된다. 10달의 임신 기간은 태아 형성기, 두뇌의 발달 정도 등을 고려하여 4기로 나뉘는데, 1 ~ 3기는 3개월 단위로 나뉘고 마지막 한 달은 4기에 해당한다. 이러한 발달 단계의 어느 시점에서부터 그 대상을 인간으로 간주할 것인지에 대해서는 다양한 견해들이 있다.

A에 따르면 태아가 산모의 뱃속으로부터 밖으로 나올 때 즉 태아의 신체가 전부 노출이 될 때부터 인간에 해당한다. B에 따르면 출산의 진통 때부터는 태아가 산모로부터 독립해 생존이 가능하기 때문에 그때부터 인간에 해당한다. C는 태아가 형성된 후 4개월 이후부터 인간으로 간주한다. 지각력이 있는 태아는 보호받아야 하는데 지각력이 있어서 필수 요소인 전뇌가 2기부터 발달하기 때문이다. D에 따르면 정자와 난자가 합쳐졌을 때, 즉 수정체부터 인간에 해당한다. 그 이유는 수정체는 생물학적으로 인간으로 태어날 가능성을 갖고 있기 때문이다. E에 따르면 합리적 사고를 가능하게 하는 뇌가 생기는 시점 즉 배아에 해당하는 때부터 인간에 해당한다. F는 수정될 때 영혼이 생기기 때문에 수정체부터 인간에 해당한다고 본다.

① A가 인간으로 간주하는 대상은 B도 인간으로 간주한다.

② C가 인간으로 간주하는 대산은 E도 인간으로 간주한다.

③ D가 인간으로 간주하는 대상은 E도 인간으로 간주한다.

④ D가 인간으로 간주하는 대상은 F도 인간으로 간주하지만, 그렇게 간주하는 이유는 다르다.

⑤ 접합체에도 영혼이 존재할 수 있다는 연구결과를 얻더라도 F의 견해는 설득력이 떨어지지 않는다.

(나)

― 교통약자석, 본래의 기능 다하고 있나? ―
좌석에 대한 올바른 인식 필요

　요즘 대중교통 교통약자석이 논란이 되고 있다. 실제로 서울 지하철 교통약자석 관련 민원이 2014년 117건에서 2016년 400건 이상으로 대폭 상승했다. 다음은 교통약자석과 관련된 인터뷰 내용이다.
　"저는 출근 전 아이를 시댁에 맡길 때 지하철을 이용해요. 가끔 교통약자석에 앉곤 하는데, 그 자리가 어르신들을 위한 자리 같아 마음이 불편해요. 자리다툼이 있었다는 뉴스를 본 후 앉는 것이 더 망설여져요." (회사원 김○○ 씨 (여, 32세))
　'교통약자의 이동편의 증진법'에 따라 설치된 교통약자석은 장애인, 고령자, 임산부, 영유아를 동반한 사람, 어린이 등 일상생활에서 이동에 불편을 느끼는 사람이라면 누구나 이용할 수 있다. 그러나 위 인터뷰에서처럼 시민들이 교통약자석에 대해 제대로 알지 못해 교통약자석이 본래의 기능을 다하고 있지 못하는 실정이다. 교통약자석이 제 기능을 다하기 위해서는 이에 대한 시민들의 올바른 인식이 필요하다.
　　　　　　　　　　　　　　　　　　― 2017. 10. 24. ○○신문, ㅁㅁㅁ기자

6 (가)에 대한 이해로 적절하지 않은 것은?

① 의문을 드러내고 그에 답하는 방식을 통해 교통약자석에 대한 잘못된 통념을 환기하고 있다.
② 교통약자석과 관련된 법을 제시하여 글의 정확성과 신뢰성을 높이고 있다.
③ 용어에 대한 설명을 통해 '교통약자'의 의미를 이해하도록 돕고 있다.
④ 교통약자석에 대한 인식 부족으로 인해 발생하는 문제점들을 원인에 따라 분류하고 있다.
⑤ 교통약자석의 설치 의의를 언급함으로써 글의 주제에 대해 공감할 수 있도록 유도하고 있다.

7 (가)와 (나)를 비교한 내용으로 적절한 것은?

① (가)와 (나)는 모두 다양한 통계 정보를 활용하여 주제를 뒷받침하고 있다.
② (가)는 (나)와 달리 글과 함께 그림들을 비중 있게 제시하여 의미 전달을 용이하게 하고 있다.
③ (가)는 (나)와 달리 제목을 표제와 부제의 방식으로 제시하여 뉴스에 담긴 의미를 강조하고 있다.
④ (나)는 (가)와 달리 비유적이고 함축적인 표현들을 주로 사용하여 주제 전달의 효과를 높이고 있다.
⑤ (나)는 (가)와 달리 표정이나 몸짓 같은 비언어적 요소를 활용하여 내용을 실감 나게 전달하고 있다.

8 응시자가 모두 30명인 시험에서 20명이 합격하였다. 이 시험의 커트라인은 전체 응시자의 평균보다 5점이 낮고, 합격자의 평균보다는 30점이 낮았으며, 또한 불합격자의 평균 점수의 2배보다는 2점이 낮았다. 이 시험의 커트라인을 구하면?

① 90점　　　　　　　　　② 92점
③ 94점　　　　　　　　　④ 96점
⑤ 98점

9 어느 인기 그룹의 공연을 준비하고 있는 기획사는 다음과 같은 조건으로 총 1,500장의 티켓을 판매하려고 한다. 티켓 1,500장을 모두 판매한 금액이 6,000만 원이 되도록 하기 위해 판매해야 할 S석 티켓의 수를 구하면?

> ㈎ 티켓의 종류는 R석, S석, A석 세 가지이다.
> ㈏ R석, S석, A석 티켓의 가격은 각각 10만 원, 5만 원, 2만 원이고, A석 티켓의 수는 R석과 S석 티켓의 수의 합과 같다.

① 450장
② 600장
③ 750장
④ 900장
⑤ 1,050장

10 다음은 이 대리가 휴가 기간 중 할 수 있는 활동 내역을 정리한 표이다. 집을 출발한 이 대리가 활동을 마치고 다시 집으로 돌아올 경우 전체 소요시간이 가장 짧은 것은 어느 것인가?

활동	이동수단	거리	속력	목적지 체류시간
당구장	전철	12km	120km/h	3시간
한강공원 라이딩	자전거	30km	15km/h	–
파워워킹	도보	5.4km	3km/h	–
북카페 방문	자가용	15km	50km/h	2시간
강아지와 산책	도보	3km	3km/h	1시간

① 당구장
② 한강공원 라이딩
③ 파워워킹
④ 북카페 방문
⑤ 강아지와 산책

11 다음은 산업재산권 유지를 위한 등록료에 관한 자료이다. 다음 중 권리 유지비용이 가장 많이 드는 것은? (단, 특허권, 실용신안권의 기본료는 청구범위의 항 수와는 무관하게 부과되는 비용으로 청구범위가 1항인 경우 기본료와 1항에 대한 가산료가 부과된다)

(단위 : 원)

구분 권리	설정등록료 (1~3년분)		연차등록료			
			4~6 년차	7~9 년차	10~12 년차	13~15 년차
특허권	기본료	81,000	매년 60,000	매년 120,000	매년 240,000	매년 480,000
	가산료 (청구범위의 1항마다)	54,000	매년 25,000	매년 43,000	매년 55,000	매년 68,000
실용 신안권	기본료	60,000	매년 40,000	매년 80,000	매년 160,000	매년 320,000
	가산료 (청구범위의 1항마다)	15,000	매년 10,000	매년 15,000	매년 20,000	매년 25,000
디자인권	75,000		매년 35,000	매년 70,000	매년 140,000	매년 280,000
상표권	211,000 (10년분)		10년 연장 시 256,000			

① 청구범위가 3항인 특허권에 대한 3년간의 권리 유지
② 청구범위가 1항인 특허권에 대한 4년간의 권리 유지
③ 청구범위가 3항인 실용신안권에 대한 5년간의 권리 유지
④ 한 개의 디자인권에 대한 7년간의 권리 유지
⑤ 한 개의 상표권에 대한 10년간의 권리 유지

12 다음은 물품 A~E의 가격에 대한 자료이다. 아래 조건에 부합하는 물품의 가격으로 가장 가능한 것은?

(단위 : 원/개)

물품	가격
A	24,000
B	㉠
C	㉡
D	㉢
E	16,000

[조건]

• 갑, 을, 병이 가방에 담긴 물품은 각각 다음과 같다.

－갑 : B, C, D

－을 : A, C

－병 : B, D, E

• 가방에는 해당 물품이 한 개씩만 담겨 있다.

• 가방에 담긴 물품 가격의 합이 높은 사람부터 순서대로 나열하면 갑 > 을 > 병 순이다.

• 병의 가방에 담긴 물품 가격의 합은 44,000원이다.

	㉠	㉡	㉢
①	11,000	23,000	14,000
②	12,000	14,000	16,000
③	12,000	19,000	16,000
④	13,000	19,000	15,000
⑤	13,000	23,000	15,000

13 다음은 ○○그룹의 1997년도와 2008년도 7개 계열사의 영업이익률이다. 자료 분석 결과로 옳은 것은?

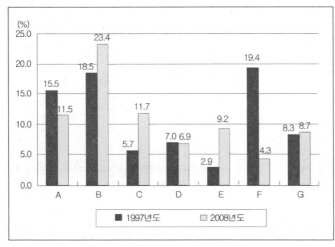

① B계열사의 2008년 영업이익률은 나머지 계열사의 영업이익률의 합보다 많다.

② 1997년도에 가장 높은 영업이익률을 낸 계열사는 2008년에도 가장 높은 영업이익률을 냈다.

③ 2008년 G계열사의 영업이익률은 1997년 E계열사의 영업이익률의 2배가 넘는다.

④ 7개 계열사 모두 1997년 대비 2008년의 영업이익률이 증가하였다.

⑤ 1997년과 2008년 모두 영업이익률이 10%을 넘은 계열사는 3곳이다.

┃14~15┃ 다음은 우리나라의 연도별 지역별 수출입액을 나타낸 자료이다. 물음에 답하시오.

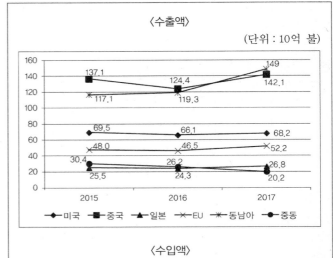

〈수출액〉

(단위 : 10억 불)

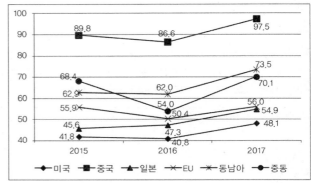

〈수입액〉

(단위 : 10억 불)

※ 무역수지는 수출액에서 수입액을 뺀 것을 의미한다. 무역수지가 양수이면 흑자, 음수이면 적자를 나타내며, 무역수지의 수치가 작아질수록 무역수지가 '악화'된 것이다.

14 위 내용을 참고할 때, 연도별 무역수지 증감내역을 올바르게 설명한 것은 어느 것인가?

① 무역수지 악화가 지속적으로 심해진 무역 상대국(지역)은 일본뿐이다.

② 매년 무역수지 흑자를 나타낸 무역 상대국(지역)은 2개국(지역)이다.

③ 무역수지 흑자가 매년 감소한 무역 상대국(지역)은 미국과 중국이다.

④ 무역수지가 흑자에서 적자 또는 적자에서 흑자로 돌아선 무역 상대국(지역)은 1개국(지역)이다.

⑤ 매년 무역수지 적자규모가 가장 큰 무역 상대국(지역)은 일본이다.

15 2018년 동남아 수출액은 전년대비 20% 증가하고 EU 수입액은 20% 감소하였다면, 2018년 동남아 수출액과 EU 수입액의 차이는 얼마인가?

① 1,310억 불
② 1,320억 불
③ 1,330억 불
④ 1,340억 불
⑤ 1,350억 불

16 수인이와 혜인이는 주말에 차이나타운(인천역)에 가서 자장면도 먹고 쇼핑도 할 계획이다. 지하철노선도를 보고 계획을 짜고 있는 상황에서 아래의 노선도 및 각 조건에 맞게 상황을 대입했을 시에 두 사람의 개인 당 편도 운임 및 역의 수가 바르게 짝지어진 것은? (단, 출발역과 도착역의 수를 포함한다)

(조건 1) 두 사람의 출발역은 청량리역이며, 환승하지 않고 직통으로 간다. (1호선)
(조건 2) 추가요금은 기본운임에 연속적으로 더한 금액으로 한다. 청량리~서울역 구간은 1,250원(기본운임)이며, 서울역~구로역까지 200원 추가, 구로역~인천역까지 300원씩 추가된다.

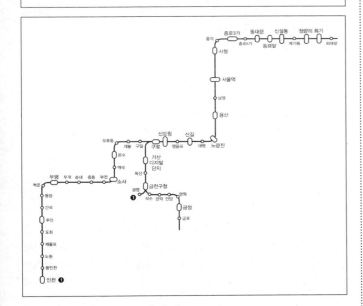

편도 금액	역의 수
① ㉠ 1,600원	㉡ 33개 역
② ㉠ 1,650원	㉡ 38개 역
③ ㉠ 1,700원	㉡ 31개 역
④ ㉠ 1,750원	㉡ 38개 역
⑤ ㉠ 1,800원	㉡ 35개 역

17 갑, 을, 병, 정, 무 다섯 사람은 일요일부터 목요일까지 5일 동안 각각 이틀 이상 아르바이트를 한다. 다음 조건을 모두 충족시켜야 할 때, 다음 중 항상 옳지 않은 것은?

㉠ 가장 적은 수가 아르바이트를 하는 요일은 수요일뿐이다.
㉡ 갑은 3일 이상 아르바이트를 하는데 병이 아르바이트를 하는 날에는 쉰다.
㉢ 을과 정 두 사람만이 아르바이트 일수가 같다.
㉣ 병은 평일에만 아르바이트를 하며, 연속으로 이틀 동안만 한다.
㉤ 무는 항상 갑이나 병과 같은 요일에 함께 아르바이트를 한다.

① 어느 요일이든 아르바이트 인원수는 확정된다.
② 갑과 을, 병과 정의 아르바이트 일수를 합한 값은 같다.
③ 두 사람만이 아르바이트를 하는 요일이 확정된다.
④ 어떤 요일이든 아르바이트를 하는 인원수는 짝수이다.
⑤ 일요일에 아르바이트를 하는 사람은 항상 같다.

18 다음 글에서 추론할 수 있는 내용만을 바르게 나열한 것은?

빌케와 블랙은 얼음이 녹는점에 있다 해도 이를 완전히 물로 녹이려면 상당히 많은 열이 필요함을 발견하였다. 당시 널리 퍼진 속설은 얼음이 녹는점에 이르면 즉시 녹는다는 것이었다. 빌케는 쌓여있는 눈에 뜨거운 물을 끼얹어 녹이는 과정에서 이 속설에 오류가 있음을 알게 되었다. 눈이 녹는점에 있음에도 불구하고 많은 양의 뜨거운 물은 눈을 조금밖에 녹이지 못했기 때문이다.

블랙은 1757년에 이 속설의 오류를 설명할 수 있는 실험을 수행하였다. 블랙은 따뜻한 방에 두 개의 플라스크 A와 B를 두었는데, A에는 얼음이, B에는 물이 담겨 있었다. 얼음과 물은 양이 같고 모두 같은 온도, 즉 얼음의 녹는점에 있었다. 시간이 지남에 따라 B에 있는 물의 온도는 계속해서 올라갔다. 하지만 A에서는 얼음이 녹으면서 생긴 물과 녹고 있는 얼음의 온도가 녹는점에서 일정하게 유지되었는데 이 상태는 얼음이 완전히 녹을 때까지 지속되었다. 얼음을 녹이는 데 필요한 열량은 같은 양의 물의 온도를 녹는점에서 화씨 140도까지 올릴 수 있는 정도의 열량과 같았다. 블랙은 이 열이 실제로 온도계에 변화를 주지 않기 때문에 이를 '잠열(潛熱)'이라 불렀다.

㉠ A의 온도계로는 잠열을 직접 측정할 수 없었다.
㉡ 얼음이 녹는점에 이르러도 완전히 녹지 않는 것은 잠열 때문이다.
㉢ A의 얼음이 완전히 물로 바뀔 때까지, A의 얼음물 온도는 일정하게 유지된다.

① ㉠　　　　　　　　② ㉡

③ ㉠, ㉢　　　　　　④ ㉡, ㉢

⑤ ㉠, ㉡, ㉢

19 다음은 L공사의 토지판매 알선장려금 산정 방법에 대한 표와 알선장려금을 신청한 사람들의 정보이다. 이를 바탕으로 지급해야 할 알선장려금이 잘못 책정된 사람을 고르면?

[토지판매 알선장려금 산정 방법]

□ 일반토지(산업시설용지 제외) 알선장려금(부가가치세 포함된 금액)

계약기준금액	수수료율(중개알선장려금)	한도액
4억 원 미만	계약금액 × 0.9%	360만 원
4억 원 이상~ 8억 원 미만	360만 원 + (4억 초과 금액 × 0.8%)	680만 원
8억 원 이상~ 15억 원 미만	680만 원 + (8억 초과 금액 × 0.7%)	1,170만 원
15억 원 이상~ 40억 원 미만	1,170만 원 + (15억 초과 금액 × 0.6%)	2,670만 원
40억 원 이상	2,670만 원 + (40억 초과 금액 × 0.5%)	3,000만 원 (최고한도)

□ 산업·의료시설용지 알선장려금(부가가치세 포함된 금액)

계약기준금액	수수료율(중개알선장려금)	한 도 액
해당 없음	계약금액 × 0.9%	5,000만 원 (최고한도)

□ 알선장려금 신청자 목록

– 김유진 : 일반토지 계약금액 3억 5천만 원
– 이영희 : 산업용지 계약금액 12억 원
– 심현우 : 일반토지 계약금액 32억 8천만 원
– 이동훈 : 의료시설용지 계약금액 18억 1천만 원
– 김원근 : 일반용지 43억 원

① 김유진 : 315만 원

② 이영희 : 1,080만 원

③ 심현우 : 2,238만 원

④ 이동훈 : 1,629만 원

⑤ 김원근 : 3,000만 원

｜20~21｜ 다음 자료를 보고 이어지는 물음에 답하시오.

〈각 교통편 운행 노선〉

※ 전체 노선의 길이는 모든 교통편이 500km이며, 각 지점 간의 거리는 모두 동일하다.

※ A~I는 정차하는 지점을 의미하며 B~H 지점마다 공히 15분씩의 정차 시간이 소요된다.

〈교통편별 운행 정보 내역〉

구분	평균속도(km/h)	연료	연료비/리터	연비(km/L)
교통편 1	60	무연탄	1,000	4.2
교통편 2	80	중유	1,200	4.8
교통편 3	120	디젤	1,500	6.2
교통편 4	160	가솔린	1,600	5.6

20 다음 중 A 지점에서 I 지점까지 이동할 경우, 총 연료비가 가장 적게 드는 교통편과 가장 많이 드는 교통편이 순서대로 올바르게 짝지어진 것은 어느 것인가?

① 교통편 2, 교통편 3

② 교통편 1, 교통편 2

③ 교통편 3, 교통편 2

④ 교통편 1, 교통편 4

⑤ 교통편 2, 교통편 4

21 교통편 1~4를 이용하는 교통수단이 같은 시각에 A 지점을 출발하여 I 지점까지 이동할 경우, 가장 빨리 도착하는 교통편과 가장 늦게 도착하는 교통편과의 시간 차이는 얼마인가? (단, 시간의 계산은 반올림하여 소수 첫째 자리까지 표시하며, 0.1시간은 6분으로 계산한다.)

① 5시간 50분　　　　　② 6시간 5분

③ 6시간 15분　　　　　④ 6시간 30분

⑤ 6시간 45분

〈SWOT 분석방법〉

구분		내부환경요인	
		강점 (Strengths)	약점 (Weaknesses)
외부환경요인	기회 (Opportunities)	SO 내부강점과 외부기회 요인을 극대화	WO 외부기회를 이용하여 내부약점을 강점으로 전환
	위협 (Threats)	ST 강점을 이용한 외부환경 위협의 대응 및 전략	WT 내부약점과 외부위협을 최소화

〈사례〉

S	편의점 운영 노하우 및 경험 보유, 핵심 제품 유통채널 차별화로 인해 가격 경쟁력 있는 제품 판매 가능
W	아르바이트 직원 확보 어려움, 야간 및 휴일 등 시간에 타 지역 대비 지역주민 이동이 적어 매출 증가 어려움
O	주변에 편의점 개수가 적어 기본 고객 확보 가능, 매장 앞 휴게 공간 확보로 소비 유발 효과 기대
T	지역주민의 생활패턴에 따른 편의점 이용률 저조, 근거리에 대형 마트 입점 예정으로 매출 급감 우려 존재

22 다음 중 위의 SWOT 분석방법을 올바르게 설명하지 못한 것은 어느 것인가?

① 외부환경요인 분석 시에는 자신을 제외한 모든 것에 대한 요인을 기술하여야 한다.

② 구체적인 요인부터 시작하여 점차 객관적이고 상식적인 내용으로 기술한다.

③ 같은 데이터도 자신에게 미치는 영향에 따라 기회요인과 위협요인으로 나눌 수 있다.

④ 외부환경요인 분석에는 SCEPTIC 체크리스트가, 내부환경요인 분석에는 MMMITI 체크리스트가 활용될 수 있다.

⑤ 내부환경 요인은 경쟁자와 비교한 나의 강점과 약점을 분석하는 것이다.

23 다음 중 위의 SWOT 분석 사례에 따른 전략으로 적절하지 않은 것은 어느 것인가?

① 가족들이 남는 시간을 투자하여 인력 수급 및 인건비 절감을 도모하는 것은 WT 전략으로 볼 수 있다.

② 저렴한 제품을 공급하여 대형 마트 등과의 경쟁을 극복하고자 하는 것은 SW 전략으로 볼 수 있다.

③ 다년간의 경험을 활용하여 지역 내 편의점 이용 환경을 더욱 극대화시킬 수 있는 방안을 연구하는 것은 SO 전략으로 볼 수 있다.

④ 매장 앞 공간을 쉼터로 활용해 지역 주민 이동 시 소비를 유발하도록 하는 것은 WO 전략으로 볼 수 있다.

⑤ 고객 유치 노하우를 바탕으로 사은품 등 적극적인 홍보활동을 통해 편의점 이용에 대한 필요성을 부각시키는 것은 ST 전략으로 볼 수 있다.

24 조직문화에 관한 다음 글의 말미에서 언급한 밑줄 친 '몇 가지 기능'에 해당한다고 보기 어려운 것은 어느 것인가?

개인의 능력과 가능성을 판단하는데 개인의 성격이나 특성이 중요하듯이 조직의 능력과 가능성을 판단할 때 조직문화는 중요한 요소가 된다. 조직문화는 주어진 외부환경 속에서 오랜 시간 경험을 통해 형성된 기업의 고유한 특성을 말하며, 이러한 기업의 나름대로의 특성을 조직문화란 형태로 표현하고 있다. 조직문화에 대한 연구가 활발하게 전개된 이유 가운데 하나는 '조직문화가 기업경쟁력의 한 원천이며, 조직문화는 조직성과에 영향을 미치는 중요한 요인'이라는 기본 인식에 바탕을 두고 있다.

조직문화는 한 개인의 독특한 성격이나 한 사회의 문화처럼 조직의 여러 현상들 중에서 분리되어질 수 있는 성질의 것이 아니라, 조직의 역사와 더불어 계속 형성되고 표출되며 어떤 성과를 만들어 나가는 종합적이고 총체적인 현상이다. 또한 조직문화의 수준은 조직문화가 조직 구성원들에게 어떻게 전달되어 지각하는가를 상하부구조로서 설명하는 것이다. 조직문화의 수준은 그것의 체계성으로 인하여 조직문화를 쉽게 이해하는데 도움을 준다.

한편, 세계적으로 우수성이 입증된 조직들은 그들만의 고유의 조직문화를 조성하고 지속적으로 다듬어 오고 있다. 그들에게 조직문화는 언제나 중요한 경영자원의 하나였으며 일류조직으로 성장할 수 있게 하는 원동력이었던 것이다. 사업의 종류나 사회 및 경영환경, 그리고 경영전략이 다른데도 불구하고 일류조직은 나름의 방식으로 조직문화적인 특성을 공유하고 있는 것으로 확인되었다.

기업이 조직문화를 형성, 개발, 변화시키려고 노력하는 것은 조직문화가 기업경영에 효율적인 작용과 기능을 하기 때문이다. 즉, 조직문화는 기업을 경영함에 있어 매우 중요한 <u>몇 가지 기능</u>을 수행하고 있다.

① 조직의 영역을 정의하여 구성원에 대한 정체성을 제공한다.
② 이직률을 낮추고 외부 조직원을 흡인할 수 있는 동기를 부여한다.
③ 조직의 성과를 높이고 효율을 제고할 수 있는 역할을 한다.
④ 개인적 이익보다는 조직을 위한 몰입을 촉진시킨다.
⑤ 조직 내의 사회적 시스템의 안정을 도모한다.

25 다음 S사의 업무분장표이다. 업무분장표를 참고할 때, 창의력과 분석력을 겸비한 경영학도인 신입사원이 배치되기에 가장 적합한 팀은 다음 중 어느 것인가?

팀	주요 업무	필요 자질
영업관리	영업전략 수립, 단위조직 손익 관리, 영업인력 관리 및 지원	마케팅/유통/회계지식, 대외 섭외력, 분석력
생산관리	원가/재고/외주 관리, 생산계획 수립	제조공정/회계/통계/제품지식, 분석력, 계산력
생산기술	공정/시설 관리, 품질 안정화, 생산 검증, 생산력 향상	기계/전기 지식, 창의력, 논리력, 분석력
연구개발	신제품 개발, 제품 개선, 원재료 분석 및 기초 연구	연구 분야 전문지식, 외국어 능력, 기획력, 시장분석력, 창의/집중력
기획	중장기 경영전략 수립, 경영정보 수집 및 분석, 투자사 관리, 손익 분석	재무/회계/경제/경영 지식, 창의력, 분석력, 전략적 사고
영업(국내/해외)	신시장 및 신규고객 발굴, 네트워크 구축, 거래선 관리	제품지식, 협상력, 프리젠테이션 능력, 정보력, 도전정신
마케팅	시장조사, 마케팅 전략수립, 성과 관리, 브랜드 관리	마케팅/제품/통계지식, 분석력, 통찰력, 의사결정력
총무	자산관리, 문서관리, 의전 및 비서, 행사 업무, 환경 등 위생관리	책임감, 협조성, 대외 섭외력, 부동산 및 보험 등 일반지식
인사/교육	채용, 승진, 평가, 보상, 교육, 인재개발	조직구성 및 노사 이해력, 교육학 지식, 객관성, 사회성
홍보/광고	홍보, 광고, 언론/사내 PR, 커뮤니케이션	창의력, 문장력, 기획력, 매체의 이해

① 연구개발팀
② 홍보/광고팀
③ 마케팅팀
④ 기획팀
⑤ 영업팀

│26~27│ 다음 한국 주식회사의 〈조직도〉 및 〈전결규정〉을 보고 이어지는 물음에 답하시오.

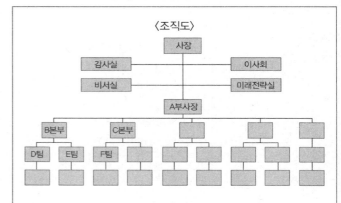

〈조직도〉

〈전결규정〉

업무내용	결재권자			
	사장	부사장	본부장	팀장
주간업무보고				○
팀장급 인수인계		○		
백만 불 이상 예산집행	○			
백만 불 이하 예산집행		○		
이사회 위원 위촉	○			
임직원 해외 출장	○(임원)		○(직원)	
임직원 휴가	○(임원)		○(직원)	
노조관련 협의사항		○		

※ 결재권자가 출장, 휴가 등 사유로 부재중일 경우에는 결재권자의 차상급 직위자의 전결사항으로 하되, 반드시 결재권자의 업무 복귀 후 후결로 보완한다.

26 한국 주식회사의 업무 조직도로 보아 사장에게 직접 보고를 할 수 있는 조직원은 모두 몇 명인가?

① 1명
② 2명
③ 3명
④ 4명
⑤ 5명

27 한국 주식회사 임직원들의 다음과 같은 업무 처리 내용 중 사내 규정에 비추어 적절한 행위로 볼 수 있는 것은 어느 것인가?

① C본부장은 해외 출장을 위해 사장 부재 시 비서실장에게 최종 결재를 득하였다.

② B본부장과 E팀 직원의 동반 출장 시 각각의 출장신청서에 대해 사장에게 결재를 득하였다.

③ D팀에서는 50만 불 예산이 소요되는 프로젝트의 최종 결재를 위해 부사장 부재 시 본부장의 결재를 득하였고, 중요한 결재 서류인 만큼 결재 후 곧바로 문서보관함에 보관하였다.

④ E팀에서는 그간 심혈을 기울여 온 300만 불의 예산이 투입되는 해외 프로젝트의 최종 계약 체결을 위해 사장에게 동반 출장을 요청하기로 하였다.

⑤ F팀 직원 甲은 해외 출장을 위해 사장 부재 시 부사장에게 최종 결재를 득한 후 후결로 보완하였다.

28 [조건]을 참고하여 스프레드시트(엑셀) 문서를 작성하였다. (가)에 사용된 함수와 (나)의 결과를 바르게 연결한 것은?

[조건]

• 성별은 주민등록번호의 8번째 문자가 '1'이면 '남자', '2'이면 '여자'로 출력한다.

• [G5]셀의 수식은 아래와 같다.
=IF(AND(D5>=90,OR(E5>=80,F5>=90)),"합격","불합격")

	A	B	C	D	E	F	G
1			00회사 신입사원 선발 시험				
2							
3	이름	주민등록번호	성별	면접	회화	전공	평가
4	김유신	900114-1010×××	남자	90	80	90	합격 ←(가)
5	송시열	890224-1113×××	남자	90	80	70	←(나)
6	최시라	881029-2335×××	여자	90	70	80	불합격
7	이순신	911201-1000×××	남자	90	90	90	합격
8	강리나	890707-2067×××	여자	80	80	80	불합격

	(가)	(나)
①	=IF(MID(B4,8,1)="1","남자","여자")	합격
②	=IF(MID(B4,8,1)="1","여자","남자")	불합격
③	=IF(RIGHT(B4,8)="1","남자","여자")	합격
④	=IF(RIGHT(B4,8)="1","여자","남자")	불합격
⑤	=IF(LEFT(B4,8)="1","남자","여자")	합격

29 다음 [조건]에 따라 작성한 [함수식]에 대한 설명으로 옳은 것을 〈보기〉에서 고른 것은?

[조건]

• 품목과 수량에 대한 위치는 행과 열로 표현한다.

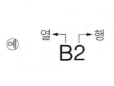
예

행＼열	A	B
1	품목	수량
2	설탕	5
3	식초	6
4	소금	7

[함수 정의]

• IF(조건식, ㉠, ㉡) : 조건식이 참이면 ㉠ 내용을 출력하고, 거짓이면 ㉡ 내용을 출력한다.

• MIN(B2, B3, B4) : B2, B3, B4 중 가장 작은 값을 반환한다.

[함수식]
= IF(MIN(B2, B3, B4) > 3, "이상 없음", "부족")

〈보기〉

㉠ 반복문이 사용되고 있다.

㉡ 조건문이 사용되고 있다.

㉢ 출력되는 결과는 '부족'이다.

㉣ 식초의 수량(B3) 6을 1로 수정할 때 출력되는 결과는 달라진다.

① ㉠, ㉡

② ㉠, ㉢

③ ㉡, ㉢

④ ㉡, ㉣

⑤ ㉢, ㉣

A사와 B사는 동일한 S제품을 생산하는 경쟁 관계에 있는 두 기업이며, 다음과 같은 각기 다른 특징을 가지고 마케팅을 진행하였다.

A사

후발 주자로 업계에 뛰어든 A사는 우수한 품질과 생산 설비의 고급화를 이루어 S제품 공급을 고가 정책에 맞추어 진행하기로 하였다. 이미 S제품의 개발이 완료되기 이전부터 A사의 잠재력을 인정한 해외의 K사로부터 장기 공급계약을 체결하는 등의 실적을 거두며 대내외 언론으로부터 조명을 받았다. A사는 S제품의 개발 단계에서, 인건비 등 기타 비용을 포함한 자체 마진을 설비 1대당 1천만 원, 연구개발비를 9천만 원으로 책정하고 총 1억 원에 K사와 계약을 체결하였으나 개발 완료 시점에서 알게 된 실제 개발에 투입된 연구개발비가 약 8천 5백만 원으로 집계되어 추가의 이익을 보게 되었다.

B사

A사보다 먼저 시장에 진입한 B사는 상대적으로 낮은 인건비의 기술 인력을 확보할 수 있어서 동일한 S제품을 생산하는 데 A사보다 다소 저렴한 가격 구조를 형성할 수 있었다. B사는 당초 설비 1대당 5백만 원의 자체 마진을 향유하며 연구개발비로 약 8천만 원이 소요될 것으로 예상, 총 8천 5백만 원으로 공급가를 책정하고, 저가 정책에 힘입어 개발 완료 이전부터 경쟁자들을 제치고 많은 거래선들과 거래 계약을 체결하게 되었다. 그러나 S제품 개발이 완료된 후 비용을 집계해 본 결과, 당초 예상과는 달리 A사와 같은 8천 5백만 원의 연구개발비가 투입되었음을 알게 되어 개발 단계에서 5백만 원의 추가 손실을 보게 되었다.

30 다음 중 위와 같은 상황 속에서 판단할 수 있는 설명으로 적절하지 않은 것은?

① A사는 결국 높은 가격으로 인하여 시장점유율이 하락할 것이다.
② B사는 물건을 만들면 만들수록 계속 손실이 커지게 될 것이다.
③ A사가 경쟁력을 확보하려면 가격을 인하하여야 한다.
④ 비용을 가급적 적게 책정한다고 모두 좋은 것은 아니다.
⑤ 결국 실제 들어가는 비용보다 조금 높은 개발비를 책정하여야 한다.

31 예산자원 관리의 측면에서 볼 때, 윗글이 암시하고 있는 예산 관리의 특징으로 적절하지 않은 것은?

① 예산만 정확하게 수립되면 실제 활동이나 사업 진행하는 과정상 관리가 크게 개입될 필요가 없다.
② 개발 비용 > 실제 비용의 경우 결국 해당 기업은 경쟁력을 상실하게 된다.
③ 실제 비용 > 개발 비용의 경우 결국 해당 기업은 지속 적자가 발생한다.
④ 실제 비용 = 개발 비용으로 유지하는 것이 가장 바람직하다.
⑤ 예산관리는 최소의 비용으로 최대의 이익을 얻기 위해 요구되는 능력이다.

32 신입사원 甲은 각 부서별 소모품 구매업무를 맡게 되었다. 아래 자료를 참고할 때, 가장 저렴한 가격에 소모품을 구입할 수 있는 곳은 어디인가?

〈소모품별 1회 구매수량 및 구매 제한가격〉

구분	A 물품	B 물품	C 물품	D 물품	E 물품
1회 구매수량	2 묶음	3 묶음	2 묶음	2 묶음	2 묶음
구매 제한가격	25,000원	5,000원	5,000원	3,000원	23,000원

※ 물품 신청 시 1회 구매수량은 부서에 상관없이 매달 일정하다. 예를 들어, A 물품은 2 묶음, B 물품은 3 묶음 단위이다.
※ 물품은 제한된 가격 내에서 구매해야 하며, 구매 제한가격을 넘는 경우에는 구매할 수 없다. 단, 총 구매 가격에는 제한이 없다.

〈소모품 구매 신청서〉

구분	A 물품	B 물품	C 물품	D 물품	E 물품
부서 1	○		○		○
부서 2		○	○	○	
부서 3	○		○		○
부서 4		○	○		○
부서 5	○		○	○	○

〈업체별 물품 단가〉

구분	A 물품	B 물품	C 물품	D 물품	E 물품
가 업체	12,400	1,600	2,400	1,400	11,000
나 업체	12,200	1,600	2,450	1,400	11,200
다 업체	12,400	1,500	2,550	1,500	11,500
라 업체	12,500	1,500	2,400	1,300	11,300

(물품 단가는 한 묶음당 가격)

① 가 업체 ② 나 업체
③ 다 업체 ④ 라 업체
⑤ 모두 동일하다

---

33 다음은 프린터의 에러표시과 이에 대한 조치사항을 설명한 것이다. 에러표시에 따른 조치로 적절하지 못한 것은?

에러 표시	원인 및 증상	조치
Code 02	용지 걸림	프린터를 끈 후, 용지나 이물질을 제거하고 프린터의 전원을 다시 켜십시오.
	용지가 급지되지 않거나 한 번에 두 장 이상의 용지가 급지됨	용지를 다시 급지하고 ◎버튼을 누르십시오.
	조절레버 오류	급지된 용지에 알맞은 위치와 두께로 조절레버를 조정하십시오.
Code 03	잉크 잔량이 하단선에 도달	새 잉크 카트리지로 교체하십시오.
	잉크 잔량 부족	잉크 잔량이 하단선에 도달할 때까지 계속 사용할 것을 권장합니다.
	잉크카트리지가 인식되지 않음	• 잉크 카트리지의 보호 테이프가 제거되었는지 확인하십시오. • 잉크 카트리지를 아래로 단단히 눌러 딸깍 소리가 나는 것을 확인하십시오.
	지원하지 않는 잉크 카트리지가 설치됨	프린터와 카트리지 간의 호환 여부를 확인하십시오.
	잉크패드의 수명이 다 되어감	잉크패드를 고객지원센터에서 교체하십시오. ※ 잉크패드는 사용자가 직접 교체할 수 없습니다.
Code 04	메모리 오류	• 메모리에 저장된 데이터를 삭제하십시오. • 해상도 설정을 낮추십시오. • 스캔한 이미지의 파일 형식을 변경하십시오.

① Code 02 : 프린터를 끈 후 용지가 제대로 급지되었는지 확인하였다.
② Code 03 : 잉크 카트리지 잔량이 부족하지만 그대로 사용하였다.
③ Code 03 : 카트리지의 보호테이프가 제거되었는지 확인 후 다시 단단히 결합하였다.
④ Code 03 : 잉크패드 수명이 다 되었으므로 고객지원센터에서 정품으로 구매하여 교체하였다.
⑤ Code 04 : 스캔한 이미지를 낮은 메모리방식의 파일로 변경하였다.

34 다음은 새로운 맛의 치킨을 개발하는 과정이다. 단계 1~5를 프로그래밍 절차에 비유했을 경우, 이에 대한 설명으로 옳은 것을 모두 고른 것은?

단계 1 : 소비자가 어떤 맛의 치킨을 선호하는지 온라인으로 설문 조사한 결과 ○○ 소스 맛을 가장 좋아한다는 것을 알게 되었다.

단계 2 : ○○ 소스 맛 치킨을 만드는 과정을 이해하기 쉽도록 약속된 기호로 작성하였다.

단계 3 : 단계 2의 결과에 따라 ○○ 소스를 개발하여 새로운 맛의 치킨을 완성하였다.

단계 4 : 새롭게 만든 치킨을 손님들에게 무료로 시식할 수 있도록 제공하였다.

단계 5 : 시식 결과 손님들의 반응이 좋아 새로운 메뉴로 결정하였다.

㉠ 단계 1은 '문제 분석' 단계이다.
㉡ 단계 2는 '코딩 · 입력' 단계이다.
㉢ 단계 4는 '논리적 오류'를 발견할 수 있는 단계이다.
㉣ 단계 5는 '프로그램 모의 실행' 단계이다.

---

① ㉠, ㉡
② ㉠, ㉢
③ ㉡, ㉢
④ ㉡, ㉣
⑤ ㉢, ㉣

35 다음 매뉴얼의 종류는 무엇인가?

• 물기나 습기가 없는 건조한 곳에 두세요.
–습기 또는 액체 성분은 부품과 회로에 손상을 줄 수 있습니다.
–물에 젖은 경우 전원을 켜지 말고(켜져 있다면 끄고, 꺼지지 않는다면 그대로 두고, 배터리가 분리될 경우 배터리를 분리하고) 마른 수건으로 물기를 제거한 후 서비스 센터에 가져가세요.
–제품 또는 배터리가 물이나 액체 등에 젖거나 잠기면 제품 내부에 부착된 침수 라벨의 색상이 바뀝니다. 이러한 원인으로 발생한 고장은 무상 수리를 받을 수 없으므로 주의하세요.
• 제품을 경사진 곳에 두거나 보관하지 마세요. 떨어질 경우 충격으로 인해 파손될 수 있으며 고장의 원인이 됩니다.
• 제품을 동전, 열쇠, 목걸이 등의 금속 제품과 함께 보관하지 마세요.
–제품이 변형되거나 고장 날 수 있습니다.
–배터리 충전 단자에 금속이 닿을 경우 화재의 위험이 있습니다.
• 걷거나 이동 중에 제품을 사용할 때 주의하세요. 장애물 등에 부딪혀 다치거나 사고가 날 수 있습니다.
• 제품을 뒷주머니에 넣거나 허리 등에 차지 마세요. 제품이 파손되거나 넘어졌을 때 다칠 수 있습니다.

---

① 제품 매뉴얼
② 업무 매뉴얼
③ 외식 매뉴얼
④ 부품 매뉴얼
⑤ 작업량 매뉴얼

36 아래의 기사는 기자와 어느 국회의원과의 일문일답 중 한 부분을 발췌한 것이다. 다음 중 인터뷰에 응하는 A 국회의원이 중요하게 여기는 리더십에 대한 설명으로 옳은 것을 고르면?

기자 : 역대 대통령들은 지역 기반이 확고했습니다. A 의원님처럼 수도권이 기반이고, 지역 색이 옅은 정치인은 대권에 도전하기 쉽지 않다는 지적이 있습니다. 이에 대해 어떻게 생각 하시는지요

A 의원 : 여러 가지 면에서 수도권 후보는 새로운 시대정신에 부합한다고 생각합니다.

기자 : 통일은 언제쯤 가능하다고 보십니까. 남북이 대치한 상황에서 남북 간 관계는 어떻게 운용해야 한다고 생각하십니까?

A 의원 : 누가 알겠습니까? 통일이 언제 갑자기 올지…. 다만 언제가 될지 모르는 통일에 대한 준비와 함께, 통일을 앞당기려는 노력이 필요하다고 생각합니다.

기자 : 최근 읽으신 책 가운데 인상적인 책이 있다면 두 권만 꼽아주십시오.

A 의원 : 댄 세노르, 사울 싱어의 「창업국가」와 최재천 교수의 「손잡지 않고 살아남은 생명은 없다」입니다. 「창업국가」는 이전 정부의 창조경제 프로젝트 덕분에 이미 많은 분들이 접하셨을 것이라 생각하는데요. 이 책에는 정부 관료와 기업인들은 물론 혁신적인 리더십이 필요한 사람들이 참고할만한 내용들이 풍부하게 담겨져 있습니다. 특히 인텔 이스라엘 설립자 도브 프로먼의 ‘리더의 목적은 저항을 극대화시키는 일이다. 그래야 의견차이나 반대를 자연스럽게 드러낼 수 있기 때문이다’ 라는 말에서, 서로의 의견 차이를 존중하면서도 끊임없는 토론을 자극하는 이스라엘 문화의 특징이 인상 깊었습니다. 뒤집어 생각해보면, 다양한 사람들의 반대 의견까지 청취하고 받아들이는 리더의 자세가, 제가 중요하게 여기는 ‘경청의 리더십, 서번트 리더십’과도 연결되지 않나 싶습니다.

(후략)

---

① 탁월한 리더가 되기 위해서는 차가운 지성만이 아닌 뜨거운 가슴도 함께 가지고 있어야 한다.

② 리더 자신의 특성에서 나오는 힘과 부하들이 리더와 동일시하려는 심리적 과정을 통해서 영향력을 행사하며, 부하들에게 미래에 대한 비전을 제시하거나 공감할 수 있는 가치체계를 구축하여 리더십을 발휘하게 하는 것이다.

③ 리더가 직원을 보상 및 처벌 등으로 촉진시키는 것이다.

④ 자신에게 실행하는 리더십을 말하는 것으로 자신이 스스로에게 영향을 미치는 지속적인 과정이다.

⑤ 기업 조직에 적용했을 경우 기업에서는 팀원들이 목표달성뿐만이 아닌 업무와 관련하여 개인이 서로 성장할 수 있도록 지원하고 배려하는 것이라고 할 수 있다.

37 N팀 직원들은 4차 산업혁명 기술을 이용한 서비스 방법에 대해 토의를 진행하며 다음과 같은 의견들을 제시하였다. 다음 중 토의를 위한 기본적인 태도를 제대로 갖추지 못한 사람은 누구인가?

A : “고객 정보 빅데이터 구축에 관련해서 추가 진행 사항 있습니까?”

B : “시스템 관련부서와 논의를 해보았는데요. 고객 정보의 보안문제도 중요하기 때문에 모든 정보를 개방하여 빅데이터를 구축하기엔 한계가 있다는 의견입니다.”

C : “입사한지 얼마 안 돼서 그런지 모르겠지만 일의 추진력이 부족하시네요. 일단은 시험 서비스를 진행하고 그런 문제는 추후에 해결하는 게 좋겠습니다.”

D : “철도자율주행 시스템을 도입하는 것은 어떻습니까?”

E : “자율주행 시스템이 도입되면 도착, 출발 시간이 더욱 정확해져 알림 서비스의 질도 높아 질 것 같습니다.”

F : “저도 관련 자료를 찾아봤는데요. 한 번 같이 보시고 이야기 나눠보죠.”

---

① B   ② C

③ D   ④ E

⑤ F

38 대인관계의 가장 중요한 요인 중 하나는 협력이라고 할 수 있다. 다음 중 협력을 장려하는 환경을 조성하기 위한 노력으로 적절하지 않은 것은?

① 아이디어가 상식에서 벗어난다고 해도 공격적인 비판은 삼간다.

② 팀원들이 침묵하지 않도록 자극을 주어야 한다.

③ 팀원들의 말에 흥미를 가져야 한다.

④ 아이디어를 개발하도록 팀원들을 고무시켜야 한다.

⑤ 관점을 바꿔야 한다.

39 다음의 기사를 읽고 제시된 사항 중 올바른 명함교환예절로 볼 수 없는 항목을 모두 고르면?

직장인의 신분을 증명하는 명함. 명함을 주고받는 간단한 행동 하나가 나의 첫인상을 결정짓기도 한다. 나의 명함을 받은 상대방은 한 달 후에 내 명함을 보관할 수도 버릴 수도 있다. 명함을 어떻게 활용하느냐에 따라 기억이 되는 사람이 될 수도, 잊히는 사람이 될 수도 있다는 것. 그렇다면 나에 대한 첫인상을 좋게 남기기 위한 명함 예절에는 어떤 것들이 있을까?

명함은 나를 표현하는 얼굴이며, 상대방의 명함 역시 그의 얼굴이다. 메라비언 법칙에 따르면 첫인상을 결정짓는 가장 큰 요소는 바디 랭귀지(표정·태도) 55%, 목소리 38%, 언어·내용 7% 순이라고 한다. 단순히 명함을 주고받을 때의 배려있는 행동만으로도 상대방에게 좋은 첫인상을 심어 줄 수 있다. 추후 상대방이 나의 명함을 다시 보게 됐을 때 교양 있는 사람으로 기억되고 싶다면 명함 예절을 꼭 기억해 두는 것이 좋다.

㉠ 명함은 오른손으로 받는 것이 원칙이다.
㉡ 거래를 위한 만남인 경우 판매하는 쪽이 먼저 명함을 건넨다.
㉢ 자신의 소속 및 이름 등을 명확하게 밝힌다.
㉣ 명함을 맞교환 할 시에는 왼손으로 받고 오른손으로 건넨다.
㉤ 손윗사람이 먼저 건넨다.

① ㉠, ㉡, ㉢, ㉣, ㉤
② ㉠, ㉡, ㉣, ㉤
③ ㉡, ㉢, ㉣, ㉤
④ ㉢, ㉣
⑤ ㉤

40 A사에 입사한 원모는 근무 첫날부터 지각을 하는 상황에 놓이게 되었다. 급한 마음에 계단이 아닌 엘리베이터를 이용하게 되었고 다행히도 지각을 면한 원모는 교육 첫 시간에 엘리베이터 및 계단 이용에 관한 예절교육을 듣게 되었다. 다음 중 원모가 수강하고 있는 엘리베이터 및 계단 이용 시의 예절 교육에 관한 내용으로써 가장 옳지 않은 내용을 고르면?

① 방향을 잘 인지하고 있는 여성 또는 윗사람과 함께 엘리베이터를 이용할 시에는 여성이나 윗사람이 먼저 타고 내려야 한다.
② 엘리베이터의 경우에 버튼 방향의 뒤 쪽이 상석이 된다.
③ 계단의 이용 시에 상급자 또는 연장자가 중앙에 서도록 한다.
④ 안내원은 엘리베이터를 탈 시에 손님들보다는 나중에 타며, 내릴 시에는 손님들보다 먼저 내린다.
⑤ 계단을 올라갈 시에는 남성이 먼저이며, 내려갈 시에는 여성이 앞서서 간다.

1 공공선택론의 특성에 해당하지 않는 것은?

① 방법론적 개체주의
② 부서목표의 극대화
③ 합리적 경제인
④ 교환으로서의 정치
⑤ 예산 극대화

2 신행정론의 특징에 대한 설명으로 옳지 않은 것은?

① 신행정론에서는 가치주의를 강조한다.
② 행정은 격변하는 환경에 적극적으로 대처할 수 있어야 하고 시민 중심적, 고객 중심적 행정이어야 하므로 대외지향성을 특징으로 한다.
③ 자원의 배분은 사회적·경제적·정치적으로 불리한 입장에 있는 사람들에게 우선적으로 혜택을 줌으로써 사회 정의를 실현할 수 없다는 관점의 사회적 형평성을 강조한다.
④ 행정인은 사회 구성원들의 삶의 질을 향상시키기 위하여 적극적으로 노력하여야 하는 적극적 행동주의를 특징으로 한다.
⑤ 가치를 중시하기 때문에, 가치중립적·보수적인 성격의 행태론을 배격하고 행정조직의 윤리성 확립과 사회정의를 실현해야 한다는 규범성과 윤리성을 강조한다.

3 인간관계론에 대한 설명으로 적합하지 않은 것은?

① 조직구성원들의 사회 심리적 욕구와 조직 내 비공식집단 등을 중시하며, 조직의 목표와 조직구성원들의 목표 간의 균형 유지를 지향하는 민주적·참여적 관리 방식을 지향하는 조직이론을 말한다.
② 조직구성원의 생산성은 생리적·경제적 유인으로만 자극받는 것이 아니라 사회·심리적 요인에 의해서도 크게 영향을 받는다.
③ 비경제적 보상을 위해서는 대인 관계, 비공식적 자생집단 등을 통한 사회·심리적 욕구의 충족이 중요하다.
④ 조직이 바라는 행동의 유인은 경제적 요소가 아닌 사회·심리적 요소임을 강조하고 조직 내의 사람들은 개인으로서가 아닌 집단의 구성원으로서 행동하고 반응한다.
⑤ 조직에 있어 공식집단·비공식집단의 역할과 구성원의 심리적 측면을 중요시한다.

4 큰 정부론과 작은 정부론의 논쟁에 대한 설명으로 옳지 않은 것은?

① 작은 정부론은 민영화의 확대를 주장하지만, 또다른 시장실패를 유발할 수 있다는 점에서 네트워크 거버넌스의 필요성이 제기되기도 한다.
② "공공재는 시장에서 적절하게 제공되지 못하므로 정부가 제공해야 한다"는 주장은 시장에 대한 정부의 개입을 강조한다.
③ 작은 정부론은 정부의 개입이 초래하는 대표적 정부실패의 사례로 독점으로 인해 발생하는 X-비효율성을 제시한다.
④ 큰 정부론자는 "비용과 편익이 괴리되어 시장실패가 발생하는 경우, 정부가 시장에 개입해야 한다"고 주장한다.
⑤ 독과점, 공공재생산의 어려움, 환경오염, 위법·탈법행위 등과 같은 시장의 실패로 큰 정부론이 등장하게 되었다.

5 정치·행정이원론, 기술적 행정학에서 중시된 변수로 Gulick, Urwick, Taylor 등이 주장한 행정변수는?

① 인간　　　　　　　② 구조
③ 가치관　　　　　　④ 환경
⑤ 발전목표

6 다음은 무엇에 대한 설명인가?

> 공무원 수는 업무량의 증감과는 관계없이 일정비율로 증가하며, 심지어는 업무량이 감소해도 공무원 수는 증가한다.

① 파킨슨의 법칙
② 피터의 법칙
③ X-비효율성
④ 와그너의 법칙
⑤ 테일러의 법칙

7 복지국가의 실현방안으로서 평등주의에 기초하는 제도로 극빈자나 노동력이 결여된 자 또는 원호보호대상자에 한해 원조·구호·구제하는 사업은?

① 공공부조
② 건강보험
③ 노후보험
④ 국민연금
⑤ 최저생계보장

8 다음 중 TQM에 대한 설명으로 옳지 않은 것은?

① 고객지향적 성격을 띠고 있다.
② 직원들에게 권한이 부여되어야 한다.
③ 형평성 증진이 목표이다.
④ 최고관리자의 리더십과 지지가 필요하다.
⑤ 신공공관리론에 입각한 방법이다.

9 다음 중 옳지 않은 것은?

① 신제도주의는 제도를 사회현상 설명의 핵심변수로 설정한다.
② 합리적 선택 신제도주의는 개인을 합리적이고 전략적인 행위자로 가정한다.
③ 역사적 신제도주의는 정치체제의 자율성과 경로 의존성을 강조하며 권력관계의 불평등성을 강조한다.
④ 사회학적 신제도주의는 개인의 선호를 외생적으로 주어지는 것이라고 보며, 제도의 공식적 측면을 강조한다.
⑤ 사회학적 신제도주의는 경험적 연구, 해석학 등을 방법론으로 삼는다.

10 다음 중 행위의 바탕을 의식적인 사유나 인지력과 결부하여 설명하는 합리성은 무엇인가?

① 내용적 합리성
② 절차적 합리성
③ 기술적 합리성
④ 기능적 합리성
⑤ 사회적 합리성

11 합리성에 대한 설명으로 옳지 않은 것은?

① Weber는 관료제를 형식적 합리성의 극치로 설명하고 있다.
② 개인적 합리성의 추구가 반드시 집단적 합리성으로 연결되는 것은 아니다.
③ 합리성은 본질적 행정가치보다는 수단적 행정 가치에 포함된다.
④ Simon의 절차적 합리성은 목표에 비추어 적합한 행동이 선택되는 정도를 의미한다.
⑤ Diesing의 기술적 합리성은 목표와 수단 사이에 존재하는 인간관계의 적절성을 의미한다.

12 정책의사결정에 관한 설명 중 옳지 않은 것은?

① 일반적으로 정책의제는 정치성, 주관성, 동태성 등의 성격을 가진다.

② 정책대안이 아무리 훌륭하더라도 정책문제를 잘못 인지하고 채택하여 정책문제가 여전히 해결되지 않은 상태로 남아 있는 현상을 제2종 오류라 한다.

③ 킹던의 정책의 창 모형은 정책문제의 흐름, 정책대안의 흐름, 정치의 흐름이 어떤 계기로 서로 결합함으로써 새로운 정책의제로 형성되는 것을 말한다.

④ 콥과 엘더의 이론에 의하면 정책의제설정 과정은 사회문제-사회적 이슈-체제의제-제도의제의 순서로 정책의제가 선택됨을 설명하고 있다.

⑤ 정책의제의 설정은 목표설정 기능 및 적절한 정책수단을 선택하는 기능을 하고 있다.

13 다음 중 비용편익분석에 관한 내용으로 옳지 않은 것은?

① 예산이 제한적일 때 순현재가치(NPV)>0를 우선적인 기준으로 한다.

② 분석결과 B/C>1이면 채택 가능한 사업으로 볼 수 있다.

③ 순현재가치(NPV)는 공공사업의 수익성 여부를 측정하는 데 적합하다.

④ 자금 제약이 없을 때에는 순현재가치(NPV)를 가장 먼저 적용한다.

⑤ 내부수익률(IRR)은 투자의 한계수익률에 관한 분석방법이다.

14 정책집행에 영향을 미치는 요인에 대한 설명으로 옳은 것은?

① 사바티어(Sabatier)는 정책 대상 집단의 행태 변화의 정도가 크면 정책집행의 성공은 어렵다고 본다.

② 집행 주체의 집행역량은 집행구조나 조직의 분위기에 영향을 받지 않는다.

③ 정책집행 과정에서 의사결정점(decision point)이 많을수록 신속하게 집행된다.

④ 정책 수혜 집단의 규모가 크고 조직화 정도가 강한 경우 집행이 어렵다.

⑤ 규제정책 및 재분배정책에 비해 배분정책은 성공가능성이 현저하게 낮다.

15 계획의 평가·조사기법(PERT)의 장점이라고 볼 수 없는 것은?

① 특정사실을 효율적으로 집행하는 데 있어서 최적대안의 선택이 가능하다.

② 책임의 소재를 명확히 할 수 있다.

③ 시간을 단축하고 비용을 절감한다.

④ 반복적인 대규모 사업의 효율적인 계획·통제가 가능하다.

⑤ 정보교환이 용이하며 팀워크가 좋아진다.

16 정책문제를 정의하기 위해서 고려해야 할 요소로 보기 힘든 것은?

① 정책의 목표 설정

② 인과관계 파악

③ 역사적 맥락 파악

④ 각 요소들의 관계 파악

⑤ 가치판단

17 전문가 집단으로부터 우수한 식견을 모으고 반응을 체계적으로 도출하여 분석·종합하는 기획기법은?

① 시계열분석 　　　② 델파이 기법

③ 인과분석 　　　　④ 회귀분석법

⑤ 위원회 토의법

18 팀제의 특징에 대한 설명으로 옳지 않은 것은?

① 상호 보완적인 기능과 능력을 갖는 전문가 집단으로 구성된다.

② 공동의 목적을 공유하고 업무수행 목표에 구성원이 몰입한다.

③ 업무수행결과에 대한 책임은 리더가 진다.

④ 팀 내에서 자율적이고 완결적인 업무수행이 가능하다.

⑤ 문제해결을 위하여 공동의 접근방법을 사용한다.

19 다음 중 A. Etzioni의 조직모형과 관계없는 개념은?

① 강제적

② 진보적

③ 타산적

④ 규범적

⑤ 소외적

20 토머스(K. Thomas)가 제시하고 있는 대인적 갈등관리 방안에 대한 설명으로 옳지 않은 것은?

① 자신의 이익과 상대방의 이익을 만족시키려는 정도라는 두 가지 차원으로 구분하여 설명한다.

② 경쟁이란 상대방의 이익을 희생하여 자신의 이익을 추구하는 방안이다.

③ 순응이란 자신의 이익은 희생하면서 상대방의 이익을 만족시키려는 방안이다.

④ 타협이란 자신과 상대방의 이익의 만족도가 높은 수준의 방안이다.

⑤ 회피란 자신의 이익이나 상대방의 이익 모두에 무관심한 것이다.

21 조직발전(OD)에 관한 설명으로 옳지 않은 것은?

① 조직개혁을 위한 구조적 접근법으로서 행정개혁의 중추를 이룬다.

② 계획적인 조직개혁의 과정이다.

③ 조직구성원의 행태변화를 추구하는 것이다.

④ 소속책임운영기관의 사업성과 평가를 위해 소속책임운영기관운영심의회를 둔다.

⑤ 체제적 관점에서 하위조직체계의 연관성을 강조한다.

22 다음 중 위원회조직에 대한 설명으로 볼 수 없는 것은?

① 다수지배형의 기관이다.

② 의사결정과정의 분권화와 참여를 추구한다.

③ 행정의 중립성과 정책의 계속성을 통해 조직의 안정성과 지속성에 기여한다.

④ 결정의 신속성과 기밀성의 확보가 용이하다.

⑤ 책임한계가 불명확하다.

23 Argyris의 인간관에 대한 관리전략으로 볼 수 없는 것은?

① 직무확장

② 참여적 리더십

③ 현실 중심적 리더십

④ 전통적·권위적 관리방식

⑤ 조직구성원을 성숙한 인간으로 관리

24 지도자는 부하에게 최대한으로 자유를 보장하는 자유방임형 리더십을 행사하고, 비조직적이고 자연발생적인 활동을 허용하며, 조직구성원이 구속감을 느끼지 않도록 느슨한 조직구성을 지향한다는 Lundstedt의 Z이론에서의 인간관은?

① 자유방임적 인간관　　② 복잡한 인간관

③ 괄호인　　　　　　　④ 합리적 인간관

⑤ 작전인

25 다음 중 동태적 조직의 유형이 아닌 것은?

① 위원회　　　　　　　② Project Team

③ Task Force　　　　　④ Matrix 조직

⑤ 담당관제

26 D. Osborne의 행정개혁의 방향으로서 '기업가적 정부'의 내용이 아닌 것은?

① 투입지향적 정부
② 촉매작용적 정부
③ 미래예견적 정부
④ 경쟁적 정부
⑤ 산출지향적 정부

27 조직 내에서 의사전달의 신뢰성을 높이기 위한 방법으로 옳지 않은 것은?

① 참여자의 동의
② 회의나 공동교육훈련
③ 상향적 의사전달방식의 활성화
④ 정보통로의 다원화 및 반복과 환류 확인
⑤ 언어 · 문자의 정확한 사용

28 대표관료제에 대한 설명으로 옳지 않은 것은?

① 대표관료제는 정부관료제가 그 사회의 인적 구성을 반영하도록 구성함으로써 관료제 내에 민주적 가치를 반영시키려는 의도에서 발달되었다.
② 대표관료제 이론은 관료들이 그 출신 집단의 가치와 이익을 정책과정에 반영시킬 것이라는 가정에 기반하고 있다.
③ 대표성을 지닌 관료집단 간의 견제와 균형을 통해 사회집단 간 이익이 균형있게 대변되어 대중통제의 외재화를 달성시킬 수 있다.
④ 대표관료제는 소외집단의 요구에 대한 정부정책의 대응성을 높임으로써 정책의 집행을 용이하게 하고 정부활동의 능률성을 향상시킨다.
⑤ 대표관료제는 소외되던 집단의 사회 · 경제적 지위를 향상시킴으로써 소외집단 구성원들에 의한 반사회적 행위를 감소시키는 등의 효용성을 가진다.

29 다음 중 적극적 인사행정방안이 아닌 것은?

① 공무원의 권익향상을 위한 공무원단체활동의 인정
② 인사권을 중앙인사행정기관에 집중
③ 개방형 계약임용제의 도입
④ 교육훈련을 통한 능력발전
⑤ 시험절차의 간소화 등 적극적 모집

30 다음 중 엽관주의의 폐단과 관련하여 타당성이 적은 것은?

① 행정의 낭비 초래
② 행정의 안정성 저해
③ 공무원의 정치적 중립 저해
④ 민주주의의 이념 저해
⑤ 행정의 능률성 저해

31 계급제의 장점이 아닌 것은?

① 일반교양을 지닌 능력 있는 자를 채용할 수 있다.
② 공무원의 경력발전에 유리하다.
③ 보수체계의 합리적 기준을 제공할 수 있다.
④ 직업공무원제의 확립에 이바지한다.
⑤ 행정업무의 조정을 원활히 할 수 있다.

32 다음 중 배치전환으로 볼 수 없는 것은?

① 전보　　　　　　② 승진
③ 전입　　　　　　④ 파견근무
⑤ 전직

33 근무성적평정에서 가장 많이 이용되고 있는 방법으로서, 평정서의 작성이 간단하고 평정이 용이한 유형은?

① 도표식 평정척도법

② 강제배분법

③ 서열법

④ 가감점수법

⑤ 상대평가법

34 구성원들의 사기저하 정도를 측정하고 문제해결방안을 모색하고자 한다. 다음 중 구성원의 사기 측정을 위한 관련기록과 관련이 가장 적은 것은?

① 이직률 기록

② 작업성과 기록

③ 경력 기록

④ 출퇴근상황 기록

⑤ 사고율 기록

35 다음 중 근속급의 장점에 해당하지 않는 것은?

① 생활보장으로 조직에 대한 귀속의식 확대

② 연공 존중의 동양적 풍토에서 질서 확립 및 사기 유지

③ 주 직무가 불분명한 조직에 적절

④ 하위직에 적용 용이

⑤ 인사관리의 융통성

36 예산의 종류 중 예산의 성립시기에 의한 구분에 속하는 것은?

① 일반회계   ② 추경예산

③ 특별회계   ④ 잠정예산

⑤ 가예산

37 추가경정예산에 대한 설명으로 옳지 않은 것은?

① 예산이 성립된 후에 생긴 사유로 이미 성립된 예산에 변경을 가할 필요가 있을 때 정부가 편성하는 예산이다.

② 예산 팽창의 원인이 될 수 있으므로, 「국가재정법」에서 그 편성사유를 제한하고 있다.

③ 과거에 추가경정예산이 편성되지 않은 연도도 있었다.

④ 본예산과 별개로 성립되므로 당해 회계연도의 결산에는 포함되지 않는다.

⑤ 국가예산의 실행 단계에서 부득이하게 발생하는 경비를 말한다.

38 다음 중 조세지출예산의 내용으로 옳지 않은 것은?

① 조세감면 내역의 관리·감독은 국회차원에서 진행된다.

② 미국에서 처음 도입하였으며, 우리나라도 1999년부터 이를 도입하였다.

③ 간접지출로 숨겨진 보조금에 해당한다.

④ 조세지출이란 기업의 특정 활동을 지원하기 위한 세제상의 보조활동이다.

⑤ 조세지출은 형식은 조세이지만 실질은 보조금과 같은 경제적 효과를 발생한다.

39 다음 중 권한의 위임에 관한 내용으로 옳지 않은 것은?

① 권한의 위임은 최고 관리층의 업무 부담을 감소시켜 본래의 업무에 충실할 수 있게 한다.

② 권한의 위임은 일정한 부분의 단계에 있어서만 이루어져야 한다는 단계의 원칙이 있다.

③ 권한위임은 계층제에 따라 위임되어야 하며 중복위임이 되어서는 안된다는 계층성의 원칙을 가지고 있다.

④ 권한위임은 권한과 책임이 일치해야 한다.

⑤ 권한은 명문적 금지사항에 대해서는 위임이 불가능하다.

40 다음 중 행정개혁에 있어서 원리접근법은?

① 구성원들의 형태를 변동시켜 기구를 개혁

② 참여적인 인간협조를 추구

③ 부처편성의 원리, 통솔범위 축소 등 전통적 조직이론에 근거

④ 행정조직의 구조변동을 의미

⑤ 기술과 인간성의 갈등 타파

서울교통공사

필기시험 모의고사

정답 및 해설

SEOWONGAK
(주)서원각

제1회 정답 및 해설

>> 직업기초능력평가

1 ④

빈칸에 들어갈 단어는 '시간이나 거리 따위를 본래보다 길게 늘림'의 뜻을 가진 연장(延長)이 가장 적절하다.
① 지연 : 무슨 일을 더디게 끌어 시간을 늦춤
② 지속 : 어떤 상태가 오래 계속됨
③ 지체 : 때를 늦추거나 질질 끎
⑤ 연속 : 끊이지 아니하고 죽 이어지거나 지속함

2 ②

① 필요할 때는 쓰고 필요 없을 때는 야박하게 버리는 경우를 이르는 말
③ 원수를 갚거나 마음먹은 일을 이루기 위하여 온갖 어려움과 괴로움을 참고 견딤
④ 공적인 일을 먼저 하고 사사로운 일은 뒤로 미룸
⑤ 고국의 멸망을 한탄함을 이르는 말

3 ②

이 글의 화자는 '마케팅 교육을 담당하는 입장'에서 UCC를 기업 마케팅에 어떻게 활용할 것인지에 대한 강의를 기획하고 있다. 따라서 이 글을 읽는 예상 독자는 ② UCC 활용 교육을 원하는 기업 마케터들이 될 것이다.

4 ④

괄호 바로 앞뒤에 오는 문장을 통해 유추할 수 있다. 화자가 기획하는 강의는 기업 마케팅 담당자들의 웹2.0과 UCC에 대한 이해를 높이고, 이를 활용할 수 있는 전략에 대한 내용이 주가 될 것이다. 따라서 강의 제목으로는 ④ 웹2.0 시대 UCC를 통한 마케팅 활용 전략이 가장 적절하다.

5 ⑤

작자는 오래된 물건의 가치를 단순히 기능적 편리함 등의 실용적인 면에 두지 않고 그것을 사용해 온 시간, 그 동안의 추억 등에 두고 있으며 그렇기 때문에 오래된 물건이 아름답다고 하였다.

6 ③

③ 「철도안전법 시행규칙」 제41조의2 ④에 따르면 철도운영자 등은 철도안전교육을 안전전문기관 등 안전에 관한 업무를 수행하는 전문기관에 위탁하여 실시할 수 있다고 규정하고 있다.

7 ④

위세품은 정치, 사회적 관계를 표현하기 위해 사용된 물품이다. 당사자 사이에만 거래되어 일반인이 입수하기 어려운 물건으로 피장자가 착장(着裝)하여 위세를 드러내던 것을 착장형 위세품이라고 한다. 생산도구나 무기 및 마구 등은 일상품이기도 하지만 물자의 장악이나 군사력을 상징하는 부장품이기도 하다. 이것들은 피장자의 신분이나 지위를 상징하는 물건으로 일상품적 위세품이라고 한다.

8 ①

① 첫 번째 문단에서 '도시 빈민가와 농촌에 잔존하고 있는 빈곤은 인간다운 삶의 가능성을 원천적으로 박탈하고 있으며'라고 언급하고 있다. 즉, 사회적 취약계층의 객관적인 생활수준이 향상되었다고 보는 것은 적절하지 않다.
② 첫 번째 문단
③ 두, 세 번째 문단
④ 네 번째 문단
⑤ 두 번째 문단

9 ③

서원각의 매출액의 합계를 x, 소정의 매출액의 합계를 y로 놓으면

$x + y = 91$

$0.1x : 0.2y = 2 : 3 \rightarrow 0.3x = 0.4y$

$x + y = 91 \rightarrow y = 91 - x$

$0.3x = 0.4 \times (91 - x)$

$0.3x = 36.4 - 0.4x$

$0.7x = 36.4$

$\therefore x = 52$

$0.3 \times 52 = 0.4y \rightarrow y = 39$

x는 10% 증가하였으므로 $52 \times 1.1 = 57.2$

y는 20% 증가하였으므로 $39 \times 1.2 = 46.8$

두 기업의 매출액의 합은 $57.2 + 46.8 = 104$

10 ⑤

통화량을 x, 문자메시지를 y라고 하면

A요금제 $\rightarrow (5x + 10y) \times \left(1 - \dfrac{1}{5}\right) = 4x + 8y = 14,000$원

B요금제 $\rightarrow 5,000 + 3x + 15 \times (y - 100) = 16,250$원

두 식을 정리해서 풀면

$y = 250, \ x = 3,000$

11 ⑤

보완적 평가방식은 각 상표에 있어 어떤 속성의 약점을 다른 속성의 강점에 의해 보완하여 전반적인 평가를 내리는 방식을 의미한다. 보완적 평가방식에서 차지하는 중요도는 60, 40, 20 이므로 이러한 가중치를 각 속성별 평가점수에 곱해서 모두 더하면 결과 값이 나오게 된다. 각 대안(열차종류)에 대입해 계산하면 아래와 같은 결과 값을 얻을 수 있다.

- KTX 산천의 가치 값= $(0.6 \times 3) + (0.4 \times 9) + (0.2 \times 8) = 7$
- ITX 새마을의 가치 값= $(0.6 \times 5) + (0.4 \times 7) + (0.2 \times 4) = 6.6$
- 무궁화호의 가치 값= $(0.6 \times 4) + (0.4 \times 2) + (0.2 \times 3) = 3.8$
- ITX 청춘의 가치 값= $(0.6 \times 6) + (0.4 \times 4) + (0.2 \times 4) = 6$
- 누리로의 가치 값= $(0.6 \times 6) + (0.4 \times 5) + (0.2 \times 4) = 6.4$

조건에서 각 대안에 대한 최종결과 값 수치에 대한 반올림은 없는 것으로 하였으므로 종합 평가점수가 가장 높은 KTX 산천이 김정은과 시진핑의 입장에 있어서 최종 구매대안이 되는 것이다.

12 ③

- 주택보수비용 지원 내용은 항목별 비용이 3단계로 구분되어 있으며 핵심 구분점은 내장, 배관, 외관이다. 이에 따른 비용 한계는 350만 원을 기본으로 단계별 300만 원씩 증액하는 것으로 나타나 있다.
- 소득인정액에 따른 차등지원 내역을 보면 지원액은 80~100% 이다.

〈상황〉을 보면 ○○씨 중위소득 40%에 해당하므로 지원액은 80% 이며, 노후도 평가에서 대보수에 해당하므로, 950만 원 × 80% = 760만 원을 지원받을 수 있다.

13 ④

④ 2004년도의 연어방류량을 x라고 하면

$$0.8 = \frac{7}{x} \times 100 \quad \therefore \quad x = 875$$

① 1999년도의 연어방류량을 x라고 하면

$$0.3 = \frac{6}{x} \times 100 \quad \therefore \quad x = 2,000$$

2000년도의 연어방류량을 x라고 하면

$$0.2 = \frac{4}{x} \times 100 \quad \therefore \quad x = 2,000$$

② 연어포획량이 가장 많은 해는 21만 마리를 포획한 1997년이고, 가장 적은 해는 2만 마리를 포획한 2000년과 2005년이다.

③ 연도별 연어회귀율은 증감을 거듭하고 있다.

⑤ 2000년도의 연어포획량은 2만 마리로 가장 적고, 연어회귀율은 0.1%로 가장 낮다.

14 ③

사고 전 조달원＼사고 후 조달원	수돗물	정수	약수	생수	합계
수돗물	40	30	20	30	120
정수	10	50	10	30	100
약수	20	10	10	40	80
생수	10	10	10	40	70
합계	80	100	50	140	370

수돗물은 120가구에서 80가구로, 약수는 80가구에서 50가구로 각각 이용 가구 수가 감소하였다. 정수는 100가구로 변화가 없으며, 생수는 70가구에서 140가구로 증가하였다.

따라서 사고 전에 비해 사고 후에 이용 가구 수가 감소한 식수 조달원의 수는 2개이다.

15 ②

② 음료수자판기는 가장 많은 418명의 계약자를 기록하고 있다.

16 ①

단일 계약자를 제외한 2019년에 계약이 만료되는 계약자는 총 353명이다.

17 ②

㈎ 수산물 수출실적이 '전체'가 아닌 1차 산품에서 차지하는 비중이므로 2016년과 2017년에 각각 61.1%와 62.8%인 것을 알 수 있다. → 틀림

㈏ 농산물과 수산물은 2013년 이후 매년 '감소 – 감소 – 증가 – 감소'의 동일한 증감추이를 보이고 있다. → 옳음

㈐ 2015년~2017년까지만 동일하다. → 틀림

㈑ 연도별로 전체 합산 수치는 103,285천 달러, 106,415천 달러, 121,068천 달러, 128,994천 달러, 155,292천 달러로 매년 증가한 것을 알 수 있다. → 옳음

18 ③

A에서 B로 변동된 수치의 증감률은 (B − A) ÷ A × 100의 산식으로 계산한다.

- 농산물 : $(21,441 - 27,895) \div 27,895 \times 100 = -23.1\%$
- 수산물 : $(38,555 - 50,868) \div 50,868 \times 100 = -24.2\%$
- 축산물 : $(1,405 - 1,587) \div 1,587 \times 100 = -11.5\%$

따라서 감소율은 수산물 > 농산물 > 축산물의 순으로 큰 것을 알 수 있다.

19 ④

두 번째 조건을 부등호로 나타내면, C < A < E

세 번째 조건을 부등호로 나타내면, B < D, B < A

네 번째 조건을 부등호로 나타내면, B < C < D

다섯 번째 조건에 의해 다음과 같이 정리할 수 있다.

∴ B < C < D, A < E

① 주어진 조건만으로는 세 번째로 월급이 많은 사람이 A인지, D인지 알 수 없다.

② B < C < D, A < E이므로 월급이 가장 많은 E는 월급을 50만 원을 받고, A와 D는 각각 40만 원 또는 30만 원을 받으며, C는 20만 원을, B는 10만 원을 받는다. E와 C의 월급은 30만 원 차이가 난다.

③ B의 월급은 10만 원, E의 월급은 50만 원이므로 합하면 60만 원이다.

C의 월급은 20만 원을 받지만, A는 40만 원을 받는지 30만 원을 받는지 알 수 없으므로 B와 E의 월급의 합은 A와 C의 월급의 합보다 많을 수도 있고, 같을 수도 있다.

⑤ 월급이 가장 적은 사람은 B이다.

20 ②

주어진 ⓛ부터 ⊗을 정리하면 다음과 같다.

ⓛ 갑 = 을

ⓒ 을→병 or ~갑

ⓔ ~갑→~정

ⓜ ~정→갑 and ~병

ⓗ ~갑→~무

⊗ 무→~병

이때, ⓜ이 참인 상황에서 ⓜ의 대우인 '~갑 and 병→정'이 참이 되어야 하는데 이럴 경우 병에 대한 후건을 분리하면 '~갑→정'으로 ⓔ과 모순이 생긴다. 따라서 '~갑은 성립할 수 없으므로 갑은 가담하였다.

갑이 가담하였다면 ⓛ에 의해 을도 가담하였고, ⓒ에 의해 병도 가담한 것이 된다. 그리고 ⊗의 대우에 의해 무는 가담하지 않았음을 알 수 있다. 따라서 가담하지 않은 사람은 무 한 사람뿐이다.

※ 귀류법 … 어떤 명제가 참임을 증명하려 할 때 그 명제의 결론을 부정함으로써 가정 또는 공리 등이 모순됨을 보여 간접적으로 그 결론이 성립한다는 것을 증명하는 방법이다.

21 ③

① 19일 수요일 오후 1시 울릉도 도착, 20일 목요일 독도 방문, 22일 토요일은 복귀하는 날인데 좋아하는 매주 금요일에 술을 마시므로 멀미로 인해 선박을 이용하지 못한다. 또한 금요일 오후 6시 호박엿 만들기 체험도 해야 한다.

② 20일 목요일 오후 1시 울릉도 도착, 독도는 화요일과 목요일만 출발하므로 불가능

③ 23일 일요일 오후 1시 울릉도 도착, 24일 월요일 호박엿 만들기 체험, 25일 화요일 독도 방문, 26일 수요일 포항 도착

④ 25일 화요일 오후 1시 울릉도 도착, 27일 목요일 독도 방문, 28일 금요일 호박엿 만들기 체험은 오후 6시인데, 복귀하는 선박은 오후 3시 출발이라 불가능

⑤ 26일 수요일 오후 1시 울릉도 도착, 27일 목요일 독도 방문, 28일 금요일 호박엿 만들기 체험, 매주 금요일은 술을 마시므로 다음날 선박을 이용하지 못하며, 29일은 파고가 3m를 넘어 선박이 운항하지 않아 불가능

22 ③

연가는 재직기간에 따라 3~21일로 휴가 일수가 달라지며, 수업휴가 역시 연가일수를 초과하는 출석수업 일수가 되므로 재직기간에 따라 휴가 일수가 달라진다. 장기재직 특별휴가 역시 재직기간에 따라 달리 적용된다.

① 언급된 2가지 휴가는 출산한 여성이 사용하는 휴가이다.

② 자녀 돌봄 휴가는 자녀가 고등학생인 경우까지 해당되므로 15세 이상 자녀가 있는 경우에도 자녀 돌봄 휴가를 사용할 수 있게 된다.

④ '직접 필요한 시간'이라고 규정되어 있으므로 고정된 시간이 없는 것이 된다.

⑤ 10~19년, 20~29년, 30년 이상 재직자가 10~20일의 휴가일수를 사용하게 되므로 최대 20일이 된다.

23 ③

T대리가 사용한 근무 외 시간의 기록은 16시간 + 9시간 + 5시간 = 30시간이 된다. 따라서 8시간이 연가 하루에 해당하므로 이를 8시간으로 나누면 '3일과 6시간'이 된다. 8시간 미만은 산입하지 않는다고 하였으므로 T대리는 연가를 3일 사용한 것이 된다.

④ 외출이 2시간 추가되면 총 32시간이 되어 4일의 연가를 사용한 것이 된다.

24 ④

제시된 내용은 김치에서 이상한 냄새가 나고 있는 상황이다. ④는 '김치 표면에 하얀 것(하얀 효모)이 생겼을 때'의 확인 사항이다.

25 ③

③은 매뉴얼로 확인할 수 없는 내용이다.

26 ④

광산물의 경우 총 교역액에서 수출액이 차지하는 비중은 39,456÷39,975×100=약 98.7%이나, 잡제품의 경우 187,132÷188,254×100=약 99.4%의 비중을 보이고 있으므로 총 교역액에서 수출액이 차지하는 비중이 가장 큰 품목은 잡제품이다.

① A국의 총 수출액은 1,136,374천 달러이며, 총 수입액은 1,206,744천 달러이다.
② B국은 1차 산업인 농림수산물 품목에서 A국으로의 수출이 매우 적은 반면, A국으로부터 수입하는 양이 매우 크므로 타당한 판단으로 볼 수 있다.
③ 기계류는 10개 품목 중 가장 적은 1,382천 달러의 수출입액 차이를 보이고 있다.
⑤ A국은 10개 품목 중 섬유류, 전자전기, 생활용품, 플라스틱/고무를 제외한 6개 품목에서 수입보다 수출을 더 많이 하고 있다.

27 ③

무역수지가 가장 큰 품목은 잡제품으로 무역수지 금액은 187,132−1,122=186,010천 달러에 달하고 있다.

28 ⑤

서울교통공사 설립 및 운영에 관한 조례 제19조(사업의 범위)
1. 시 도시철도의 건설·운영
2. 도시철도 건설·운영에 따른 도시계획사업
3. 「도시철도법」에 따른 도시철도부대사업
4. 1부터 3까지와 관련한 「택지개발촉진법」에 따른 택지개발사업
5. 1부터 3까지와 관련한 「도시개발법」에 따른 도시개발사업
6. 도시철도 관련 국내외 기관의 시스템 구축, 건설·운영 및 감리사업
7. 도시철도와 다른 교통수단의 연계수송을 위한 각종 시설의 건설·운영 및 기존 버스운송사업자의 노선과 중복되지 않는 버스운송사업(단, 마을버스운송사업 기준에 의함)
8. 「교통약자의 이동편의 증진법」에 따른 이동편의시설의 설치 및 유지관리사업
9. 「교통약자의 이동편의 증진법」에 따른 실태조사
10. 시각장애인 등 교통약자를 위한 시설의 개선과 확충
11. 그 밖에 시장이 인정하는 사업

29 ②

제시된 내용은 서울교통공사의 공사이미지 중 캐릭터에 대한 내용이다.

30 ⑤

① 운전제어와 관련된 장치의 기능, 제동장치 기능, 그 밖에 운전 시 사용하는 각종 계기판의 기능의 이상여부를 확인 후 출발하여야 한다.
② 철도차량의 운행 중에 휴대전화 등 전자기기를 사용하지 아니할 것. 다만, 철도사고 등 또는 철도차량의 기능장애가 발생하는 등 비상상황이 발생한 경우로서 철도운영자가 운행의 안전을 저해하지 아니하는 범위에서 사전에 사용을 허용한 경우에는 그러하지 아니하다.
③ 철도사고의 수습을 위하여 필요한 경우 수호는 전차선의 전기공급 차단 조치를 해야 한다.
④ 희재는 운행구간의 이상이 발생하면 수호에게 보고해야 한다.

31 ③

서울교통공사는 (6)개의 실과 5개의 본부, (44)개의 처로 이루어져있다.

32 ①

ⓒ 경영감사처, 기술감사처는 감사 소속이고, 정보보안처는 정보보안단 소속이다.
ⓒ 노사협력처, 급여복지처는 경영지원실 소속이고, 성과혁신처는 기획조정실 소속이다.
ⓔ 안전계획처와 안전지도처는 안전관리본부 소속이다.
ⓜ 영업계획처는 고객서비스본부 소속이고, 해외사업처는 전략사업실 소속이다.

33 ②

㉠ ROUND 함수는 숫자를 지정한 자릿수로 반올림한다. '=ROUND(2.145, 2)'는 소수점 2자리로 반올림하므로 결과 값은 2.15이다.
㉡ =MAX(100, 200, 300) → 300
㉢ =IF(5 > 4, "보통", "미달") → 보통
㉣ AVERAGE 함수는 평균값을 구하고자 할 때 사용한다.

34 ③

㈎ 파일은 쉼표(,)가 아닌 마침표(.)를 이용하여 파일명과 확장자를 구분한다.
㈐ 파일/폴더의 이름에는 ₩, /, :, *, ?, ", 〈, 〉 등의 문자는 사용할 수 없으며, 255자 이내로 공백을 포함하여 작성할 수 있다.

35 ⑤

지정 범위에서 인수의 순위를 구하는 경우 'RANK' 함수를 사용한다. 이 경우, 수식은 '=RANK(인수, 범위, 결정 방법)'이 된다. 결정 방법은 0 또는 생략하면 내림차순, 0 이외의 값은 오름차순으로 표시하게 된다.

36 ③

주어진 표는 재무제표의 하나인 '손익계산서'이다. '특정한 시점'에서 그 기업의 자본 상황을 알 수 있는 자료는 대차대조표이며, 손익계산서는 '일정 기간 동안의 기업의 경영 성과를 한눈에 나타내는 재무 자료이다.
① 해당 기간의 최종 순이익은 '당기순이익'이다. 순이익이란 매출액에서 매출원가, 판매비, 관리비 등을 빼고 여기에 영업 외 수익과 비용, 특별 이익과 손실을 가감한 후 법인세를 뺀 것이다. 그래서 '순이익'은 기업이 벌어들이는 모든 이익에서 기업이 쓰는 모든 비용과 모든 손실을 뺀 차액을 의미한다.
②⑤ 여비교통비는 직접비이며, 지급보험료는 간접비이다.
④ 상품 판매업체와 제조업체의 매출 원가는 다음과 같이 산출한다.
 • 매출원가(판매업) = 기초상품 재고액 + 당기상품 매입액 − 기말상품 재고액
 • 매출원가(제조업) = 기초제품 재고액 + 당기제품 제조원가 − 기말제품 재고액

37 ①

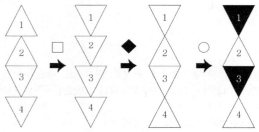

38 ④

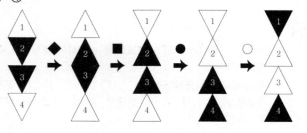

39 ③

바람직한 리더에게는 위험을 회피하기보다 계산된 위험을 취하는 진취적인 자세가 필요하다. 위험을 회피하는 것은 리더가 아닌 관리자의 모습으로, 조직을 이끌어 갈 수 있는 바람직한 방법이 되지 못한다. 리더에게 필요한 자질은 다음과 같다.
① 새로운 상황을 창조하며 오늘보다는 내일에 초점을 맞춘다.
⑤ 어떻게 할까보다는 무엇을 할까를 생각한다.
② 사람을 관리하기보다 사람의 마음에 불을 지핀다.
④ 유지보다는 혁신을 지향한다.

40 ①

성희롱 여부를 판단할 때는 피해자의 주관적인 사정을 고려하되 피해자와 비슷한 조건과 상황에 있는 사람이 피해자의 입장이라면 문제가 되는 성적 언동에 대해 어떻게 반응했을까를 함께 고려하여야 하며, 결과적으로 위협적이고 적대적인 환경을 형성해 업무 능률을 저하시키게 되는지를 검토한다. '성적 언동 및 요구'는 신체의 접촉이나 성적인 의사표현뿐만 아니라 성적 함의가 담긴 모든 언행과 요구를 말하며, 상대방이 이를 어떻게 받아들였는지가 매우 중요하다. 따라서 행위자의 의도와는 무관하며, 설사 행위자가 성적 의도를 가지고 한 행동이 아니었다고 하더라도 성희롱으로 인정될 수 있다.

1 ④

뉴거버넌스는 정부혁신을 위한 이론의 기초를 제공하는데, 피터스는 전통적 거버넌스인 전통적 정부모형에 대한 대안으로 뉴거버넌스에 기초한 정부개혁모형을 시장적 정부모형, 참여적 정부모형, 신축적 정부모형, 탈내부규제 정부모형 네 가지 제시하였다.

2 ④

기업가적 정부 운영의 10대 원리
㉠ 촉진적 정부
㉡ 지역사회가 주도하는 정부
㉢ 경쟁적 정부
㉣ 사명 지향적 정부
㉤ 성과 지향적 정부
㉥ 고객 지향적 정부
㉦ 기업가적 정부
㉧ 미래에 대비하는 정부
㉨ 분권적 정부
㉩ 시장 지향적 정부

3 ④

④ 기타형에 대한 설명이다.
※ 혼합형 사회적 기업 … 조직의 주된 목적이 취약계층 일자리 제공과 사회서비스 제공으로 혼합된 것이다.

4 ③

결과평가는 산출평가 및 영향평가로 구분한다.

5 ①

정치·행정이원론 … 행정의 능률을 강조한 행정관리론에서 강조한 이론으로, 통치기능을 정치와 행정으로 분리시켜 행정영역에 과학적 연구방법을 적용함으로써 조직과 관리의 원리를 발견하려고 하였다. 또한, 능률을 행정의 최고지도이념으로 생각하였고, 행정의 정치적 중립과 실적주의 확립으로 행정의 전문화와 관리의 능률성을 추구했다.

6 ①

공공부조 … 스스로 생활유지능력이 없는 사람들에게 국가나 지방자치단체가 인간다운 생활을 영위할 수 있도록 지원하는 사회복지제도의 하나이다. 우리나라 사회보장기본법에서는 공공부조를 '국가 및 지방자치단체의 책임 하에 생활유지능력이 없거나 생활이 어려운 국민의 최저생활을 보장하고 자립을 지원하는 제도'라고 규정하고 있다.

7 ②

신공공관리론과 뉴거버넌스

구분	신공공관리론	뉴거버넌스
인식론적 기초	신자유주의	공동체주의
관리기구	시장	연계망
관리가치	결과	신뢰
정부역할	방향잡기	방향잡기
관료역할	공공기업자	조정자
작동원리	경쟁(시장메커니즘)	협력체제
서비스	민영화, 민간위탁	공동공급(시민기업 참여)
관리방식	고객지향	임무중심
분석수준	조직 내	조직 간

8 ①

① 프리즘사회는 전통적 요인과 현대적 요인이 공존하는 이질 혼합성을 나타낸다.
※ F.W. Riggs의 사회삼원론

구분	농업사회 (융합사회)	프리즘적 사회	산업사회 (분화사회)
사회구조	농업사회	전이·과도·굴절 사회	산업사회
관료제 모형	안방 모형	사랑방 모형	사무실 모형
특징	이원론의 농업사회와 동일	고도의 이질성·다분파성, 형식주의, 가격의 부정가성 등	이원론의 산업사회와 동일

9 ⑤

Parsons은 체제론적 접근방법에서 행정체제의 기능으로 적응, 목표달성, 통합, 체제유지의 4가지를 제시하였다.

10 ①

① 정부가 희소한 자원을 이용할 수 있는 권리 및 특정 서비스나 용역을 생산·공급할 수 있는 권리 등을 특정한 개인이나 기업체에 부여하면서, 이들에게 특별한 규제를 부과하는 정책
② 정부가 국민 일반을 보호하기 위해, 민간활동에 일정한 조건을 부여해 규제하는 정책
③ 정치 체제 및 정부의 정통성을 제고하고 국가 권력에 대한 순응을 확보하기 위해 애국가를 제창하고, 국기를 게양하며, 군대 사열식을 거행하는 등 국가적 상징물을 동원하는 정책
④ 정부가 특정의 개인이나 집단에게 재화나 용역 또는 지위·권리 등의 가치를 분배해 주는 것을 내용으로 하는 정책
⑤ 한 사회 내에서 계층별 또는 집단별로 나타나 있는 재산·소득·권리 등의 불균형적 분포 상태를 사회적 형평성의 이념에 입각하여 재정리·변화시키고자 하는 정책

11 ①

내적 타당성 저해요인 중 외재적 요인 : 선발요인

내적 타당성 저해요인 중 내재적 요인 : 역사요인, 측정요인, 도구요인

12 ①

㉠ A. 사이먼(H. Simon)의 의사결정론

㉡ B. 체제이론

㉢ C. 다원주의론

㉣ D. 무의사결정론

13 ①

다원주의 … 사회에 엘리트들이 존재는 하지만 다양한 시민들의 의사를 반영하여 정부의 정책이 결정된다고 보는 입장이다. 다원주의는 민주사회를 정치적 시장으로 보고 사회의 다양한 집단들이 선거를 통해서 의견을 나타내는 정치시스템으로 간주한다. 다원주의 하에서 정부는 이익을 조정하는 중개인, 게임규칙의 준수를 독려하는 심판자로서의 역할을 수행한다.

14 ②

무의사결정론 … P. Bachrach와 M. Baratz에 의하면 엘리트는 지배계급의 기득권이 도전을 받게 되거나 정치적인 이익과 상충되는 경우 또는 행정관료가 지배엘리트의 이익을 거스르는 문제를 미리 공론화하지 않는 등의 과잉충성의 행태를 보일 때, 어떤 특정 문제를 정책의제로 채택하지 않고 기각·방치하여 결과적으로 정책대안을 마련하지 않기로 결정하는 경향이 있음을 지적하였다.

② 무의사결정론에서 정부는 방임자적 입장이 아니라 정책의제 설정시 정책의제로 고려하지 않는 결정을 내린다. 과거 1960 ~ 1970년대 경제성장과 정권유지 차원에서 노동, 환경, 인권, 복지, 사회정의, 민주화 등에 관한 많은 문제를 억압하여 정책의제화시키지 않은 것이 그 예이다.

15 ④

④ 변혁적 리더십은 리더십 자체를 훈련될 수 있는 행동이 아닌 개인적 성격 특성이나 개인적 성향으로 다룬다.

16 ⑤

이상적인 관료제는 정치적 전문성 보다는 전문적 자격에 의해 충원되는 제도를 갖는다.

17 ④

㉠ 허즈버그의 욕구충족요인 이원론에 의하면 불만족 요인을 아무리 충족해도 인간은 불만족감이 감소할 뿐 만족감이 증가하지 않는다고 보았다.

㉣ 호손실험을 계기로 등장한 인간관계론은 자아실현적 인간관이 아닌 사회인관을 전제로 한다.

18 ③

변혁적 리더십 … Watson & Rainey가 주장한 것으로 조직합병을 주도하고 신규부서를 만들며 조직문화를 새로이 창출해내는 등 조직에서 변화를 주도하고 관리하는 리더십행위로, 주로 최고관리층에서 나타난다.

※ 거래적 리더십 … 업무를 할당하고 그 결과를 평가하며 의사결정을 하는 안정을 지향하는 리더십이다.

19 ③

조직설계는 조직구조의 기본변수와 조직의 상황변수 및 조직문화 변수들의 역학과 관련된다. 또한, 조직설계는 조직구성원들의 태도와 행동에 따라 영향을 받는데, 행동의 자율성이 높으면 비공식화되고 낮으면 공식화된다.

20 ③

분화의 원리와 통합의 원리

분업(분화)의 원리	분업의 원리, 부성화의 원리, 참모조직의 원리, 동질성의 원리(homogeneity principle), 기능명시의 원리
조정(통합)의 원리	조정의 원리, 계층제의 원리, 명령통일의 원리, 명령계통의 원리, 통솔범위의 원리, 목표의 원리, 집권화의 원리, 권한과 책임의 일치의 원리

21 ②

② White & Lippitt의 유형이다.

※ Blake&Mouton의 관리망 모형

㉠ 무관심형 : 생산과 인간에 대한 관심이 모두 낮아 주로 조직 내 자신의 직분을 유지하기 위한 최소의 노력만 기울이는 유형

㉡ 친목형 : 인간에 대한 관심은 높으나 생산에 대한 관심은 낮아 인간적인 분위기를 조성하는 데 주력하는 유형

㉢ 과업형 : 생산에 대한 관심은 높으나 인간에 대한 관심은 낮아 과업에 대한 능력을 중시하는 유형

㉣ 타협형 : 인간과 생산에 절반씩 관심을 두고 적당한 수준의 성과를 지향하는 유형

22 ①

① 다면평가제는 팀 위주의 조직으로 바뀜에 따라 신뢰할만한 성과 피드백이 필요하게 되어 등장하였다.

23 ②

배치전환이란 동일직급 내의 수평적인 인사이동을 말하는데 여기에는 전직, 보직, 파견근무, 전입 등이 포함된다. 전통적 조직하에서 배치전환과 같은 수평적 인사이동은 단순한 통제중심적 관리측면, 즉 정격 부정부패방지, 개인적 신임이나 혜택 및 퇴직의 강요수단으로 사용되었으나 현대행정에서는 보다 적극적인 용도를 위해 운용되고 있다.
①③④⑤ 배치전환의 효용성과 관계있다.
② 배치전환이 옳지 못한 목적에 남용되거나 정당한 용도에 사용되지 못한 사례로 나타나는 경우 보직에 있어서 기회균등은 오히려 저해된다.

24 ⑤

적극적 인사행정이란 인사행정의 원칙으로 실적주의의 개념과 범위를 확대하여 엽관주의적 요소 또는 인간관계론적 요소를 신축성 있게 받아들이는 인사관리방안을 말한다. 장기적인 발전가능성 및 잠재능력을 우선시하므로 정년보장식 신분보장과는 아무 관련이 없다.

25 ①

직위분류제의 수립절차 … 준비단계 → 직무조사(직무기술서의 작성) → 직무분석(수직적 분류 구조, 종적 분류 구조) → 직무평가(수평적 분류 구조, 횡적 분류 구조) → 직급명세서의 작성 → 정급

26 ①

타당성(validity) … 타당성은 시험이 무엇을 측정하는 것인가에 관한 기준이다. 타당성은 시험이 측정하려고 하는 바를 실제로 측정할 수 있는 정도를 나타내는 기준이다. 타당도에는 기준타당도, 내용타당도, 구성타당도가 있다.

27 ①

근무성적평정에서 가장 많이 이용되고 있는 방법으로서, 평정서의 작성이 간단하고 평정이 용이하다. 그러나 평정요소의 합리적 선정이 곤란하고 평정등급의 기준이 모호하며, 연쇄화 효과를 초래하는 문제점을 지닌다.

28 ③

성과주의예산의 단점
㉠ 수량적으로 나타낼 수 없는 업무성과에 대한 측정단위를 선정하기 어렵다.
㉡ 단위원가의 산출문제가 용이하지 못하다.
㉢ 입법부에 의한 예산통제가 어렵다.

29 ④

④ 합리주의에 대한 설명이다. 점증주의는 부분적·단편적 예산결정을 특징으로 한다.

30 ③

기획예산제도(PPBS)의 특징
㉠ 동일한 비용으로 최대의 효과를 낼 수 있어 자원의 배분이 합리적이다.
㉡ 예산 및 기획에 관한 의사결정을 일원화시킴으로서 의사결정이 합리적으로 이루어진다.
㉢ 기획·운영이 연동적이므로 기획변경의 신축성을 유지할 수 있어 계획과 예산을 일치시킬 수 있다.
㉣ 장기간에 걸친 효과와 비용의 분석 및 평가를 통하여 장기적인 사업계획의 신뢰성을 제고할 수 있다.
㉤ 조직간의 장벽이 제거된 상태에서 대안의 분석 및 검토를 통하여 부서 간 의사소통이 원활하게 이루어짐으로써 조직의 통합적 운영이 가능해진다.
㉥ 최고관리층의 의사를 예산에 반영할 수 있다.
㉦ 전문막료중심의 운영과 지나친 집권화에 의해 하급공무원 및 계선기관의 참여가 곤란하다.
㉧ 무형적인 정부의 사업계획에 의해 비용편익분석이 어렵다.
㉨ 간접비의 배분 곤란 및 목표의 정확한 제시가 어려워 체계적인 사업분석이 어렵다.
㉩ 분석과정에 과도한 시간, 비용이 요구되며 예산회계업무가 전산화되지 않으면 어렵다.

31 ③

특별회계예산 … 특정한 세입을 특정한 세출에 충당함으로써 일반의 세입·세출과 구분하여 계리할 필요가 있을 때 법률로써 설치하는 회계이다.
㉠ 특징
• 예산단일의 원칙과 예산통일의 원칙의 예외이다.
• 특별법에 의하여 만들어지고 운영된다.
• 발생주의 원칙에 의한 회계처리를 한다.
㉡ 장점
• 정부가 사업을 운영하는 경우 수지가 명백하다.
• 행정기관의 재량범위 확대로 능률과 합리화에 기여한다.
• 안정된 자금 확보로 안정적인 사업운영이 가능하다.
• 행정기능의 전문화, 다양화에 기여한다.

32 ①

① 품목별 예산제도를 채택하고 있는 우리나라 예산은 장, 관, 항, 세항, 목 등의 예산과목으로 분류되는데, 이 중 항 이상을 입법과목이라 하여 이들 간의 이용을 제한한다. 그러므로 세항, 목 등 행정과목의 경우에만 전용이 가능하다.

33 ④

영기준 예산제도는 예산편성 시에 기존 사업을 근본적으로 재검토하여 예산의 삭감은 물론 중단이나 폐지도 고려할 수 있는 예상결정방식이다. 기획과 분석을 강조한다는 점에서 계획예산제도(PPBS)와 비슷하고 능률적인 관리를 위해서 구성원의 참여를 촉진한다는 점에서는 목표관리(MBO)와 유사하다.
④ 예산편성 시 전년도예산기준이 아닌 영(zero)에서 출발한다.

34 ④

라이트의 정부 간 관계모형
- 분리권위형 : 연방정부와 주정부가 명확한 분리 아래 상호 독립적으로 운영되는 반면, 지방정부는 주정부에 종속된 이원적 관계를 갖는다. 독립형·대등형이라고도 한다.
- 포괄권위형 : 연방정부가 주정부와 지방정부를 완전히 포괄하고 있는 형태이다. 주정부 및 지방정부는 전적으로 연방정부의 결정에 의존하며 강력한 통제를 받는다. 내포형이라고도 한다.
- 중첩권위형 : 연방정부와 주정부 및 지방정부가 각자 고유한 영역을 가지면서 동시에 동일한 관심과 책임 영역을 지닌다. 정부 간 관계의 가장 이상적 실천모형으로 상호의존형이라고도 한다.

35 ②

집권화·분권화 촉진요인

집권화 촉진요인	분권화 촉진요인
• 교통·통신의 발달 • 행정의 능률성 향상 • 하위조직의 능력 부족 • 지도자의 강력한 리더십 • 행정의 획일적·통일적 처리 요구 • 소규모 영세조직과 설조직의 경우 • 위기 존재 시 신속한 결정을 위하여 • 특정 활동의 강조와 특정분야의 전문화	• 신속한 업무처리 • 유능한 관리자 양성 • 행정의 민주성 확보 • 민주적 통제의 강화 • 대규모 조직과 기성조직 • 지역실정에 맞는 행정의 구현 • 주변상황의 불확실성과 동태성 • 권한위임을 통한 부하의 사기앙양과 창의력의 계발 및 책임감의 강화

36 ③

주민소환 … 유권자 일정 수 이상의 연서에 의하여 지방자치단체의 장, 의회의원, 기타 주요 지방공직자의 해직이나 의회의 해산 등을 임기 만료 전에 청구하여 주민투표로서 결정하는 제도를 말한다.

37 ④

지방세의 원칙

재정수입의 측면	신장성, 신축성, 안정성, 보편성, 충분성
주민부담의 측면	부담분임(전체주민이 부담), 부담보편(동일 지위에 동등 과세), 응익성, 효율성
세무행정의 측면	자주성, 편의 및 최소비용, 국지성

38 ⑤

감축관리는 불필요한 사업의 폐기와 기구의 축소를 통한 예산의 절약이므로 예산의 삭감현상은 필연적이며, 국민에 대한 정부의 서비스는 줄어들기 마련이다.

39 ②

② 공식적 내부통제는 행정통제를 말한다.

40 ②

행정개혁의 극복방안
㉠ 규범적·사회적 전략 : 참여의 확대, 의사소통의 촉진, 집단토론과 훈련
㉡ 기술적·공리적 전략 : 개혁의 점증적 증진, 적절한 시기의 선택, 개혁안의 명확화와 공공성의 강조, 적절한 인사배치
㉢ 강제적 전략 : 의식적인 긴장조성, 압력의 사용, 상급자의 권한행사

제2회 정답 및 해설

>> 직업기초능력평가

1 ①
① 심포지움 → 심포지엄

2 ②
주어진 글의 첫 문단에서 화자는 일반적으로 원칙을 바꾸는 일을 나쁘다고 할 수는 없지만, 변절자를 합리화하는 데에 동의하지 않는다고 말한다. 두 번째 문단에서 '자기의 신념에 어긋날 때면 목숨을 걸어 항거하여 타협하지 않고 부정과 불의한 권력 앞에는 최저의 생활, 최악의 곤욕을 무릅쓸 각오'로 해야 하는 것이라고 했으므로 빈칸에는 '원칙과 신념을 굽히지 아니하고 끝까지 지켜 나가는 꿋꿋한 의지. 또는 그런 기개'를 뜻하는 지조가 적절하다.

3 ④
한국의 관광 관련 고용자 수는 50만 명으로 전체 2% 수준이다. 이를 세계 평균 수준인 8% 이상으로 끌어 올리려면 150만 여명 이상을 추가로 고용해야 한다. 백만 달러당 50명의 일자리가 추가로 창출되므로 150만 명 이상을 추가로 고용하려면 대략 300억 달러 이상이 필요하다.
① 약 1조 8,830억 달러 정도이다.
② 2017년 기준으로 지난해인 2016년도의 내용이므로 2015년의 종사자 규모는 알 수 없다. 2016년 기준으로는 전 세계 통신 산업의 종사자는 자동차 산업의 종사자의 약 3배 정도이다.
③ 간접 고용까지 따지면 2억 5,500만 명이 관광과 관련된 일을 하고 있어, 전 세계적으로 근로자 12명 가운데 1명이 관광과 연계된 직업을 갖고 있는 셈이다. 추측해보면 2017년 전 세계 근로자 수는 20억 명을 넘는다.
⑤ 2010년부터 2030년 사이 이 지역으로 여행하는 관광객이 연평균 9.7% 성장하여 2030년 5억 6,500명이 동북아시아를 찾을 것으로 전망했으므로 2020년에 동북아시아를 찾는 관광객의 수는 연간 약 2억 8,000명을 넘을 수 없다.

4 ②
① 어떤 일을 하는 사람
② 힘이나 세력이 약한 사람
③ 많은 수의 사람
④ 자기 외의 사람
⑤ 이야기를 하는 사람

5 ⑤
⑤ 국내 통화량이 증가하여 유지될 경우 장기에는 자국의 물가도 높아져 장기의 환율은 상승한다.

6 ③
① 현재 신분당선이나 우이신설선, 인천지하철 2호선 등 무인운전 차량들도 KRTCS-1을 탑재하고 있다.
② KRTCS-1과 KRTCS-2는 모두 SIL Level 4 인증을 취득했다.
④ KRTCS-1이 지상 센서만으로 차량의 이동을 감지하고 컨트롤했다면, KRTCS-2는 LTE-R 무선통신을 도입해 열차가 어느 구간(폐색)에 위치하는지를 실시간으로 감지하고 좀 더 효율적으로 스케줄링할 수 있다는 장점이 있다.
⑤ 한국의 고속철도에 KRTCS-2 시스템이 적용되어 도시철도뿐만 아니라 일반/고속철도에서도 무인운전이 현실화될 것으로 기대된다.

7 ①
타고난 재능은 인정하지 않고 재능을 발휘한 노동의 부분에 대해서만 그 소득을 인정하게 된다면 특별나게 열심히 재능을 발휘할 유인을 찾기 어려워 결국 그 재능은 상당 부분 사장되고 말 것이다. 따라서 이러한 사회에서 ㉠과 같이 선천적 재능 경쟁이 치열해진다고 보는 의견은 글의 내용에 따른 논리적인 의견 제기로 볼 수 없다.

8 ②
필자가 언급하는 '능력'은 선천적인 것과 후천적인 것이 있다고 말하고 있으며, 후천적인 능력에 따른 결과에는 승복해야 하지만 선천적인 능력에 따른 결과에 대해서는 일정 부분 사회에 환원하는 것이 마땅하다는 것이 필자의 주장이다.
② 능력에 의한 경쟁 결과가 반드시 불평의 여지가 없이 공정하다고만 볼 수 없다는 것이 필자의 견해라고 할 수 있다.

9 ④

평균 $= \dfrac{\text{자료 값의 합}}{\text{자료의 수}}$ 이므로

$A = \dfrac{x}{20} = 70 \rightarrow x = 1,400$

$B = \dfrac{y}{30} = 80 \rightarrow y = 2,400$

$C = \dfrac{z}{50} = 60 \rightarrow z = 3,000$

세 반의 평균은 $\dfrac{1,400+2,400+3,000}{20+30+50} = 68$ 점

10 ①

S→1→F 경로로 갈 경우에는 7명, S→3→2→F 경로로 갈 경우에는 11명이며, S→3→2→4→F 경로로 갈 경우에는 6명이므로, 최대 승객 수는 모두 더한 값인 24명이 된다.

11 ⑤

2019년 7월 甲의 월급은 기본급 300만 원에 다음의 수당을 합한 급액이 된다.

- 정근수당 : 10년 이상 근무한 직원의 정근수당은 기본급의 50%이므로 $3,000,000 \times 50\% = 1,500,000$원이다.
- 명절휴가비 : 해당 없다.
- 가계지원비 : $3,000,000 \times 40\% = 1,200,000$원
- 정액급식비 : $130,000$원
- 교통보조비 : $200,000$원

따라서 $3,000,000 + 1,500,000 + 1,200,000 + 130,000 + 200,000 = 6,030,000$원이다.

12 ③

태양광, 바이오, 풍력, 석탄의 경우는 '늘려야 한다.'와 '줄여야 한다.'는 의견이 각각 절반 이상의 비중을 차지하는 에너지원이다.
① 줄여야 한다는 의견이 압도적으로 많은 것은 석탄의 경우뿐이다.
② 석탄의 경우는 제외된다.
④ 바이오는 풍력보다 늘려야 한다는 의견이 더 많지만 줄여야 한다는 의견은 더 적다.
⑤ LNG는 유지 > 늘림 > 줄임 > 모름 순서인 것에 비해 원자력은 유지 > 줄임 > 늘림 > 모름 순서로 나타났다.

13 ②

㉠ 습도가 70%일 때 연간소비전력량은 790으로 A가 가장 적다.
㉡ 60%와 70%를 많은 순서대로 나열하면 60%일 때 D-E-B-C-A, 70%일 때 E-D-B-C-A이다.
㉢ 40%일 때 E=660, 50%일 때 B=640이다.
㉣ 40%일 때의 값에 1.5배를 구하여 80%와 비교해 보면 E는 1.5배 이하가 된다.

A= $550 \times 1.5 = 825$	840
B= $560 \times 1.5 = 840$	890
C= $580 \times 1.5 = 870$	880
D= $600 \times 1.5 = 900$	950
E= $660 \times 1.5 = 990$	970

14 ③

2호선 유아수유실은 11개이고, 전체 유아수유실은 88개이다.
따라서 2호선의 유아수유실이 차지하는 비율은
$\frac{11}{88} \times 100 = 12.5\%$

15 ①

① 7호선의 유아수유실은 23개로 가장 많고, 1호선의 유아수유실은 2개로 가장 적다.

16 ①

㉡ ⑦의 경우 매년 물가가 5% 상승하면 두 번째 해부터 구매력은 점차 감소한다.
㉣ 금융 기관에서는 단리 뿐 아니라 복리 이자율이 적용되는 상품 또한 판매하고 있다.

17 ⑤

사원과 근무부서를 표로 나타내면

배정부서	기획팀	영업팀	총무팀	홍보팀
처음 배정 부서	갑	을	병	정
2번째 배정 부서				
3번째 배정 부서				병

㉠ 규칙 1을 2번째 배정에 적용하고 규칙 2를 3번째 배정에 적용하면
기획팀↔총무팀 / 영업팀↔홍보팀이므로
갑↔병 / 을↔정
규칙 2까지 적용하면 다음과 같다.

배정부서	기획팀	영업팀	총무팀	홍보팀
처음 배정 부서	갑	을	병	정
2번째 배정 부서	병	정	갑	을
3번째 배정 부서			을	갑

㉡ 규칙 3을 먼저 적용하고 규칙 2를 적용하면

배정부서	기획팀	영업팀	총무팀	홍보팀
처음 배정 부서	갑	을	병	정
2번째 배정 부서	을	갑	병	정
3번째 배정 부서	을	갑	정	병

18 ①

㉠과 ㉢에 의해 A - D - C 순서이다.
㉮에 의해 나머지는 모두 C 뒤에 들어왔다는 것을 알 수 있다.
㉡과 ㉣에 의해 B - E - F 순서이다.
따라서 A - D - C - B - E - F 순서가 된다.

19 ③

- A가 선정되면 B도 선정된다. → A→B ·················· ⓐ
- B와 C가 모두 선정되는 것은 아니다.
  → ~(B∧C) = ~B∨~C ·················· ⓑ
- B와 D 중 적어도 한 도시는 선정된다.
  → B∨D ·················· ⓒ
- C가 선정되지 않으면 B도 선정되지 않는다.
  → ~C→~B ·················· ⓓ

ⓑ와 ⓓ를 통해 ~B는 확정
ⓐ와 ~B를 통해 ~A도 확정
ⓒ와 ~B를 통해 D도 확정
㉠ A와 B 가운데 적어도 한 도시는 선정되지 않는다. →참
㉡ B도 선정되지 않고, C도 선정되지 않는다.
  →B는 선정되지 않지만 C는 알 수 없음
㉢ D는 선정된다. →참

20 ②

제11조 제2항에 따르면 사용자가 제1항 단서의 사유가 없거나 소멸되었음에도 불구하고 2년을 초과하여 기간제 근로자로 사용하는 경우에는 그 기간제 근로자는 기간의 정함이 없는 근로계약을 체결한 근로자로 본다. 따라서 ②의 경우 기간제 근로자로 볼 수 없다.

① 2년을 초과하지 않는 범위이므로 기간제 근로자로 볼 수 있다.
③ 제11조 제1항 제3호에 따른 기간제 근로자로 볼 수 있다.
④ 제11조 제1항 제1호에 따른 기간제 근로자로 볼 수 있다.
⑤ 제11조 제1항 제2호에 따른 기간제 근로자로 볼 수 있다.

21 ④

④ 수소를 제조하는 시술에는 화석연료를 열분해·가스화 하는 방법과 원자력에너지를 이용하여 물을 열화학분해하는 방법, 재생에너지를 이용하여 물을 전기분해하는 방법, 그리고 유기성 폐기물에서 얻는 방법 등 네 가지 방법이 있다.

22 ①

각각의 수단들에 대한 보완적 평가방식을 적용했을 시의 평가 점수는 아래와 같다.
비행기 : $(40 \times 9) + (30 \times 2) + (20 \times 4) = 500$
고속철도 : $(40 \times 8) + (30 \times 5) + (20 \times 5) = 570$
고속버스 : $(40 \times 2) + (30 \times 8) + (20 \times 6) = 440$
오토바이 : $(40 \times 1) + (30 \times 9) + (20 \times 2) = 350$
도보 : $(40 \times 1) + (30 \times 1) + (20 \times 1) = 90$

평가 기준	중요도	이동수단들의 가치 값				
		비행기	고속 철도	고속 버스	오토 바이	도보
속도감	40	9	8	2	1	1
경제성	30	2	5	8	9	1
승차감	20	4	5	6	2	1
평가점수		500	570	440	350	90

∴ 각 수단들 중 가장 높은 값인 고속철도가 5명의 목적지까지의 이동수단이 된다.

23 ⑤

위반행위가 둘 이상인 경우로서 그에 해당하는 각각의 처분기준이 다른 경우에는 그중 무거운 처분기준에 따르므로 부상자가 발생한 경우(효력 정지 6개월)가 1천만 원 이상 물적 피해가 발생한 경우(효력 정지 3개월)보다 무거운 처분이므로 효력 정지 6개월의 처분을 받게 된다.

24 ②

㉠ 甲이 총 3번의 대결을 하면서 각 대결에서 승리할 확률이 가장 높은 전략부터 순서대로 선택한다면, C전략→B전략→A전략으로 각각 1회씩 사용해야 한다. → 옳음

㉡ 甲이 총 5번의 대결을 하면서 각 대결에서 승리할 확률이 가장 높은 전략부터 순서대로 선택한다면, C전략→B전략→A전략→A전략→C전략으로 5번째 대결에서는 C전략을 사용해야 한다. → 틀림

㉢ 甲이 1개의 전략만을 사용하여 총 3번의 대결을 하면서 3번 모두 승리할 확률을 가장 높이려면, 3번의 승률을 모두 곱했을 때 가장 높은 A전략을 선택해야 한다. → 옳음

㉣ 甲이 1개의 전략만을 사용하여 총 2번의 대결을 하면서 2번 모두 패배할 확률을 가장 낮추려면, 2번 모두 패할 확률을 곱했을 때 가장 낮은 C전략을 선택해야 한다. → 틀림

25 ②

하급자를 상급자에게 먼저 소개해 주는 것이 일반적이며, 비임원을 임원에게 먼저 소개하여야 한다. 또한 정부 고관의 직급명은 퇴직한 경우라고 사용하는 것이 관례이다.

26 ③

조직도를 보면 6실 44처로 구성되어 있다.

27 ②

'결재권자는 업무의 내용에 따라 이를 위임하여 전결하게 할 수 있다'고 규정되어 있으나, 동시에 '이에 대한 세부사항은 따로 규정으로 정한다.'고 명시되어 있다. 따라서 여건에 따라 상황에 맞는 전결권자를 지정한다는 것은 규정에 부합하는 행위로 볼 수 없다.

③ 전결과 대결은 모두 실제 최종 결재를 하는 자의 원 결재란에 전결 또는 대결 표시를 하고 맨 오른쪽 결재란에 서명을 한다는 점에서 문서 양식상의 결재방식이 동일하다.

28 ③

결재 문서가 아니라도 처리과의 장이 중요하다고 인정하는 문서는 문서등록대장에 등록되어야 한다고 규정하고 있으므로 신 과장의 지침은 적절하다고 할 수 있다.

① 같은 날짜에 결재된 문서인 경우 조직 내부 원칙에 의해 문서별 우선순위 번호를 부여해야 한다.
② 중요성 여부와 관계없이 내부 결재 문서에는 모두 '내부결재' 표시를 하도록 규정하고 있다.
④ 보고서에는 별도의 보존기간 기재란이 없으므로 문서의 표지 왼쪽 위의 여백에 기재란을 마련하라고 규정되어 있으나, 기안 문서에는 문서 양식 자체에 보존기간을 기재하는 것이 일반적이므로 조 사원의 판단은 옳지 않다.
⑤ 최종 결재권을 위임받은 자가 본부장이므로 본부장이 결재를 한 것이 '전결'이 되며, 본부장 부재 시에 팀장이 대신 결재를 한 것은 '대결'이 된다.

29 ②

DCOUNT는 조건을 만족하는 개수를 구하는 함수로, [A2:F7]영역에서 '2015'(2015년도 종사자 수)가 25보다 작고 '2019'(2019년도 종사자 수)가 19보다 큰 레코드의 수는 1이 된다. 조건 영역은 [A9:B10]이 되며, 조건이 같은 행에 입력되어 있으므로 AND 조건이 된다.

30 ④

시간대별 날씨에서 현재시간 15시에 31도를 나타내고 있다. 하지만, 자정이 되는 12시에는 26도로써 온도가 5도 정도 낮아져서 현재보다는 선선한 날씨가 된다는 것을 알 수 있다.

31 ③

A = 1, S = 1
A = 2, S = 1 + 2
A = 3, S = 1 + 2 + 3
…
A = 10, S = 1 + 2 + 3 + … + 10
∴ 출력되는 S의 값은 55이다.

32 ④

긴급한 일과 중요한 일이 상충될 경우, 팀장의 지시에 의해 중요한 일을 먼저 처리해야 한다. 따라서 시간관리 매트릭스 상의 Ⅰ → Ⅱ → Ⅲ → Ⅳ의 순으로 업무를 처리하여야 한다.
따라서 ④의 (B) − (F) − (G) − (L)이 가장 합리적인 시간 계획이라고 할 수 있다.

33 ④

길동이는 적어도 새로운 T 퓨전 음식점을 개업할 때 얻게 되는 이윤만큼 연봉을 받아야 '맛나 음식점'에서 계속 일할 것이다. 새로운 음식점을 개업할 때 기대되는 이윤은 기대 매출액(3.5억 원) − 연간영업비용(8,000만 원 + 7,000만 원 + 6,000만 원) − 임대료(3,000만 원) − 보증금의 이자부담액(3억 원의 7.5%) = 8,750만 원이 된다. 따라서 최소한 8,750만 원의 연봉을 받아야 할 것으로 판단하는 것이 합리적이다.

34 ④

한 달 평균 이동전화 사용 시간을 x라 하면 다음과 같은 공식이 성립한다.
$15,000 + 180x > 18,000 + 120x$
$60x > 3,000$
$x > 50$
따라서 x는 50분 초과일 때부터 B요금제가 유리하다고 할 수 있다.

35 ③

ⓒ 최초 제품 생산 후 4분이 경과하면 두 번째 제품이 생산된다.
A공정에서 E공정까지 첫 번째 완제품을 생산하는 데 소요되는 시간은 12분이다. C공정의 소요 시간이 2분 지연되어도 동시에 진행되는 B 공정과 D 공정의 시간이 7분이므로, 총소요시간에는 변화가 없다.

36 ⑤

화재 주의사항에서 보면 "배터리가 새거나 냄새가 날 때는 즉시 사용을 중지하고 화기에서 멀리 두세요."라고 되어 있다. 냄새가 난다고 해서 핸드폰의 전원을 끄는 것이 아닌 사용의 중지를 권고하고 있으므로 ⑤번이 잘못 설명되었음을 알 수 있다.

37 ①

① 자기 계발 능력
② 조직 이해 능력
③ 대인 관계 능력
④ 정보 능력
⑤ 자원 관리 능력

38 ②

팀워크의 개념 설명을 근거로 좋은 팀워크에 해당하는 사례를 찾는 문제로 좋은 팀워크를 판단하려면 개념과 응집력의 차이를 정확히 숙지하여야 한다.
㉠ 협동 또는 교류보다는 경쟁을 모토로 삼는다는 것은 팀보다는 개인을 우선하는 것이므로 팀워크를 저해하는 측면이 있다.
㉡ 좋은 팀워크를 가진 팀이라도 의견충돌이나 갈등은 존재할 수 있지만 이런 상황이 지속되지 않고 해결된다. B팀의 경우 출시일자를 놓고 의견충돌이 있었지만 다음 회의 때 해결되는 모습을 보여주므로 좋은 팀워크 사례로 볼 수 있다.
㉢ C팀은 팀원 간에 친밀도는 높지만 업무처리가 비효율적이라 팀워크를 저해하는 요소를 지니고 있다.

39 ①

㉠ 전문가의식 : 자신의 일이 누구나 할 수 있는 것이 아니라 해당 분야의 지식과 교육을 밑바탕으로 성실히 수행해야만 가능한 것이라 믿고 수행하는 태도
㉡ 천직의식 : 자신의 일이 자신의 능력과 적성에 꼭 맞는다 여기고 그 일에 열성을 가지고 성실히 임하는 태도
㉢ 소명의식 : 자신이 맡은 일은 하늘에 의해 맡겨진 일이라고 생각하는 태도
㉣ 직분의식 : 자신이 하고 있는 일이 사회나 기업을 위해 중요한 역할을 하고 있다고 믿고 자신의 활동을 수행하는 태도

40 ⑤

① 근면에 대한 내용이다.
② 책임감에 대한 내용이다.
③ 경청에 대한 내용이다.
④ 솔선수범에 대한 내용이다.

1 ③

살라 모형은 수용할 수 없는 명령 및 권위로 인해 행정의 효율화 및 민주화가 결여되어 있다.

2 ③

능률성
ⓐ 적극적 능률성 : 투입 대비 산출의 비율에서 산출을 증가시키는 능률성을 말한다.
ⓑ 소극적 능률성 : 투입 대비 산출의 비율에서 투입을 감소시키는 능률성을 말한다. 감축관리에서 말하는 능률성은 소극적 능률성에 가깝다.
ⓒ 퇴행적 능률성 : 투입 대비 산출의 비율에서 투입과 산출을 모두 감소시키지만, 투입을 더 많이 감소시킴으로써 능률성을 확보하는 것을 말한다.

3 ④

정치행정이원론의 정책결정은 입법부가 담당한다. 행정이 원리에 충실하면서 정책결정까지 담당한다는 것은 정치행정일원론에 해당한다.

4 ④

ⓐ 정실주의에 대한 설명이다. 엽관주의는 정당에 대한 충성도 및 공헌도를 관직의 임용기준으로 삼는다.
ⓑ 엽관주의는 선거를 통해 민주성, 책임성을 확보함으로써 민주주의의 실천원리로 대두되었다.
ⓔ 실적주의는 국민에 대한 관료의 대응성을 저해한다는 단점이 있다.

5 ④

행정이념
ⓐ 행정목표의 실현을 위한 철학
ⓑ 행정활동의 가치기준
ⓒ 행정발전의 평가기준으로서 바람직한 행정은 어떤 것이라고 말하는 경우의 이념이 되는 것
ⓓ 행정의 합법성, 능률성, 민주성, 효과성, 생산성, 사회적 형평성 등

6 ④

신공공서비스론은 신공공관리론의 지나친 시장 지향성과 고객 의존성에 대한 한계 인식에서 출발하였다. 대의민주주의의 실패 극복을 위해 시민의 직접참여를 유도, 국정수행방식을 개혁하려는 입장이다.
※ R. 덴하르트의 신공공서비스론의 7원칙
ⓐ 조종하기 보다는 봉사하라.
ⓑ 공익은 부산물이 아닌 목표이다.
ⓒ 생각은 전략적으로, 행동은 민주적으로 하라.
ⓓ 고객이 아닌 시민에게 봉사하라.
ⓔ 책임은 단순하지 않다.
ⓕ 생산성이 아닌 사람을 존중한다.
ⓖ 기업가정신보다는 시민정신과 공공서비스를 중시한다.

7 ④

④ Simon의 행태론은 가치와 사실을 구분하여 객관적 사실을 중심으로 연구하였다. 행정의 가치판단기능을 중시하는 기능적 행정이론과는 무관하다.

8 ②

② 서비스에 직접 참여하지 않는 특정인을 배제하기가 곤란하므로 근원적으로 무임승차 문제를 해결하기가 곤란하다. 무임승차 문제를 원칙적으로 해결할 수 있는 대안은 수익자 부담원칙, 응익성원칙, 사용자부담원칙 등이 있다.
※ 공동생산 … 종래에는 정부만이 담당하던 서비스 제공 업무에 전문가인 공무원과 민간이 공동으로 참여하는 것으로, 자원봉사활동에 의해 정부활동을 보완하는 경우를 말한다.

9 ⑤

⑤ 실증주의 행태론의 특징이다. 신행정론은 가치중립적·현상유지적·보수적인 행태론이나 논리적 실증주의를 비판하고, 개선방향으로 규범주의를 지향한다.
※ 신행정론의 특징
ⓐ 적극적 행정인의 중요성
ⓑ 수익자 지향성과 참여의 확대
ⓒ 사회적 형평성 > 효과성 > 능률성(3E)
ⓓ 고객지향적 행정과 고객의 참여
ⓔ 중립성의 지양과 행정책임의 강화
ⓕ 합의에 의한 의사결정
ⓖ 반계층제적 입장과 새로운 조직론 모색
ⓗ 현상학적 접근법의 중시
ⓘ 탈행태론, 후기행태론, 제2세대 행태론, 가치지향적

10 ①

행태론적 접근방법 … 이념·제도·구조가 아닌 인간적 요인에 초점을 두는, 인간행태의 과학적·체계적 연구방법을 말한다. H.A. Simon의 「행정행태론」이 대표적이며, 다양한 인간행태를 객관적으로 수집하고 경험적 검증을 거친 후 인간행태의 규칙성을 규명하고 이에 따라 종합적인 관리를 추구한다.

11 ⑤

롤스의 정의 개념에서는 정의의 제1원칙인 평등한 자유의 원칙이 정의의 제2원칙(기회균등의 원칙, 차등의 원칙)에 우선하고, 정의의 제2원칙 중에서는 기회균등의 원칙이 차등의 원칙에 우선한다.

12 ⑤

로위의 정책유형

ⓐ 배분정책 : 정부가 국민이 필요한 재화나 공공서비스를 제공하는 정책

ⓑ 규제정책 : 보호적 규제와 경제적 규제로 분류할 수 있으며, 보호적 규제는 다른 사람의 인권을 침해하는 행위에 대한 규제를 말하는 것이고, 경제적 규제는 기업을 국가 정책에 맞추기 위해 기업에 경제적 규제를 가하는 것

ⓒ 재분배정책 : 사회적 형평성을 생각하여 절대적 평등이 아닌 상대적 평등을 이루기 위하여 고소득층으로부터 저소득층으로의 소득이전을 목표로 하기 때문에 고소득층에 대한 직접적인 강제력을 가지고 있고 사회라는 행위의 환경을 개선하는 것

ⓓ 구성정책 : 정책이 정치를 결정한다는 의미로 국가의 규정을 정하는 정책

13 ②

② 델파이 기법은 전문가들의 전문적 견해를 묻는 초기 단계에서 익명성을 강조하고 그 결과를 통합해 다시 되돌려 줌으로써 이전의 견해를 수정할 수 있게 해 준다.

14 ④

④ 외적 타당성에 영향을 미치는 요인
①②③⑤ 내적 타당성에 영향을 미치는 요인

15 ⑤

쓰레기통모형은 J. March, M. Cohen, J. Olsen 등이 주장한 모형으로서, 문제·해결책·선택기회·참여자의 흐름이 우연히 한 곳에서 모여질 때 의사결정이 성립된다고 파악한다. 즉, 의사결정은 조직화된 환경, 참여자, 목표수단의 불확실 상태에서 우연한 계기로 인해 정책결정이 이루어진다고 본다는 것이다.

① 합리모형 : 합리적인 경제인인 정책결정자는 전지전능한 존재라는 가정 하에 목표달성의 극대화를 위한 합리적 대안을 탐색·추구하는 이론으로 종합성, 합리성, 체계성, 완전분석성, 근본적 검토 등을 특징으로 하는 이상론적인 정책결정과정을 가리킨다.

② 점증모형 : 인간의 지적 능력의 한계와 정책결정수단의 기술적 제약을 인정하고, 정책대안의 선택은 종래의 정책이나 결정의 점진적·순차적 수정이나 부분적인 약간의 향상으로 이루어진다고 보며, 정치적 합리성을 중요시한다.

③ 만족모형 : 인간의 인지능력·시간·비용·정보 등의 부족으로 최적 대안보다는 현실적으로 만족할 만한 대안을 선택하게 된다는 제한된 합리성을 가정한다.

④ 혼합주사모형 : 규범적·이상적 접근방법인 합리모형과 현실적·실증적 접근방법인 점증모형을 혼용함으로써 현실적이면서도 합리적인 결정을 할 수 있다고 본다.

16 ④

기획의 그레샴 법칙(Gresham's Law of Planning) … 기획을 수립할 책임이 있는 기획담당자는 어렵고 많은 노력을 요하는 비정형적 기획을 꺼려하는 경향을 가진다는 것으로, 불확실하고 전례가 없는 상황에서 쇄신적이고 발전지향적인 비정형적 결정이 이루어져야 함에도 불구하고 전례답습적인 정형적 결정·기획이 우선적으로 행해지는 현상을 말한다.

17 ①

관료제는 수직적 계층제를 그 특징으로 하며, 이로 인하여 본질적으로 보수주의적·현상유지적인 특징을 지니고 있다. 변동에 대한 적응성은 결여되어 있다.

18 ⑤

① 팀제는 수평구조를 띠며, 매트릭스조직은 기능구조와 사업구조가 결합된 형태이다.

② 정보통신기술의 발달로 단순 업무는 줄어들었으나 창의력을 요구하는 복잡한 업무가 늘어남에 따라 통솔범위는 과거보다 좁아졌다는 의견과 중간계층의 축소로 인하여 조직이 유기적으로 변하면서 통솔범위가 넓어졌다는 견해도 있다.

③ 기계적 구조, 즉 계층제적 구조는 통솔범위와 반비례하기 때문에 직무범위는 좁다.

④ 유기적 구조는 안정적 행정환경이 아니라 불확실성이 높은 환경에 적합한 조직이다.

⑤ 직무의 범위가 얼마나 분업화되어 있는가를 의미하는 것이 수평적 전문화이며, 직무의 종류와 성질별로 분화된 정도를 말한다. 수평적 전문화가 높을수록 업무는 단순해지고 반복적인 일을 하게 된다.

19 ①

① Y이론의 관리전략이다. X이론은 인간을 보는 관점이 근본적으로 부정적 입장이므로 물리적인 제재나 강압이 수반되어야 조직의 목적을 달성할 수 있다고 본다.

20 ②

구조적 측면의 병리현상

ⓐ 할거주의(Selznick) : 조직 내 권력관계에 의한 경쟁 때문에 소속기관과 부서만 생각하고 타 부서에 대한 배려를 하지 않는다.

ⓑ 갈등조정수단 부족 : 집권화에 따른 기능적 부문 사이의 갈등해소의 제도적 장치가 부족하다.

ⓒ 전문가적 무능(Veblen) : 구조적 분화에 따라 타 분야에 대해 문외한이 되는 훈련된 무능현상이 나타난다.

ⓓ 조직의 활력 상실 : 동일업무의 반복으로 권태와 무력감에 빠지게 된다.

21 ③

D. McClelland는 모든 사람이 공통적으로 비슷한 욕구의 계층을 가지고 있다고 주장한 Maslow의 이론을 비판하며, 개인의 행동을 동기화시키는 욕구는 학습되는 것이므로 개인마다 욕구의 계층에 차이가 있다고 주장하였다.

① Maslow는 하나의 욕구에 의해 하나의 행동이 유발된다고 보았다.

② Alderfer는 욕구 만족 시 발생하는 욕구 발로의 전진적·상향적 진행뿐만 아니라 욕구 좌절로 인한 후진적·하향적 퇴행을 제시하였다.

④ Herzberg의 동기-위생 연구는 연구 자료가 중요 사건기록법을 근거로 수집되었기 때문에 편견이 내포되었을 가능성이 높다.

⑤ 단순 직무 제공을 통하여 직무수행자의 낮은 성장 욕구를 해결할 수 있다고 본 것은 Hackman과 Oldham의 직무특성이론이다.

22 ①

허즈버그는 욕구충족요인 이원론에서 불만요인(위생요인)과 만족요인(동기요인)으로 나누어 인간의 이원적 욕구구조에 대해 설명하였다. 위생요인이 직무외재적 성격과 직무맥락에 관련된 것이라면, 동기요인은 직무내재적 성격과 직무내용과 관련이 깊다고 보고 조직원의 만족감과 동기유발을 제고하기 위한 직무확충을 주장하였다.

※ 위생요인과 동기요인
　㉠ 위생요인 : 임금, 감독, 정책, 관리, 기술, 작업조건, 대인관계 등
　㉡ 동기요인 : 성취감, 책임감, 승진, 직무 그 자체, 안정감, 직무확충 등

23 ②

② 상황적응이론의 인간관은 복잡한 인간관이다. 인간은 고도의 변이성과 욕구의 다양성을 지닌 복잡한 존재이므로 상황에 부합되는 관리가 요구된다는 것이다.

※ E. H. Schein의 조직 인간관에서 '복잡한 인간관' … 인간을 상황조건 및 역할에 따라 복잡한 형태를 표출하는 다양한 존재로 파악하는 인간관으로 현대조직이론 연구에서 가장 중시하는 인간관이다.

24 ②

문제의 설문은 소거에 대한 설명이다.

적극적 강화 (reinforcement)	바람직한 결과의 제공	음식, 애정, 급료, 승진	바람직한 행동 반복
소극적 강화 (회피, avoidance)	바람직하지 않은 결과의 제거	벌칙 제거, 괴로움 제거	바람직한 행동 반복
소거 (extinction)	바람직한 결과의 제거	급료인상 철회, 무반응	바람직하지 않은 행동 제거
처벌 (punishment)	바람직하지 않은 결과의 제공	질책, 해고	바람직하지 않은 행동 제거

25 ③

③ MBO의 성향이며 OD는 환경에의 적응능력을 중요시하는 다각적 성향이다.

※ 목표관리(MBO)와 조직발전(OD)의 유사점
　㉠ Y이론적 인간관 내지 자아실현인관에 입각하여 민주적 관리전략을 강조
　㉡ 결과지향적 목표의 추구, 인간발전의 중시
　㉢ 개인과 조직의 목표의 조화·통합 중시, 조직전체의 유기적인 협조체제의 강조
　㉣ 최고관리층의 이해와 지원이 요구되며, 평가와 환류 중시

26 ②

내부승진 기회의 확대로 인하여 공직자의 사기제고에 기여하는 하는 것은 폐쇄형 인사관리의 장점에 해당한다.

※ 개방형 인사관리의 장점
　㉠ 임용의 융통성으로 우수한 인재 획득 가능

　㉡ 공직의 침체 방지
　㉢ 성과관리의 촉진
　㉣ 관료의 소극적 행태 시정
　㉤ 정치적 리더십의 강화
　㉥ 행정에 대한 민주통제 용이
　㉦ 재직자의 자기개발노력 촉진

27 ①

직위분류제의 수립절차
　㉠ 종합적 분류범위의 결정 : 계획 및 절차의 결정과 담당자의 선정
　㉡ 직무기술서 작성(직무조사)
　㉢ 직무분석 : 종적 분류, 직군·직렬(직무종류중심)
　㉣ 직무평가 : 횡적 분류, 등급·직급(직무의 곤란도·책임도 중심)
　㉤ 직급명세서 작성
　㉥ 정급 : 직위를 해당직급에 배정
　㉦ 사후검토·시정조치

28 ②

② 직업공무원제는 일반행정가주의와 계급제를 지향하고 있다.

※ 엽관주의와 실적주의 … 엽관주의는 복수정당제가 허용되는 민주국가에서 선거에 승리한 정당이 정당 활동에 대한 공헌도와 충성심 정도에 따라 공직에 임명하는 제도이다. 이에 반해 실적주의는 개인의 능력·실적을 기준으로 정부의 공무원을 모집·임명·승진시키는 인사행정체제이다.

29 ②

① 동일한 직렬 내에서 담당분야가 동일한 직무의 군
③ 직무의 종류는 유사하지만 곤란도·책임도가 상이한 직급의 군
④ 직무의 성질이 유사한 직렬의 군
⑤ 1인의 근무를 필요로 하는 직무와 책임

30 ⑤

동시적 타당성 검증과 예측적 타당성 검증은 기준타당성을 검증하는 수단이다.

구분	개념	판단기준	검증방법
기준타당도	'직무수행에 필요한 '능력이나 실적' 예측여부	'시험성적 = 근무성적'	예측적 검증(합격자) 동시적 검증(재직자)
내용타당도	직무수행에 필요한 '능력요소' 측정 여부	'능력요소 = 시험내용'	내용분석
구성타당도	직무수행에 필요한 능력요소와 관련된다고 믿는 '이론적 구성요소' 측정 여부	'이론적 구성요소 = 시험내용' 부합여부	논리적 추론

31 ②

경력평정의 원칙

㉠ 근시성의 원칙 : 실효성이 있는 최근의 경력을 중요시함

㉡ 습숙성의 원칙 : 담당직무에 대한 숙련도가 높은 상위직급의 경력은 하위직급의 경력보다 배점비율을 높여야 함

㉢ 친근성의 원칙 : 과거의 경력이 현재 담당하고 있거나 또는 담당 예정인 직무와 관련성, 유사성이 있으면 배점비율을 높여야 함

㉣ 발전성의 원칙 : 학력 또는 직무와 관련성이 있는 훈련경력을 참작하여 장래의 발전가능성을 평가해야 함

32 ②

공무원의 정치적 중립은 선거비용 절약과 직접적 관계가 없으며, 공무원의 정치적 민주화를 이루려면 정치활동을 허용하는 것이 옳다.

33 ④

일몰법은 입법적 과정으로 정부기구나 사업이 의회에 의하여 그 존립의 필요성을 인정받지 못하는 한 특정시점에서 자동으로 폐지될 것을 규정하고 있다.

34 ⑤

⑤ 현금주의에 대한 설명이다.

※ 발생주의의 단점

㉠ 자산가치의 실질적 증감파악이 번거롭다.

㉡ 의회통제로 회피할 가능성이 높다.

㉢ 절차가 복잡하며 숙련된 회계공무원이 필요하다.

㉣ 현금의 재정활동 영향의 파악이 곤란하다.

㉤ 예산항목을 조작하여 적자재정을 은폐할 우려가 있다.

㉥ 자산가치가 감가상각 평가 시 평가자의 주관성이 개입될 우려가 있다.

35 ④

④ 합리주의에 대한 설명이다. 점증주의는 부분적·단편적 예산결정을 특징으로 한다.

36 ③

기획예산제도(PPBS)의 특징

㉠ 동일한 비용으로 최대의 효과를 낼 수 있어 자원의 배분이 합리적이다.

㉡ 예산 및 기획에 관한 의사결정을 일원화시킴으로서 의사결정이 합리적으로 이루어진다.

㉢ 기획·운영이 연동적이므로 기획변경의 신축성을 유지할 수 있어 계획과 예산을 일치시킬 수 있다.

㉣ 장기간에 걸친 효과와 비용의 분석 및 평가를 통하여 장기적인 사업계획의 신뢰성을 제고할 수 있다.

㉤ 조직간의 장벽이 제거된 상태에서 대안의 분석 및 검토를 통하여 부서 간 의사소통이 원활하게 이루어짐으로써 조직의 통합적 운영이 가능해진다.

㉥ 최고관리층의 의사를 예산에 반영할 수 있다.

㉦ 전문막료중심의 운영과 지나친 집권화에 의해 하급공무원 및 계선기관의 참여가 곤란하다.

㉧ 무형적인 정부의 사업계획에 의해 비용편익분석이 어렵다.

㉨ 간접비의 배분 곤란 및 목표의 정확한 제시가 어려워 체계적인 사업분석이 어렵다.

㉩ 분석과정에 과도한 시간, 비용이 요구되며 예산회계업무가 전산화되지 않으면 어렵다.

37 ④

자본예산제도(Capital Budgeting System) … 국가의 예산을 경상계정과 자본계정으로 구분하여, 경상지출은 경상수입으로 자본지출은 자본적 수입이나 차입으로 충당하는 예산제도이다. 즉, 자본계정에 대하여는 적자 시 공채를 발행하여 예산을 운영하고 흑자 시 상환하는 제도를 말하는 것으로, 불균형예산제도 혹은 복식예산제도라 불린다. 불경기의 극복을 위해 적자재정의 필요성을 강조하고 수익자부담원칙을 특징으로 하며, 자본투자계획과 관련된다.

④ 자본예산제도는 장기 재정계획의 수립에 용이하다.

38 ②

①③ 중층제의 장점에 해당한다.

※ 단층제의 장점

㉠ 계층의 수가 적어 신속한 행정을 도모할 수 있다.

㉡ 행정의 낭비를 제거하고 능률을 증진시킨다.

㉢ 행정책임이 명확하다.

㉣ 각 기초자치단체의 자치권 및 지역적 특수성·개별성을 존중할 수 있다.

39 ②

② 지방자치단체는 자치재정권을 가지고 있지만, 국가로부터 일정한 법규의 범위 내에서 통제를 받기 때문에 제한적 독립성을 띤다.

40 ⑤

G. Caiden의 국가발전단계별 행정기능

㉠ 전통적 기능

㉡ 국민형성기능

㉢ 경제관리적 기능

㉣ 사회복지기능

㉤ 환경규제기능

≫ 직업기초능력평가

1 ④

① 각별이 → 각별히
② 곤난 → 곤란
③ 발뒷꿈치 → 발뒤꿈치
⑤ 반드시 → 반듯이

2 ④

④ 혼인이나 제사 따위의 관혼상제 같은 어떤 의식을 치르다.
① 사람이 어떤 장소에서 생활을 하면서 시간이 지나가는 상태가 되게 하다.
② 서로 사귀어 오다.
③ 과거에 어떤 직책을 맡아 일하다.
⑤ 계절, 절기, 방학, 휴가 따위의 일정한 시간을 보내다.

3 ②

'일절'과 '일체'는 구별해서 써야 할 말이다. '일절'은 부인하거나 금지할 때 쓰는 말이고, '일체'는 전부를 나타내는 말이다.

4 ①

배경지식이 전혀 없던 상태에서는 X선 사진을 관찰하여도 아무 것도 찾을 수 없었으나 이론과 실습 등을 통하여 배경지식을 갖추고 난 후에는 X선 사진을 관찰하여 생리적 변화, 만성 질환의 병리적 변화, 급성질환의 증세 등의 현상을 알게 되었다는 것을 보면 관찰은 배경지식에 의존한다고 할 수 있다.

5 ③

수정	⇨	배아 (2주)	⇨	태아 (6개월)	⇨	진통	⇨	배 밖
D, F		E		C		B		A

6 ④

④ 다섯 번째 카드에서 교통약자석에 대한 인식 부족으로 교통약자석이 제 기능을 못하고 있다는 지적은 있지만, 그에 따른 문제점들을 원인에 따라 분류하고 있지는 않다.
① 첫 번째 카드
② 세 번째 카드
③ 네 번째 카드
⑤ 여섯 번째 카드

7 ②

② 카드 뉴스는 신문 기사와 달리 글과 함께 그림을 비중 있게 제시하여 의미 전달을 효과적으로 하고 있다.
① 통계 정보는 (나)에서만 활용되었다.
③ 표제와 부제의 방식으로 제시한 것은 (나)이다.
④ 비유적이고 함축적인 표현들은 (가), (나) 모두에서 사용되지 않았다.
⑤ 신문 기사는 표정이나 몸짓 같은 비언어적 요소를 활용할 수 없다.

8 ②

전체 응시자의 평균을 x라 하면 합격자의 평균은 $x+25$
불합격자의 평균은 전체 인원 30명의 총점 $30x$에서 합격자 20명의 총점 $\{20 \times (x+25)\}$를 빼준 값을 10으로 나눈 값이다.
즉, $\dfrac{30x - 20 \times (x+25)}{10} = x - 50$
커트라인은 전체 응시자의 평균보다 5점이 낮고, 불합격자 평균 점수의 2배보다 2점이 낮으므로
$x - 5 = 2(x - 50) - 2$
$x = 97$
응시자의 평균이 97이므로 커트라인은 $97 - 5 = 92$점

9 ②

조건 (가)에서 R석의 티켓의 수를 a, S석의 티켓의 수를 b, A석의 티켓의 수를 c라 놓으면
$a + b + c = 1,500$ ······ ㉠
조건 (나)에서 R석, S석, A석 티켓의 가격은 각각 10만 원, 5만 원, 2만 원이므로
$10a + 5b + 2c = 6,000$ ······ ㉡
A석의 티켓의 수는 R석과 S석 티켓의 수의 합과 같으므로
$a + b = c$ ······ ㉢
세 방정식 ㉠, ㉡, ㉢을 연립하여 풀면
㉠, ㉢에서 $2c = 1,500$ 이므로 $c = 750$
㉠, ㉡에서 연립방정식
$\begin{cases} a + b = 750 \\ 2a + b = 900 \end{cases}$
을 풀면 $a = 150$, $b = 600$ 이다.
따라서 구하는 S석의 티켓의 수는 600장이다.

10 ④

'거리 = 속력 × 시간'을 이용하여 체류시간을 감안한 총 소요 시간을 다음과 같이 정리해 볼 수 있다. 시간은 왕복이므로 2번 계산한다.

활동	이동 수단	거리	속력 (시속)	목적지 체류 시간	총 소요시간
당구장	전철	12km	120km	3시간	3시간 + 0.1시간 × 2 = 3시간 12분
한강공원 라이딩	자전거	30km	15km	–	2시간 × 2 = 4시간
파워워킹	도보	5.4km	3km	–	1.8시간 × 2 = 3시 간 36분
북카페 방문	자가용	15km	50km	2시간	2시간 + 0.3시간 × 2 = 2시간 36분
강아지와 산책	도보	3km	3km	1시간	1시간 + 1시간 × 2 = 3시간

따라서 북카페를 방문하고 돌아오는 것이 2시간 36분으로 가장 짧은 소요시간이 걸린다.

11 ④

① 81,000 + (54,000 × 3) = 243,000원
② 81,000 + 54,000 + 25,000 = 160,000원
③ 60,000 + (15,000 × 3) + (10,000 × 2) = 125,000원
④ 75,000 + (35,000 × 3) + 70,000 = 250,000원
⑤ 211,000원

12 ⑤

조건을 잘 보면 병의 가방에 담긴 물품 가격의 합이 44,000원
병의 가방에는 B, D, E가 들어 있고 E의 가격은 16,000원
그럼 B와 D의 가격의 합이(㉠+㉡) 44,000 − 16,000 = 28,000원이 되어야 한다.
①은 답이 될 수 없다.
가방에 담긴 물품 가격의 합이 높은 사람부터 순서대로 나열하면 갑 > 을 > 병 순이므로
을은 A와 C를 가지고 있는데 A는 24,000원, 병 44,000원보다 많아야 하므로 C의 가격(㉡)은 적어도 44,000 − 24,000 = 20,000원 이상이 되어야 한다.
②③④는 답이 될 수 없다.

13 ③

③ 2008년 G계열사의 영업이익률은 8.7%로 1997년 E계열사의 영업이익률 2.9%의 2배가 넘는다.
① B계열사의 2008년 영업이익률은 나머지 계열사의 영업이익률의 합보다 적다.
② 1997년도에 가장 높은 영업이익률을 낸 계열사는 F, 2008년에 가장 높은 영업이익률을 낸 계열사는 B이다.
④ 1997년 대비 2008년의 영업이익률이 증가한 계열사는 B, C, E, G 4곳이다.
⑤ 1997년과 2008년 모두 영업이익률이 10%을 넘은 계열사는 A, B 2곳이다.

14 ①

주어진 그래프를 통해 다음과 같은 연도별 지역별 무역수지 규모를 정리할 수 있다.

(단위 : 10억 불)

구분	2015	2016	2017
미국	27.7	25.3	20.1
중국	47.3	37.8	44.6
일본	−20.1	−23.0	−28.1
EU	−7.9	−3.9	−3.8
동남아	54.2	57.3	75.5
중동	−38.0	−27.8	−49.9

따라서 무역수지 악화가 지속적으로 심해진 무역 상대국(지역)은 일본뿐인 것을 알 수 있다.
② 매년 무역수지 흑자를 나타낸 무역 상대국(지역)은 미국, 중국, 동남아 3개국(지역)이다.
③ 무역수지 흑자가 매년 감소한 무역 상대국(지역)은 미국뿐이다.
④ 무역수지가 흑자에서 적자 또는 적자에서 흑자로 돌아선 무역 상대국(지역)은 없음을 알 수 있다.
⑤ 매년 무역수지 적자규모가 가장 큰 무역 상대국(지역)은 중동이다.

15 ④

2017년 동남아 수출액은 1,490억 불이므로 전년대비 20% 증가하였다면 2018년 동남아 수출액은 1,788억 불이고, 2017년 EU 수입액은 560억 불이므로 전년대비 20% 감소하였다면 448억 불이다. 따라서 2018년 동남아 수출액과 EU 수입액의 차이는 1,788 − 448 = 1,340억 불이다.

16 ④

조건 1에서 출발역은 청량리이고, 문제에서 도착역은 인천역으로 명시되어 있고 환승 없이 1호선만을 활용한다고 되어 있으므로 청량리~서울역(1,250원), 서울역~구로역(200원 추가), 구로역~인천역(300원 추가)를 모두 더한 값이 수인이와 혜인이의 목적지까지의 편도 운임이 된다. 그러므로 두 사람 당 각각 운임을 계산하면, 1,250 + 200 + 300 = 1,750원(1인당)이 된다. 역의 수는 청량리역~인천역까지 모두 더하면 38개 역이 된다.

17 ③

아르바이트 일수가 갑은 3일, 병은 2일임을 알 수 있다.
무는 갑이나 병이 아르바이트를 하는 날 항상 함께 한다고 했으므로 5일 내내 아르바이트를 하게 된다.
을과 정은 일, 월, 화, 목 4간 아르바이트를 하게 된다.
① 수요일에는 2명, 나머지 요일에는 4명으로 인원수는 확정된다.
② 갑은 3일, 을은 4일, 병은 2일, 무는 5일 이므로 갑과 을, 병과 정의 아르바이트 일수를 합한 값은 7로 같다.
③ 병에 따라 갑이 아르바이트를 하는 요일이 달라지므로 아르바이트 하는 요일이 확정되는 사람은 세 명이다.
④ 일별 인원수는 4명 또는 2명으로 모두 짝수이다.
⑤ 일요일에는 갑, 을, 정, 무 네 명으로 어느 경우에도 같다.

18 ⑤

블랙은 이 열이 실제로 온도계에 변화를 주지 않기 때문에 이를 '잠열(潛熱)'이라 불렀다.

→ ㉠ A의 온도계로는 잠열을 직접 측정할 수 없었다. - 참
눈이 녹는점에 있음에도 불구하고 많은 양의 뜨거운 물은 눈을 조금밖에 녹이지 못했다. 이는 잠열 때문이다.

→ ㉡ 얼음이 녹는점에 이르러도 완전히 녹지 않는 것은 잠열 때문이다. - 참
A에서는 얼음이 녹으면서 생긴 물과 녹고 있는 얼음의 온도가 녹는점에서 일정하게 유지되었는데 이 상태는 얼음이 완전히 녹을 때까지 지속되었다.

→ ㉢ A의 얼음이 완전히 물로 바뀔 때까지, A의 얼음물 온도는 일정하게 유지된다. - 참

19 ⑤

① 김유진 : 3억 5천만 원 × 0.9% = 315만 원

② 이영희 : 12억 원 × 0.9% = 1,080만 원

③ 심현우 : 1,170만 원 + (32억 8천만 원 − 15억 원) × 0.6%
= 2,238만 원

④ 이동훈 : 18억 1천만 원 × 0.9% = 1,629만 원

⑤ 김원근 : 2,670만 원 + (3억 원 × 0.5%) = 2,820만 원

20 ④

총 노선의 길이를 연비로 나누어 리터 당 연료비를 곱하면 원하는 답을 다음과 같이 구할 수 있다.

교통편 1 : 500 ÷ 4.2 × 1,000 = 약 119,048원

교통편 2 : 500 ÷ 4.8 × 1,200 = 125,000원

교통편 3 : 500 ÷ 6.2 × 1,500 = 약 120,968원

교통편 4 : 500 ÷ 5.6 × 1,600 = 약 142,857원

따라서 교통비가 가장 적게 드는 교통편은 '교통편 1'이며, 가장 많이 드는 교통편은 '교통편 4'가 된다.

21 ④

각 교통편별로 속도와 정차 역, 정차 시간을 감안하여 최종 목적지인 I 지점까지의 총 소요 시간을 구하여 정리해 보면 다음 표와 같다.

구분	평균속도 (km/h)	운행 시간 (h)	정차 시간(분)	총 소요 시간
교통편 1	60	500 ÷ 60 = 약 8.3	7 × 15 = 105	8.3 + 1.8 = 10.1시간
교통편 2	80	500 ÷ 80 = 약 6.3	4 × 15 = 60	6.3 + 1 = 7.3시간
교통편 3	120	500 ÷ 120 = 약 4.2	3 × 15 = 45	4.2 + 0.8 = 5시간
교통편 4	160	500 ÷ 160 = 약 3.1	2 × 15 = 30	3.1 + 0.5 = 3.6시간

따라서 교통편 1과 교통편 4의 시간 차이는 6.5시간이므로 6시간 30분의 차이가 나는 것을 알 수 있다.

22 ②

② 외부환경요인 분석은 언론매체, 개인 정보망 등을 통하여 입수한 상식적인 세상의 변화 내용을 시작으로 당사자에게 미치는 영향을 순서대로, 점차 구체화하는 것이다.

⑤ 내부환경과 외부환경을 구분하는 기준은 '나', '나의 사업', '나의 회사' 등 환경 분석 주체에 직접적인 관련성이 있는지 여부가 된다. 대내외적인 환경을 분석하기 위하여 이를 적절하게 구분하는 것이 매우 중요한 요소가 된다.

23 ②

② 저렴한 제품을 공급하는 것은 자사의 강점(S)이며, 이를 통해 외부의 위협요인인 대형 마트와의 경쟁(T)에 대응하는 것은 ST 전략이 된다.

① 직원 확보 문제 해결과 매출 감소에 대응하는 인건비 절감 등의 효과를 거둘 수 있어 약점과 위협요인을 최소화하는 WT 전략이 된다.

③ 자사의 강점과 외부환경의 기회 요인을 이용한 SO 전략이 된다.

④ 자사의 기회요인인 매장 앞 공간을 이용해 지역 주민 이동 시 쉼터를 이용할 수 있도록 활용하는 것은 매출 증대에 기여할 수 있으므로 WO 전략이 된다.

⑤ 고객 유치 노하우는 자사의 강점을 이용한 것이며, 이를 통해 편의점 이용률을 제고하는 것은 위협요인을 제거하는 것이 되므로 ST 전략이 된다.

24 ②

제시된 글에서는 조직문화의 기능 중 특히 조직 성과와의 연관성을 언급하고 있기도 하다. 강력하고 독특한 조직문화는 기업이 성과를 창출하는 데에 중요한 요소이며, 종업원들의 행동을 방향 짓는 강력한 지렛대의 역할을 한다고도 볼 수 있다. 그러나 이러한 조직문화가 조직원들의 단합을 이끌어 이직률을 일정 정도 낮출 수는 있으나, 외부 조직원을 흡인할 수 있는 동기로 작용한다고 보기는 어렵다. 오히려 강력한 조직문화가 형성되어 있을 경우, 외부와의 융합이 어려울 수 있으며, 타 조직과의 단절을 통하여 '그들만의 세계'로 인식될 수 있다. 따라서 조직문화를 통한 외부 조직원의 흡인은 조직문화를 통해 기대할 수 있는 기능으로 볼 수는 없다.

25 ④

경영전략을 수립하고 각종 경영정보를 수집/분석하는 업무를 하는 기획팀에서 요구되는 자질은 재무/회계/경제/경영 지식, 창의력, 분석력, 전략적 사고 등이다.

26 ⑤

감사실장, 이사회의장, 비서실장, 미래 전략실장, A부사장은 모두 사장과 직접적인 업무 라인으로 연결되어 있으므로 직속 결재권자가 사장이 된다.

27 ④

백만 불 이상 예산이 집행되는 사안이므로 최종 결재권자인 사장을 대동하여 출장을 계획하는 것은 적절한 행위로 볼 수 있다.
① 사장 부재 시 차상급 직위자는 부사장이다.
② 출장 시 본부장은 사장, 직원은 본부장에게 각각 결재를 득하면 된다.
③ 결재권자의 부재 시, 차상급 직위자의 전결로 처리하되 반드시 결재권자의 업무 복귀 후 후결로 보완한다는 규정이 있다.
⑤ 직원의 해외 출장 결재권자는 본부장이다. 따라서 F팀 직원은 해외 출장을 위해 C본부장에게 최종 결재를 득하면 된다.

28 ①

(개)에서 '=MID(B4, 8, 1)'은 주민등록번호에서 8번째에 있는 1개의 문자를 추출하는 수식이다.
(내)에서 OR함수는 두 가지 중 한 가지 조건이라도 '참'이면 결과 값이 '참'이며, AND함수는 모든 조건이 '참'이어야 출력 값이 '참'이므로 (내)의 결과 값은 '합격'으로 출력된다.

29 ④

MIN 함수에서 최소값을 반환한 후, IF 함수에서 "이상 없음" 문자열이 출력된다. B3의 내용이 1로 바뀌면 출력은 "부족"이 된다.
㉠ 반복문은 사용되고 있지 않다.
㉢ 현재 입력으로 출력되는 결과물은 "이상 없음"이다.

30 ⑤

A사는 높은 가격으로 인한 거래선 유치의 어려움으로 인해 결국 시장점유율이 하락할 것이며, B사는 지속적인 적자 누적으로 제품 생산을 계속할수록 적자폭도 커지게 되는 상황을 맞이하게 될 것이다. 따라서 개발 책정 비용과 실제 발생하는 비용을 동일하게 유지하는 것이 기업에게 가장 바람직한 모습이라고 할 수 있다.

31 ①

기업이 예산 투입을 하는 과정에 있어 비용을 적게 들이는 것이 반드시 좋은 것은 아니다. 기업에서 제품을 개발한다고 할 때, 개발 책정 비용을 실제보다 높게 책정하면 경쟁력을 잃어버리게 되고, 반대로 낮게 책정하면 개발 자체가 이익을 주는 것이 아니라 오히려 적자가 나는 경우가 발생할 수 있다. 그로 인해 책정 비용과 실제 비용의 차이를 줄이고, 비슷한 상태가 가장 이상적인 상태라고 할 수 있다. 또한, 아무리 예산을 정확하게 수립하였다 하더라도 활동이나 사업을 진행하는 과정에서 계획에 따라 적절히 관리하지 않으면 아무런 효과가 없다. 즉 아무리 좋은 계획도 실천하지 않으면 되지 않듯이 예산 또한 적절한 관리가 필요하다. 이는 좁게는 개인의 생활비나 용돈관리에서부터 크게는 사업, 기업 등의 예산관리가 모두 마찬가지이며, 실행과정에서 적절히 예산을 통제해주는 것이 필수적이라고 할 수 있다.

32 ①

구매 제한가격에 따라 다 업체에서는 C 물품을 구매할 수 없다. 나머지 가, 나, 라 업체의 소모품 구매 가격을 정리하면 다음과 같다.

구분	구매 가격
가 업체	$(12,400 \times 2) + (1,600 \times 3) + (2,400 \times 2) + (1,400 \times 2) + (11,000 \times 2) = 59,200$원
나 업체	$(12,200 \times 2) + (1,600 \times 3) + (2,450 \times 2) + (1,400 \times 2) + (11,200 \times 2) = 59,300$원
라 업체	$(12,500 \times 2) + (1,500 \times 3) + (2,400 \times 2) + (1,300 \times 2) + (11,300 \times 2) = 59,500$원

따라서 가장 저렴한 가격에 소모품을 구입할 수 있는 곳은 가 업체로 구매 가격은 59,200원이다.

33 ④

④ 잉크패드는 사용자가 직접 교체할 수 없고 고객지원센터의 전문가만 교체할 수 있다.

34 ②

단계 1은 문제 분석 단계이다.
단계 2는 순서도 작성 단계이다.
단계 3은 코딩·입력 및 번역 단계이다.
단계 4는 모의 실행 단계이므로 '논리적 오류'를 발견할 수 있다.

35 ①

제품 매뉴얼 : 사용자를 위해 제품의 특징이나 기능 설명, 사용 방법과 고장 조치방법, 유지 보수 및 A/S, 폐기까지 제품에 관련된 모든 서비스에 대해 소비자가 알아야 할 모든 정보를 제공하는 것을 의미한다.

36 ⑤

A 의원은 서번트 리더십의 중요성을 강조하고 있다. 이러한 서번트 리더십은 인간 존중을 바탕으로 다른 구성원들이 업무 수행에 있어 자신의 잠재력을 최대한 발휘할 수 있도록 도와 주는 리더십을 의미한다. ①번은 감성 리더십, ②번은 카리스마 리더십, ③번은 거래적 리더십, ④번은 셀프 리더십을 각각 설명한 것이다.

37 ②

C는 주제와 상관없는 사항을 거론하며 상대를 깎아 내리는 발언을 하고 있으므로 C가 토의를 위한 기본적인 태도를 제대로 갖추지 못한 사람이라고 볼 수 있다.

38 ②

② 협력을 장려하는 환경을 조성하기 위해서는 팀원들이 침묵을 지키는 것을 존중하여야 한다.

39 ⑤

명함은 손아랫사람이 먼저 건네야 한다. 더불어서 지위 또는 직책 등이 낮은 사람이 먼저 명함을 건넨다.

※ 명함 교환 시의 기본 매너

   ㉠ 명함은 항상 넉넉히 준비한다.

   ㉡ 명함은 자리에 앉기 전에 교환한다.

   ㉢ 상대에게 명함을 건네면서 소속과 이름을 밝힌다.

   ㉣ 상대로부터 받은 명함은 그 자리에서 확인하며, 한자 등의 다소 읽기 어려운 글자는 정중히 물어서 회사명과 이름을 틀리지 않아야 한다.

   ㉤ 상대로부터 명함을 받은 후에 곧바로 지갑에 넣지 말고, 미팅이나 또는 회의 시에 테이블 오른 쪽에 꺼내놓고 이름 및 직함을 부르면서 대화한다.

   ㉥ 상대 앞에서 명함에 낙서하는 것은 곧 상대의 얼굴에 낙서하는 것과 같음을 의미하며, 더불어서 명함을 손가락 사이에 끼고 돌리는 등의 손장난을 하는 것은 상대방을 무시하는 것과 같다.

   ㉦ 명함은 스스로의 것과 상대방 것을 구분해서 넣어둔다. 만약의 경우 급한 순간에 타인의 명함을 상대에게 줄 수도 있기 때문이다.

   ㉧ 상대로부터 받은 명함을 절대 그냥 두고 오는 일이 없도록 해야 한다.

40 ②

엘리베이터에서는 버튼 대각선 방향의 뒤 쪽이 상석이 된다.

※ 엘리베이터 상석의 위치

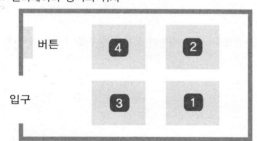

* 번호는 상석 순위

1 ②

공공선택론은 인간은 이기적이고 자원은 한정되어 있다는 경제학적 분석틀을 이용하여 정치현상을 연구하는 이론이다. 공공선택론은 국가의지나 부서목표보다는 예산극대화와 같은 개개인의 이익을 중시하는 방법론적 개체주의의 입장이다. 공공선택론은 정치도 일종의 경제활동과 같은 교환행위로서 유권자는 자신의 효용을 극대화하기 위해서 자신의 이익을 대변해줄 수 있는 정당에 투표를 하고, 정치인은 득표를 극대화하기 위해 중위투표자가 선호하는 정책을 선택하게 된다고 본다.

2 ③

③ 신행정론은 사회적 불평등을 시정하기 위하여 공공 서비스의 혜택이 사회적 불우집단에 더 많이 돌아가도록 해야 한다는 가치규범을 사회적 형평성이라 한다.

3 ⑤

인간관계론은 조직에 있어서 비공식 집단의 역할과 구성원의 심리적 측면만을 중요시하고 공식조직에 대해서는 가볍게 생각한다. 공식조직과 비공식조직의 상호관계에 대해서도 관심이 없다. 즉, 기업주와 근로자 간의 갈등문제에 대해 전혀 인식하지 못한다.

4 ④

④ 비용과 편익의 괴리는 정부실패 현상이며 정부의 시장개입에 부정적인 관점이다.

※ 큰 정부론 : 정부개입을 강조하는 진보주의에 해당되며 전통적 정부가 한 예이다.

※ 작은 정부론 : 1970년대말 정부실패로 대두된 신자유주의에 해당되며 신 공공관리론 하의 기업가적 정부가 한 예이다.

5 ②

구조란 법제·목표·직책·절차·역할 등을 말하는 것으로, 정치·행정이원론, 기술적 행정학에서 중요한 행정변수로 파악하였다.

6 ①

파킨슨의 법칙 … "공무원의 수는 해야 할 일의 많고 적음이나 경중에 관계없이 책임자 공무원이 상급 공무원으로 올라가기 위해서 많을수록 좋기 때문에 항상 일정한 비율로 증가한다."는 것이다. 즉, 공무원 집단의 조직과 운영은 합리성보다는 비합리적 심리작용에 의해 더 많이 좌우된다.

7 ①

공공부조 … 스스로 생활유지능력이 없는 사람들에게 국가나 지방자치단체가 인간다운 생활을 영위할 수 있도록 지원하는 사회복지제도의 하나이다. 우리나라 사회보장기본법에서는 공공부조를 '국가 및 지방자치단체의 책임 하에 생활유지능력이 없거나 생활이 어려운 국민의 최저생활을 보장하고 자립을 지원하는 제도'라고 규정하고 있다.

8 ③

TQM(총체적 품질관리) … 고객만족을 목표로 서비스의 질을 향상시키기 위하여 전 생산공정과정에서의 하자 여부를 총체적으로 재검토하는 기법으로, 조직전체의 책임이 강조되고 팀워크가 중시되며 전체적 입장에서 투입과 과정의 계속적인 개선을 모색하는 장기적·전략적인 품질관리를 위한 원칙 또는 관리철학이다.

9 ④

신제도주의 비교

	역사적 제도주의	합리적 선택 제도주의	사회학적 제도주의
제도	공식적 측면	공식적 측면	비공식적 측면
선호형성	내생적	외생적	내생적
강조점	권력불균형 역사적 과정	전략적 행위 균형	인지적 측면
제도변화	결절된 균형 외부적 충격	비용편익 비교 전략적 선택	유질동형화 적절성의 논리
방법론	사례연구 비교연구 총체주의	연역적 일반화된 이론 개체주의	경험적 연구 해석학 총체주의

④ 사회학적 제도주의는 제도의 공식적 측면보다는 규범, 문화, 상징체계, 의미 등 비공식적 측면, 특히 당연시되는 신념(taken-for-granted)과 인지구조(cognitive schema)에 초점을 맞추며, 개인의 선호는 사회 내에서 내생적으로 형성되는 것으로 본다.

10 ②

② 합리성이란 어떤 행위가 궁극적인 목표달성에 있어 최적의 수단이냐의 여부를 가리는 개념으로, 절차적 합리성은 결정 과정이 이성적인 사유에 따라 이루어졌을 때 존재한다고 말한다.
※ 합리성의 유형
  ㉠ H.A. Simon의 합리성의 유형
  • 내용적 합리성 : 역사의 흐름 속에서 일관된 가치체계를 찾으려는 거시적 현상
  • 절차적 합리성 : 인간 내부에서 인식상의 질서체계를 찾겠다는 미시적 현상
  ㉡ K. Manheim의 합리성의 유형
  • 기능적 합리성 : 조직목표 달성을 지향하는 목표 지향적이고 일관성 있는 행태의 속성
  • 실체적 합리성 : 개개인의 목표 달성을 지향하는 행태의 속성

11 ④

Simon의 합리성
  ㉠ 내용적(실질적, substantive) 합리성 : 목표 달성에 기여하는 행위를 의미한다. K. Mannheim의 기능적 합리성에 해당한다.
  ㉡ 절차적(procedural) 합리성 : 과정을 중시하며, 어떤 행위가 의식적인 사유과정의 산물일 때 합리성이 존재한다고 말한다. 사회가 복잡해지면서 내용적 합리성이 제약을 받기 때문에 절차적 합리성이 중요하다고 보았다.

12 ②

정책문제의 인지나 정의가 잘못된 경우 이를 제3종 오류(메타오류)라고 한다. 제1종 오류는 잘못된 대안을 선택하는 오류이고 제2종 오류는 올바른 대안을 선택하지 않은 오류를 말한다.

13 ①

① 순현재가치법은 예산이 풍부한 경우에 주로 사용된다.

14 ①

Sabatier와 Mazmanian은 정책집행의 성공에 영향을 미치는 요인을 다음과 같이 제시하였다.

※ 문제의 성격(문제 처리의 용이성)
　㉠ 인과관계모형 및 적절한 기술이 존재한다.
　㉡ 대상 집단 행태의 다양성이 크지 않다.
　㉢ 대상 집단의 규모가 작다.
　㉣ 요구되는 행태 변화의 정도가 크지 않을 때 성공적으로 집행될 수 있다.

※ 법적 요인(집행에 대한 법규의 구조화 능력)
　㉠ 법규와 행태 변화에 대한 적절한 인과모형이 존재한다.
　㉡ 추구하는 목표 및 목표 간의 우선순위가 명확히 규정된다.
　㉢ 적정한 수준의 재원이 확보된다.
　㉣ 집행 과정상의 거부점이 최소화되는 한편, 저항의 극복수단인 제재·유인책이 마련된다.
　㉤ 집행기관의 결정규칙이 목표에 부합한다.
　㉥ 집행책임이 목표달성에 적극적인 집행인 또는 집행기관에 부여된다.
　㉦ 국외자(局外者)의 공식적 참여권이 널리 인정되어 외부의 감독권이 집중화되는 경우에 용이하다.

※ 정치적 요인
　㉠ 사회·경제·기술적 상황
　㉡ 대중매체의 관심
　㉢ 대중의 지지
　㉣ 관련 집단의 자원 및 태도
　㉤ 지배기관의 후원
　㉥ 집행인의 적극성과 지도성

15 ④

④ PERT는 비반복적인 대규모 신규사업에 활용한다.

16 ①

정책문제의 정의란 정책문제를 구성하는 요소, 원인 및 결과 등을 규정하여 무엇이 문제인가를 밝히는 것이다. 정책목표의 설정은 정책문제를 정의한 이후에 이루어지는 활동이다.
② 인과관계 파악 : 각 요소들을 원인 - 매개 - 결과로 구분하여, 인과관계를 파악한다.
③ 역사적 맥락 파악 : 정책문제 관련 요소들의 발전과정 및 변수에 의한 관계 변화를 파악한다.
④ 관계 요소 파악 : 정책문제를 유발하는 사람, 사물, 상황적 요소를 찾아내는 것으로 정책문제 정의의 첫 단계라고 할 수 있다.
⑤ 가치판단 : 문제의 심각성 및 피해 계층을 파악한다. 또한 정책문제와 관련된 사람들이 원하는 가치가 무엇인지 판단한다.

17 ②

델파이 기법 … 예측하려는 분야의 전문가들에게 설문지로 의견을 묻고, 근접한 결론에 이를 때까지 반복하여 유도·분석·종합하는 방법을 이용한 미래예측기법이다.

18 ③

팀제에서는 업무수행결과에 대한 공동책임·공동모색이 나타난다.

19 ②

Etzioni는 조직이 사용하는 제재(sanctions)의 종류와 구성원의 관여의 형태에 따라 조직을 분류하였다.
　㉠ 조직이 사용하는 제재(sanctions)의 종류 : 강제적, 보수적, 규범적
　㉡ 구성원의 관여(involvement)의 형태 : 소외적, 타산적, 도덕적

20 ④

자신과 상대방의 이익 모두를 만족시키려는 방안은 협동(제휴)이며, 타협은 자신과 상대방의 이익을 만족시키려는 정도가 중간 정도인 방안에 해당한다.

※ K. Thomas의 대인적 갈등관리 방안

구분		상대방의 이익을 만족시키려는 정도		
		낮음		높음
자신의 이익을 만족시키려는 정도	낮음	회피 (avoiding)		순응(동조, accomm-odating)
			타협 (compromisin)	
	높음	경쟁(competing)		협동(제휴, collabo-ration)

21 ①

조직발전은 조직의 효과성·건전성이 목적이며, 이를 위해 인간변화(가치관, 태도, 신념 등)에 초점을 두는 인간적 접근방법을 강조한다.

22 ④

④ 위원회조직은 다수의 인원이 참여하므로 일이 지연되고 누설되기 쉽다.

※ 위원회조직
　㉠ 계층제의 경직성을 완화시킨 합의제 조직
　㉡ 분권적·수평적·참여적 조직
　㉢ 다수에 의한 결정, 국민의사를 널리 반영(민주적 성격)
　㉣ 전문가의 참여로 행정의 전문성·효율성 향상에 기여
　㉤ 집행결과에 대해 책임이 적은 막료조직

23 ④

④ 전통적·권위적 관리방식은 성숙한 인간의 자기실현욕구 충족을 방해하게 되어 결과적으로 의존성, 결근, 이직, 무관심과 같은 적응행동을 취하게 된다.

※ 악순환모형 … 전문화·명령통일·통솔범위 등의 조직원리에 바탕을 둔 전통적·권위적 관리방식은 성숙한 인간의 자기실현욕구 충족을 방해하게 되어 결과적으로 의존성, 결근, 이직, 무관심과 같은 적응행동을 취하게 된다.

24 ①

Lundstedt의 Z이론 … X이론이 독재형 또는 권위형, Y이론이 민주형에 해당하는 데 비해 Z이론은 자유방임형 내지 비조직형에 해당한다고 보아, Z이론에 해당하는 조직은 지도력의 결여에 의한 경우 집단적 응집력의 약화에 따른 조직의 생산성 저하라는 역기능적 결과를 가져올 수도 있으나, 비조직화에 의한 구성원의 심리적 충족과 창의력 발휘 등 조직생산성을 증대시키는 기능적 결과를 가져올 수도 있다고 본다.

25 ①

㉠ 기업가적 정부는 촉매 작용적 정부, 미래 예견적 정부, 경쟁적 정부, 산출 지향적 정부를 그 특징으로 한다.

26 ①

기업가적 정부는 촉매 작용적 정부, 미래 예견적 정부, 경쟁적 정부, 산출 지향적 정부를 그 특징으로 한다.

27 ①

① 참여자의 동의는 의사전달의 신뢰성을 높이는 방법으로 볼 수 없다.

28 ③

③ 대표관료제는 대중통제의 내재화를 달성시킬 수 있다.

29 ②

적극적 인사행정의 방안
㉠ 적극적 모집 : 유능하고 의욕적인 인재를 공직에 유치하기 위해 시험절차의 간소화, 시험의 주기적 실시 등 적극적 모집을 한다.
㉡ 재직자의 능력계발 : 재직자의 교육훈련의 강화와 합리적인 승진, 전직, 근무성적평정제도 등을 활용한다.
㉢ 인간관계의 개선 : 공직에의 안정성 확보와 의욕적 근무유도를 위해 근무환경의 개선, 고충처리제도, 인사상담제도, 제안제도, 동기유발, 의사소통 등을 개선한다.
㉣ 공무원단체의 활용 : 건전한 단체활동을 조장·지원한다.
㉤ 인사권의 분권화 : 중앙인사기관의 인사권을 분권화하여 각 부처의 인사기능을 강화한다.
㉥ 엽관주의 요소의 가미 : 고위직위의 정치적 임명이 가능하도록 탄력성을 부여한다.

㉦ 개방형 임용제 실시 : 직위분류제 등의 지나친 획일적 적용을 지양하고 개방형을 적절히 가미하여 융통성 있고 능률적인 인사제도를 수립한다.

30 ④

엽관주의 … 복수정당제가 허용되는 민주국가에서 선거에서 승리한 정당이 정당 활동에 대한 공헌도와 충성심의 정도에 따라 공직에 임명하는 제도이다. 엽관주의는 미국에서 처음으로 도입된 것으로 선거에서 승리한 정당이 모든 관직을 전리품처럼 임의로 처분할 수 있는 제도를 의미하고, 정권교체와 함께 공직의 광범위한 경질이 단행된다.

31 ③

보수체계의 합리적 기준을 제공하는 것은 동일직무에 대한 동일보수의 원칙을 강조하는 직위분류제의 장점이다.

32 ②

② 배치전환은 담당직위의 수평적 이동인데, 승진은 수직적인 상향이동이다.

※ 수평적 내부임용
㉠ 전보 : 동일한 직급 내에서의 보직변경
㉡ 전직 : 직렬을 달리하는 임명
㉢ 전입 : 인사관리를 달리하는 기관으로의 수평적 이동 – 국회·행정부·법원 간의 이동
㉣ 파견근무 : 국가적 사업의 수행을 위하여 공무원의 소속을 바꾸지 않고 일시적으로 타기관이나 국가기관 이외의 기관 및 단체에서 근무하는 것

33 ①

① 근무성적평정에서 가장 많이 이용되고 있는 방법으로서, 평정서의 작성이 간단하고 평정이 용이하다. 그러나 평정요소의 합리적 선정이 곤란하고 평정등급의 기준이 모호하며, 연쇄화 효과를 초래하는 문제점을 지닌다.

34 ③

③ 경력 기록은 사기 측정과 관계가 없다.

※ 사기조사방법
㉠ 기록조사방법 : 생산고 조사, 근태율 조사, 사고율 조사
㉡ 태도조사법 : 질문지법, 면접법
㉢ 기타 : 소시오메트리, 투사법

35 ④

근속급의 장점은 지문 이외에 폐쇄적 노동시장 하에서 인력관리 용이, 인사관리의 융통성, 실시 용이, 상위직에 적용용이 등이다. 직무급의 장점은 직무에 상응하는 급여 지급, 개인별 임금 차의 불만 해소, 인건비의 효율 증대, 노동시장 적용 용이, 능력위주의 인사 풍토 조성, 하위직에 적용 용이 등이다.

36 ②

예산의 종류 중 예산의 성립시기에 의한 구분으로는 본예산, 추경예산, 수정예산 등이 있다.

37 ④

④ 추가경정예산이란 예산이 성립한 후에 생긴 부득이한 사유로 인하여 이미 성립된 예산에 변경을 가하는 예산으로, 본예산과 별개로 성립하나 일단 성립하면 전체로서 실시된다. 따라서 당해 회계연도의 결산에 포함된다.

38 ②

② 조세지출예산제도(Tax Expenditure Budget)는 특정 주체에게 부과해야 하는 세금을 재정지원의 목적으로 비과세, 공제 등 정책적으로 감면해 주는 것으로 실질적인 예산지출과 같은 효과를 나타낸다는 점에서 조세지출예산이라고 한다. 조세지출예산은 서독에서 처음 도입되었다.

39 ②

위임의 양에 관한 원칙
㉠ 전단계의 원칙 : 권한위임은 모든 단계에 걸쳐서 이루어져야 함
㉡ 대폭의 원칙 : 예외적 사항을 제외한 모든 일상적 사항은 위임되어야 함

40 ③

③ 구조적 접근법은 주로 고전적 조직원리에 해당하는 명령통일의 원리, 통솔범위의 원리 등에 입각한 개혁을 추구하므로 원리접근법이라고도 한다.

서울교통공사

부록

부록	구 성	핵심이론, 핵심용어정리
	핵심 이론	행정의 기초이론 / 행정목표 · 정책론 · 기획론 / 조직의 구조와 관리 / 인사행정론 / 재무행정론 / 행정통제와 행정개혁 / 지방행정론

SEOWONGAK

(주)서원각

부록 핵심이론

---

1 **행정의 기초이론**

1. 행정의 의의

(1) 현대행정의 개념

① 개념 … 정치권력을 배경으로 국가발전목표를 설정하고 이를 효율적으로 달성하기 위해 정책을 결정 · 형성하며 형성된 정책을 구체화하는 사무 · 관리 · 기술체계로, 집단적 · 협동적인 복수의 의사결정과정이다.

② 특징 … 안정성 · 계속성, 공익성 · 공공성, 정치성 · 정책성 · 권력성, 합리성, 협동성, 집단성, 기술성

(2) 공행정과 사행정(행정과 경영)

① 의의 … 공행정이란 국가 또는 공공기관이 공익이나 특정 목표를 달성하기 위해서 행하는 활동을 의미하며, 사행정이란 사기업이나 민간단체가 조직목표를 달성하기 위해서 행하는 활동을 의미한다.

② 유사점 … 목표달성수단, 관료제적 성격, 협동행위, 관리기술, 의사결정, 봉사성, 개방체제

③ 차이점

구분	행정	경영
목적	공익, 질서유지 등 다원적 목적	이윤의 극대화라는 일원적 목적
주체	국가 또는 공공기관	기업
정치적 성격	강함	상대적으로 약함
신분보장	강함	약함

2. 현대행정의 특징

(1) 행정국가의 성립

① 현대행정국가의 특징
  ㉠ 양적 측면
   • 행정기능의 확대 · 강화
   • 행정기구의 증가
   • 공무원 수의 증가
   • 재정규모의 팽창
   • 공기업 수의 증가

ⓛ 질적 측면
- 행정의 전문화·기술화
- 정책결정 및 기획의 중시(정치·행정일원론)
- 행정조직의 동태화(Adhocracy)
- 예산의 기획지향성(PPBS, MBO, ZBB)
- 행정책임의 중시 및 행정평가제도의 발달
- 신중앙집권화
- 행정의 광역화(광역행정)

② 행정국가의 한계
㉠ 행정권의 집중화·과대화
ⓛ 행정의 특수 이익화
㉢ 신중앙집권화와 광역행정으로 지방자치 위기 초래

(2) 시장실패와 정부실패

① 시장실패 … 공공재의 문제, 외부효과의 문제, 불완전경쟁문제, 불완전정보문제, 소득분배의 불공평성

② 정부실패
㉠ 정부실패의 원인
- 행정기구의 내부성과 조직내부목표
- 정부개입의 파생적 효과
- 정부산출의 정의 및 측정 곤란성
- 정보의 불충분
ⓛ 정부실패의 대응
- 소정부화 : 권력의 통제, 행정관리의 효율화, 행정영역의 감축, 내부관리의 효율화, 행정기능의 재정립
- 민영화 : 공기업의 민영화, 계약에 의한 민간위탁, 생산보조금, 독점판매권, 구매권, 공동생산, 규제완화

(3) 복지행정과 사회보장제도

① 의의
㉠ **복지(welfare)** : 누구나 잘 살고 공평한 대우를 받는 상태를 의미한다. 이를 위해서 행정은 자유·민주·참여가 실현되어야 하고 완전고용이 이루어져야 하며, 일에 참여한 사람들이 공정한 분배와 정당한 보상을 받는 제도가 정착되어야 하고, 지역 간의 균형발전과 교육의 보편화가 실현되어야 한다.
ⓛ **사회보장제도** : 1935년 미국의 사회보장법에서 시작하여 1942년 영국의 Beveridge보고서에 의해 법률로 제정됨으로써 본격화되었다.

② 복지국가 실현방안
㉠ **사회보험제도** : 관리주체는 국가로서 고용보험, 국민연금, 산재보험, 국민건강보험 등이며 주로 선진국에서 발달하였다.
ⓛ **공공부조** : 극빈자나 노동능력이 결여된 자 또는 원호보호대상자에 한해 원호·구호·구제하는 사업이다.

(4) 정보화 사회

① 의의

　㉠ 개념 : 산업사회 이후에 나타난 사회로서 어떠한 물질, 재화, 에너지보다도 정보의 가치, 지식, 기술이 중시되는 사회를 말한다.

　㉡ 특성 : 다양성, 탈계층성의 강조, 신지식인의 등장, 전자정부가 나타나며 행정서비스의 질(신속성, 정확성, 능률성)이 향상되어 고객수요자가 중심이 되고, 다품종 소량생산체제로 전이한다.

② 정보화 사회의 역기능

　㉠ 인간성 상실, 윤리의 상실과 소외현상

　㉡ 관료들의 문제불감증

　㉢ 정보독점에 따른 기업 · 지역 · 국가 간 격차증대 및 집권화의 위험

　㉣ 컴퓨터 보안문제와 개인의 사생활 침해문제

3. 행정학의 발달

(1) 미국 행정학의 발달

① 기술적 행정학(정치 행정이원론)

　㉠ 의의 : 행정은 정치권력이 아닌 공공사무의 관리 · 기술수단이며 정치분야가 아닌 경영분야이다.

　㉡ 내용 : 능률성을 강조하여 상의하달식 의사전달방식을 택하여 권위적 지배 · 복종관계를 중시하고, 권한 · 책임한계의 명확화와 공식성 · 표준화 수준을 높이기 위해 공식구조를 강조하며 내부의 관리절차와 수단을 중시한다.

　㉢ 한계 : 비공식조직의 중요성, 사회적 능률성, 외부환경변수, 인간의 감정적 요인 등을 인식하지 못한 점에 한계가 있다.

② 기능적 행정학(정치 행정일원론)

　㉠ 의의 : 기술적 행정학의 한계를 극복하기 위해 나온 이론으로 행정은 정책결정기능과 형성기능을 적극적으로 수행해야 한다고 본다.

　㉡ 내용 : 사회문제의 적극적인 해결을 위해 가치중립성에서 벗어나 가치지향성을 추구하게 되었고 이를 행정의 정책결정기능과 형성기능을 통해 구체화하였으며, 사회적 능률성을 강조하였다.

(2) 과학적 관리론과 인간관계론

① 과학적 관리론

　㉠ 특징

　　• 전문화 · 분업의 원리 중시를 통한 행정의 전문성을 강조하였다.

　　• 계층제 형태의 공식구조와 조직을 중시하였다.

　　• 경제적 · 합리적 인간관(X이론적 인간관)과 기계적 능률성을 중시하였다.

　　• 폐쇄체제적 환경(환경변수 무시)이다.

　　• 상의하달식 의사전달체계이다.

　　• 시간과 동작의 연구를 통해 일일 과업량을 설정하였다.

ⓛ 내용
- 테일러 시스템(Taylor system) : 과학적 방법으로 생산 공정의 요소단위를 분석하고 최선의 방법을 통해 작업조건을 표준화하여 개인에게 일일과업을 부여한다. 경제적 유인으로 동기부여가 된다.
- 포드 시스템(Ford system) : 작업공정을 Gilbreth의 기본동작연구를 이용하여 세분화·전문화·표준화하고 이를 기계로 대치하여 이동조립법을 실시했다.
ⓒ 영향
- 정치·행정이원론(기술적 행정학)의 성립에 기여했다.
- 행정의 과학화를 강조하고 행정의 능률화에 기여했다.
ⓔ 한계
- 공익을 우선으로 해야 하는 행정에 한계가 있다.
- 인간의 부품화, 인간성의 상실, 종속변수로서의 인간 인식을 초래하였다.
- 조직과 환경과의 상호의존작용을 무시하였다.
- 인간의 사회적·심리적 요인 등을 간과하였다.
- 비공식조직을 무시하였다.

② 인간관계론
ⓐ 내용 및 특징 : 사회 심리적 요인의 중시, 비합리적·감정적 요소의 중시, 비합리적·사회적 존재의 강조, 비공식집단의 중시, 조직 관리의 민주화·인간화 강조를 들 수 있다.
ⓛ 영향
- 비공식조직의 중요성을 인식하는 계기가 되었다.
- 사회인관, Y이론적 인간관으로 변화하였다.
- 인간을 사회·심리적 욕구를 지닌 전인격적 존재로 파악하였다.
- 인간행태를 독립변수화하였다.
ⓒ 한계
- 합리적 경제인관을 과소평가하였다.
- 지나친 비합리주의와 감정 지향적 성향을 가진다.
- 공식조직·외부환경과의 관계를 경시하였다.

(3) 비교행정

① 비교행정의 접근방법
ⓐ Riggs의 분류 : Riggs는 비교행정의 접근방법 경향이 종래의 규범적 접근방법에서 경험적 접근방법으로, 개별적 접근방법에서 일반법칙적 접근방법으로, 비생태적 접근방법에서 생태적 접근방법으로 전환하고 있다고 지적했다.
ⓛ Heady의 중범위 이론모형 : 일반체제이론이 포괄적이어서 실증적인 자료에 의한 뒷받침이 어려우므로 연구대상 및 범위를 좁혀 집중적으로 연구하는 것이 효과적이라는 관점에서 제기된 방법이다.

② 평가
ⓐ 공헌 : 후진국 및 신생국의 행정행태를 개방체제적 관점에서 고찰하여 행정행태의 특성형성에 관련되는 사회·문화적 환경요인을 규명했다.
ⓛ 비판 : 정태적 균형이론으로 사회의 변동과 발전을 충분히 다루지 못했으며, 환경을 지나치게 강조하여 신생국의 발전과 근대화에 비관적이다.

(4) 발전행정

① 접근방법
  ㉠ 행정체제적 접근방법(행정체제 자체의 발전전략) : 균형적 접근방법, 불균형적 접근방법
  ㉡ 사회체제적 접근방법(타체제와의 전체적인 발전전략) : 균형적 접근방법(Riggs, Eisenstadt),불균형적 접근방법
    (Esman, Weidner)

② 비판 … 행정의 비대화, 서구적 편견, 공정성의 문제, 다양한 발전의 경로 봉쇄, 과학성의 결여

(5) 신행정론

① 내용
  ㉠ 특징 : 사회적 평등 강조, 가치주의 중시, 사회변화에 대한 대응 중시
  ㉡ 접근방법 : 현상학적 접근방법, 역사주의적 접근방법
  ㉢ 내용
    • 행태론과 실증주의를 비판
    • 행정의 독립변수역할과 적극적 행정인의 역할을 강조
    • 수익자 · 고객 중심의 행정지향과 참여확대 추구
    • 비계층적 · 탈관료제적인 협력체제를 모색

② 평가 … 관료들의 가치지향적 행동을 지나치게 강조 · 의존

(6) 신공공관리론

① 내용
  ㉠ 신공공관리론의 패러다임 : 시장주의와 신관리주의가 결합된 것이다.
  ㉡ 특징
    • 정부기능의 감축 및 공공부문의 시장화
    • 개방형 임용제
    • 성과급의 도입 및 근무성적평정제도를 강화
    • 총체적 품질관리(TQM)

② 방법
  ㉠ TQM(총체적 품질관리)
  ㉡ Downsizing
  ㉢ Benchmarking system
  ㉣ Restructuring
  ㉤ Reengineering
  ㉥ Reorientaion
  ㉦ Outsourcing

③ 한계
  ㉠ 형평성 약화, 성과 측정의 어려움
  ㉡ 공공부문 · 민간부문의 환경간 근본적 차이 도외시

(7) 신국정관리론(New-govermance)

① 이슈공동체 … 공통의 기술적 전문성을 가진 다양한 참여자들의 지식공유집단이며, 광범위한 정책연계망이다.

② 정책공동체 … 대립하는 신념과 가치를 가진 전문가들이 특정 분야의 정책에 관심을 가지는 가상적 공동체이다.

③ 인식공동체 … 특정 분야의 정책문제에 대한 전문성과 지식을 가진 것으로 인정되는 전문직업인의 연계망이다.

4. 행정학의 접근방법

(1) 행태론적 접근방법

① 의의 … 인간적 요인에 초점을 두며 H.A. Simon의 행정행태론이 대표적이다.

② 내용 … 논리적 실증주의, 정치·행정이원론, 객관화와 계량화, 과학성, 방법론적 개인주의 등이 있다.

(2) 생태론적 접근방법

① 의의 … 행정을 일종의 유기체로 파악하여 행정체제와 환경 간의 상호작용관계에 연구의 초점을 둔다. 행정체제의 개방성을 강조하고, 환경에 대한 행정의 종속변수적 측면을 강조한 거시적 접근법이다.

② 내용
　㉠ Gaus의 생태론 … 행정에 영향을 미치는 7대 환경변수를 제시하였다.
　㉡ Riggs의 생태론 … 구조기능적으로 분석하여 사회삼원론(융합사회, 프리즘적 사회, 산업사회)을 제시하였다.

(3) 체제론적 접근방법

① 의의(Parsons, Scott, Etzioni) … 행정현상을 하나의 유기체로 보아 행정을 둘러싸고 있는 다른 환경과의 관련 속에서 행정현상을 연구하려는 개방체제적 접근법이다.

② 체제의 특징과 기능
　㉠ 특징 : 전체성, 경계가 존재한다.
　㉡ 기능 : (T. Parsons의 AGIL 기능) : 적응기능(Adaptation), 목표달성기능(Goal attainment), 통합기능(Integration), 체제유지기능(Latent pattern maintenance)을 한다.

(4) 현대행정학의 동향

① 행정학의 보편성과 특수성
　㉠ 보편성 : 행정행태론과 비교행정론에서 중시된 개념으로 우수한 행정이론이나 제도는 시대와 상황이 다른 곳에 적용되어도 그 효용성이 감소되지 않는다는 것을 전제로 한다.
　㉡ 특수성 : 제2차 세계대전 이후 미국의 행정이론이 신생국에 도입되었으나 각종 부작용이 발생한 경험을 토대로 행정의 특수성이 제기되었다. 이는 행정이론과 제도가 특정한 역사적 상황이나 문화적 맥락 속에서 각기 다른 효용성을 보임을 뜻한다.

② 행정학의 과학성과 기술성
　㉠ 과학성(행정관리설, 행정행태설) : 행정학을 경험적 검증을 거친 과학적 학문분과로 파악하여 설명성, 인과성, 객관성 및 유형성을 강조하고 사회현상이나 자연현상의 인과적인 설명에 중점을 둔다.
　㉡ 기술성(통치기능설, 발전기능설) : 정해진 목표의 효율적 성취방법을 의미하며 실용성, 실천성, 처방성을 강조하고 리더십의 연구에 있어 행정의 기술성이 가장 강조된다.

5. 행정의 가치

(1) 행정이념

① 의의 … 행정이 지향하는 최고가치, 이상적인 미래상 또는 행정철학, 행정의 지도정신 나아가 공무원의 행동지침 및 방향을 의미한다.

② 내용
　㉠ 합법성(Legality)
　㉡ 능률성(Efficiency)
　㉢ 민주성(Democracy)
　㉣ 효과성(Effectiveness)
　㉤ 생산성(Productivity)
　㉥ 사회적 형평성(Social equity)
　㉦ 가외성(Redundancy)

(2) 공익

① 의의
　㉠ 개념 : 국민에 대한 책임 있는 의사결정행위로서, 일반적인 불특정 다수인의 배분적 이익, 사회전체에 공유된 가치로서의 사회일반의 공동이익이라고 정의할 수 있다.
　㉡ 중요성
　　• 행정의 이념적 최고가치이며 행정인의 활동에 관한 최고의 규범적 기준이 된다.
　　• 국민에 대한 행정의 책임성을 판단하는 기준이자 정책결정의 가장 중요한 기준이 된다.

② 기능 … 결정자의 가치를 객관적·보편적 가치로 환원하는데 기여한다.

(3) 사회지표

① 의의 … 사회적 상태를 총체적으로 나타내어 생활의 양적·질적인 측면을 측정하여 인간생활의 전반적인 복지수준을 파악 가능하게 해주는 척도이다.

② 문제점 … 중복 계산되거나 누락되는 경우가 많아 수량적 측정이 곤란한 경우가 많고, 객관적 지표와 주관적 지표가 일치하지 않는 경우가 많다.

1. 행정목표와 목표관리

(1) 행정목표

① 개념 ··· 목표설정이란 행정조직이 달성하고자 하는 미래의 바람직한 상태를 정립하는 창조적인 활동이다.

② 목표의 구조
  ㉠ 수단 – 목표의 연쇄성 : 조직의 상위목표와 하위목표는 목표와 수단의 관계로 연결되어 있음을 의미한다. 즉, 일정한 목표는 그보다 상위의 목표에 대해서는 달성수단이 되고 하위의 목표에 대해서는 달성목표가 되는 것이다.
  ㉡ 목표의 다원성 : 여러 목표의 상호보완적인 관계로 많은 사람으로부터의 지원을 확보할 수 있으나 구성원 간 대립 · 상충이 발생한다.

(2) 목표의 변동

① 목표의 전환(대치, 전치, 왜곡) ··· 본래의 조직목표를 망각하고 다른 수단적 목표를 택하는 것으로서 조직의 목표가 수단에 의해서 희생되는 현상을 의미한다.

② 목표의 승계 ··· 조직의 원래 목표가 달성되었거나 달성이 불가능하여 새로운 목표를 추구하고자 할 때 혹은 환경의 변동으로 목표의 정당성이 상실된 경우, 조직의 존속을 위해 새로운 목표를 설정하여 추구하고자 할 때에 나타난다.

③ 목표의 다원화 · 확대 · 축소 ··· 본래의 목표에 새로운 목표를 추가하는 경우를 목표의 다원화라 하고, 목표의 확대란 조직 내 · 외부의 환경과 조건의 변화에 대응하기 위해 목표의 범위를 확장하여 양적 변동을 추구하는 것을 말하며, 그 반대되는 경우를 목표의 축소라 한다.

④ 목표관리(MBO ; Management By Objectives) ··· 상하구성원의 참여과정을 통하여 조직의 공통목표를 명확히 하고, 조직구성원 개개인의 목표를 합의하여 체계적으로 부과하여 수행결과를 사후에 평가하여 환류함으로써 궁극적으로 조직의 효율성을 향상시키고자 하는 관리기법 내지 관리체제이다.

2. 정책론

(1) 정책의 본질

① 정책의 유형
  ㉠ 학자들의 분류
    • Almond와 Powell : 추출정책, 분배정책, 규제정책, 상징정책
    • Lowi : 분배정책, 재분배정책, 규제정책, 구성정책
  ㉡ 정책의 성격에 의한 분류
    • 분배정책 : 특정한 개인이나 집단에 공공서비스와 편익을 배분하는 것으로 수출 특혜금융, 지방자치단체에 대한 국가보조금 지급, 주택자금대출, 농어촌 지원대책, 철도 · 체신사업 등이 해당된다.
    • 규제정책 : 특정한 개인 · 집단의 사유재산과 경제활동에 통제 · 제한을 가하여 행동이나 재량권을 규제하는 정책으로 환경오염에 대한 규제, 독과점 규제, 기업활동 규제 등이 있다.
    • 재분배정책 : 부와 재화를 많이 가진 집단으로부터 그렇지 못한 집단으로 이전시키는 정책으로 누진과세, 영세민 취로사업, 임대주택의 건설 등이 해당된다.
    • 구성정책 : 정부기관의 기능 · 구조 변경 또는 신설 등과 관련된 정책이다.

- 추출정책 : 국내외의 환경으로부터 인적 · 물적 자원을 확보하는 것으로 조세, 병역 등이 해당된다.
- 상징정책 : 국가의 정당성 확보 또는 국민의 자긍심을 높이기 위한 정책으로 경복궁 복원, 군대 열병 등이 그 예이다.

② 정책과정과 참여자
  ㉠ 정책과정 : 정책의 형성부터 종결에 이르기까지의 일정한 과정이다. 정책과정은 대체로 정책의제 형성 → 정책분석과 결정 → 정책집행 → 정책평가 → 정책종결과 환류(Feed back)의 과정을 갖는다.
  ㉡ 정책과정의 참여자
    - 정책결정담당자 : 행정수반, 입법부, 공무원, 사법부와 지방자치단체가 있다.
    - 비공식적 참여자 : 이익집단, 정당, 일반시민과 전문가, 정책공동체가 있다.

(2) 정책의 형성

① 정책의제형성
  ㉠ 의의 : 정부가 사회문제를 정책적으로 해결하기 위하여 검토하기로 결정하는 행위 또는 과정을 말한다.
  ㉡ 정책의제형성모형
    - 외부주도형 : 정부 외부의 집단에 의해 이슈가 제기되는 경우로서 다원화되고 평등한 사회일수록 외부주도형에 의존할 가능성이 크다.
    - 내부주도형(동원형) : 정부 내의 정책결정자들에 의하여 주도되어 거의 자동적으로 정책의제가 채택되는 경우로 정부의제가 된 이후 공중에게 알려지게 되므로 행정PR을 필요로 한다.
    - 내부접근형(음모형) : 외부 국민들과는 관계없이 정부관료제 내부에서만 이루어진다.

② 정책결정
  ㉠ 의의 : 정부기관이 정책을 동태적 과정을 거쳐 공적 문제의 해결을 위하여 미래의 바람직한 정부의 대안을 탐색 · 선택하는 과정을 말한다.
  ㉡ 과정(G.B. Galloway) : 정책문제의 인지 → 목표의 설정 → 정보수집 및 분석 → 대안의 작성 및 비교 · 분석 → 최선의 대안 선택
  ㉢ 정책결정 이론모형
    - 합리모형 : 합리적인 경제인인 정책결정자는 전지전능한 존재라는 가정하에 목표달성의 극대화를 위한 합리적 대안을 탐색 · 추구하는 이론으로 종합성, 합리성, 체계성, 완전분석성, 근본적 검토 등을 특징으로 하는 이상론적인 정책결정과정을 가리킨다.
    - 점증모형(Lindblom & Wildavsky) : 인간의 지적 능력의 한계와 정책결정수단의 기술적 제약을 인정하고, 정책대안의 선택은 종래의 정책이나 결정의 점진적 · 순차적 수정이나 부분적인 약간의 향상으로 이루어진다고 보며 정치적 합리성을 중요시한다. 그러나 안이한 정책결정을 조장하고 쇄신을 저해한다는 비판을 받는다.
    - 만족모형(Simon & March) : 인간의 인지능력, 시간, 비용, 정보 등의 부족으로 최적 대안보다는 현실적으로 만족할 만한 대안을 선택하게 된다는 제한된 합리성을 가정한다.
    - 혼합주사모형(Etzioni) : 규범적 · 이상적 접근방법인 합리모형과 현실적 · 실증적 접근방법인 점증모형을 혼용함으로써 현실적이면서도 합리적인 결정을 할 수 있다고 본다.
    - 최적모형(Dror) : 합리모형의 비현실적인 측면과 점증주의의 보수적인 측면을 모두 비판하고 규범적이고 처방적인 입장에서 제시된 것으로, 계량적인 면과 질적인 면을 적절히 결합시키고 합리적인 요소와 초합리적인 요소를 함께 고려하여야 함을 강조했다.
    - 공공선택이론모형(Vincent Ostrom & Elinor Ostrom) : 행정을 근본적으로 공공재의 공급과 소비로 파악하고, 국민의 투표를 통한 선호를 표출시킴으로써 공공재를 스스로 선택할 수 있도록 하는 공공선택을 주장하였다. 홉스적 인간관을 전제로 공공재의 효율적인 생산과 공급은 제도적 장치의 마련을 통해 가능하다는 입장을 기본으로 하고 있다.

- 사이버네틱스모형 : 적응적·관습적 의사결정모형으로, 불확실한 상황하에서 시행착오를 거쳐 정보를 지속적으로 제어하고 환류하는 가운데 점진적인 적응을 해나간다고 본다.
- 쓰레기통모형 : 의사결정은 조직화된 환경, 참여자, 목표수단의 불확실상태에서 우연한 계기로 인해 정책결정이 이루어진다고 본다.

③ **정책분석** … 넓은 의미로서 의사결정자의 판단의 질을 높여주기 위한 각종 대안에 대한 과학적인 비교 및 체계적인 검토와 분석을 뜻하며 대체로 분석의 차원과 유형에 따라 관리과학, 체제분석, 정책분석의 세 차원으로 구분된다.
  - ㉠ **체제분석(SA ; System Analysis)** : 의사결정자가 최적대안을 선택하는 데 도움을 주기 위한 체계적이고 과학적인 접근방법으로, 계량평가를 전제로 질적 가치문제에 대한 평가를 하게 된다.
  - ㉡ **정책분석(협의의 정책분석)** : 정책목표를 달성하기 위한 최선의 대안을 선택하도록 하는 정책의 사전적 평가로, 수집된 자료·정보를 근거로 정책대안을 체계적으로 탐색·분석하여 결과를 예측함으로써 최선의 대안이 선택되도록 하는 활동이다.

④ **정책집행**
  - ㉠ **의의 및 특징** : 권위 있는 정책지시를 실천에 옮기는 과정이다. 정책집행은 정치적 성격을 가지며 정책과 정책결과 또는 영향을 이어주는 매개변수이므로 명확하지 않은 계속적 과정으로 정책결정 및 정책평가와 상호작용을 한다.
  - ㉡ **정책집행의 순응과 불응** : 순응이란 정책집행자나 정책대상집단이 정책결정자의 의도나 정책 또는 법규의 내용에 일치되는 행위를 하는 것을 의미하고, 이와 상반되는 행위를 불응이라 한다.

⑤ **정책평가**
  - ㉠ **의의** : 정책이 본래의 목표에 맞게 수행되고 있는지의 여부와 그 결과에 대한 사후평가와 분석으로서 정책결정의 환류기능을 수행한다.
  - ㉡ **정책평가를 위한 사회실험**
    - 비실험 : 통제집단을 구성하지 못하는 경우 이들 통제집단과 실험집단의 구분 없이 정책처리를 하는 실험으로, 비교집단이 최초 실험설계시 존재하지 않는다.
    - 진실험 : 실험집단과 통제집단의 동질성을 확보하여 행하는 사회실험방법이다.
    - 준실험 : 진실험방법이 갖는 정치적·기술적 문제를 완화하기 위한 방법으로 실험집단과 통제집단의 동질성을 확보하지 않고 행하는 실험이다.
  - ㉢ **정책평가의 타당성** : 정책평가가 정책의 효과를 얼마나 진실에 가깝게 추정해 내고 있는지를 나타내는 개념이다.
    - 구성적 타당성 : 처리, 결과, 모집단 및 상황들에 대한 이론적 구성요소들이 성공적으로 조작화된 정도를 의미한다.
    - 통계적 결론의 타당성 : 정책의 결과가 존재하고 이것이 제대로 조작되었다고 할 때, 이에 대한 효과를 찾아낼 만큼 충분히 정밀하고 강력하게 연구설계가 이루어진 정도를 말한다.
    - 내적 타당성 : 정책집행결과상 변화의 인과론적 명확성 정도를 나타낸다. 즉, 결과에 대하여 찾아낸 효과가 다른 경쟁적인 원인이 아닌 정책에 기인된 것이라고 볼 수 있는 정도를 말한다.
    - 외적 타당성 : 내적 타당성을 확보한 정책평가가 다른 상황에도 그대로 적용될 수 있는 정도를 말한다. 즉, 실험결과나 관찰된 효과가 다른 상황에서도 얼마나 일반화될 수 있는가의 정도를 나타낸다.

⑥ **정책종결** … 정책평가의 결과 역기능적이거나 불필요한 것으로 판단되는 정책을 정부가 의도적으로 축소·폐지하는 것으로 정책의 유효성을 위한 감축관리의 한 방법이다.

1. 조직이론의 기초

(1) 조직이론의 개관

① 조직의 의의
  ㉠ 개념 : 조직은 일반적으로 일정한 환경에서 구성원의 협동·노력으로 특정한 목표를 달성하기 위한 인적 집합체 또는 분업체제로서 이해된다.
  ㉡ 조직구조의 주요변수 : 복잡성, 공식성, 집권성
  ㉢ 조직의 상황변수 : 규모, 기술

② 조직이론의 발달과정
  ㉠ 고전적 조직이론(폐쇄적 합리체제) : 합리주의적 입장에서 절약과 능률, 최고관리층에 의한 행정통제에 중점을 두고 있다. 또한 원리적 접근을 특색으로 하며, 정치행정이원론에 입각하고 있다.
  ㉡ 신고전적 조직이론(폐쇄적 자연체제) : 과학적 관리론의 결점을 보완하기 위해 정치·행정이원론적 입장의 인간관계론에 근거를 두고 발전한 이론으로, 조직을 폐쇄체제로 보면서도 조직구성원의 사회적 욕구와 조직의 비공식적 요인에 중점을 두고 있다.
  ㉢ 현대조직이론(개방적 합리체제) : 현대의 조직은 개인을 다양한 욕구와 변이성을 지닌 자아실현인, 복잡인의 관점에서 파악하며 복잡하고 불확실한 환경 속에서 목표의 달성을 위해 개성이 강한 인간행동을 종합하는 활동을 의미한다.
  ㉣ 신조직이론(개방적 자연체제) : 조직군 생태론, 자원의존이론, 제도화 이론, 혼돈이론, 전략적 선택이론 등이 있다.

(2) 조직의 유형

① Blau & Scott(수혜자 기준)
  ㉠ 호혜조직 : 조직구성원이 주요 수혜자로서 정당, 노동조합, 직업단체 등이 있다.
  ㉡ 사업조직 : 조직의 소유자나 출자자가 주요 수혜자로서 사기업 등이 있다.
  ㉢ 봉사조직 : 조직과 직접적인 관계의 고객이 주요 수혜자로서 병원, 학교 등이 있다.
  ㉣ 공익조직 : 일반 대중이 주요 수익자로서 일반행정기관, 군대, 경찰서 등이 있다.

② T. Parsons · Katz & Kahn(사회적 기능 기준)

구분	T. Parsons	Katz & Kahn
적응기능	경제조직(회사, 공기업)	적응조직(연구소, 조사기관)
목표달성기능	정치조직(정당, 행정기관)	경제적·생산적 조직(산업체)
통합기능	통합조직(정부조직, 경찰)	정치·관리적 조직(정당, 노동조합)
현상유지기능	현상유지조직(학교, 종교단체)	현상유지조직(학교, 종교단체)

③ Etzioni(복종관계 기준)
  ㉠ 강제적 조직 : 강제적 권력과 소외적 관여의 결합(교도소, 강제수용소)
  ㉡ 공리적 조직 : 보수적 권력과 타산적 관여의 결합(기업, 이익단체)
  ㉢ 규범적 조직 : 규범적 권력과 도덕적 관여의 결합(정당, 종교단체)

④ Likert(의사결정에의 참여도 기준)

　㉠ 수탈적 권위형(체제1) : 조직의 최고책임자가 단독으로 모든 결정권을 행사하고 구성원의 의지는 반영되지 않는다.

　㉡ 온정적 권위형(체제2) : 주요 정책은 고위층에서 결정하고 하급자는 주어진 영역 내에서만 재량권을 발휘할 수 있으나 최종 결정에 앞서 상급자의 동의를 거쳐야 한다.

　㉢ 협의적 민주형(체제3) : 주요 정책은 고위층에서 결정하지만 한정된 범위의 특정 사안에 한해서는 하급자가 결정할 수 있다.

　㉣ 참여적 민주형(체제4) : 조직의 구성원이 결정에 광범위하게 참여할 수 있으며 상호간 완전한 신뢰를 전제로 한다.

⑤ Mintzberg(조직의 특징 기준)

　㉠ 단순구조 : 조직환경이 매우 동태적이며 상대적으로 규모가 작고 조직기술은 정교하지 않은 조직으로 신생조직 · 독재조직 · 위기에 처한 조직 등이 이에 속한다.

　㉡ 기계적 관료제 : 조직규모가 크고 조직환경이 안정되어 있으며, 표준화된 절차에 의해 업무가 수행되는 조직으로서 은행, 우체국, 대량생산업체, 항공회사 등이 이에 속한다.

　㉢ 전문관료제 : 전문적 · 기술적 훈련을 받은 구성원에 의해 표준화된 업무가 수행되고 전문가 중심의 분권화된 조직이며, 조직환경이 상대적으로 안정되고 외부통제가 없는 조직으로서 대학, 종합병원, 사회복지기관, 컨설팅회사 등이 이에 속한다.

　㉣ 분립구조, 사업부제구조 : 독자적 구조를 가진 분립된 조직이며 중간관리층이 핵심적 역할을 하는 조직으로 대기업 · 대학분교 · 지역병원을 가진 병원조직 등이 이에 속한다.

　㉤ 임시체제(Adhocracy) : 고정된 계층구조를 갖지 않고 공식화된 규칙이나 표준적 운영절차가 없으며, 조직구조가 매우 유동적이고 환경도 동태적인 조직으로 첨단기술연구소 등이 이에 속한다.

　　　Point ≫ 조직의 새로운 유형
　　　　㉠ 네트워크조직 : 유기적 조직유형의 하나로서 정보통신기술의 발달로 적용된 조직구조 접근법이다.
　　　　㉡ 팀제 조직 : 특정 과업을 수행하기 위해 조직되어 스스로 문제를 해결해 나가는 소단위의 조직이다.

(3) 조직의 원리

① **통솔범위의 원리** … 부하를 효과적으로 통솔할 수 있는 범위를 말한다.

② **계층제의 원리** … 통솔범위가 확대되면 계층수는 적어지고, 통솔범위가 축소되면 계층수가 늘어난다. 책임한계가 명확하고 신속 · 능률적인 업무 수행이 가능하지만 의사소통 왜곡, 환경변동에의 부적응 등 경직성을 초래한다.

③ **전문화의 원리(분업의 원리, 기능의 원리)** … 전문화는 해당 업무를 숙달시켜 직업의 경제적 · 능률적 수행과 조직의 합리적 편성, 특정 분야의 전문가 양성에 기여하는 바가 크다.

④ **부처편성의 원리(Gulick)** … 목적 · 기능별 분류, 과정 · 절차별 분류, 대상 · 고객별 분류, 지역 · 장소별 분류가 있다.

⑤ **조정의 원리** … 행정조직의 대규모화, 행정기능의 전문화 · 복잡화로 조정의 필요성이 증가한다.

⑥ **명령통일의 원리** … 명령체계의 책임성의 확보와 능률적 업무처리에 필요하다.

2. 조직구조론

(1) 관료제

① 베버(M. Weber)의 관료제 … 관념의 순수한 구성물로서 관료제를 파악하는 것으로, 근대관료제의 성립은 근대적 합리성에 기초한 인간 이성의 진보로부터 가능하다고 보았다.

② 관료제의 병리현상
 ㉠ 구조적 측면 : 할거주의(Selznick), 갈등조정수단 부족, 전문가적 무능, 조직의 활력 상실
 ㉡ 행태적 측면 : 무사안일주의, 인간성 상실
 ㉢ 환경적 측면 : 서면주의, 형식주의, 번문욕례, 목표와 수단 전도, 동조과잉, 변동에 저항

(2) 계선과 막료

① 계선과 막료의 장·단점

구분	계선기관	막료기관
장점	• 권한과 책임의 한계 명확 • 능률적 업무수행 • 명령복종관계에 의한 강력한 통솔력	• 기관장의 통솔범위 확대 • 전문지식활용 합리적 결정에 기여 • 조직에 신축성 부여
단점	• 전문가의 지식·기술의 활용 곤란 • 조직의 경직성 초래 • 조직운영의 능률성, 효과성 저하	• 의사전달경로의 혼란 우려 • 책임전가의 우려 • 계선과 막료 간의 불화와 갈등 조성

② 계선과 막료의 특징

구분	계선기관	막료기관
직무	목표달성에 직접적 기여	목표달성에 간접적 기여
권한	결정권·명령권·집행권	공적 권한 없음
조직	수직적 계층제	수평적·부차적 조직
책임	직접적 행정책임	간접적 행정책임
성향	현실적·실제적·보수적	이상적·개혁적·비판적
업무유형	실시·지휘·명령·감독·결정	계선의 업무를 지원·조성·촉진
사례	장관, 차관, 실·국장	차관보, 비서실, 담당관

(3) 위원회조직

① 의의 … 복수의 자연인에 의해 구성되는 수평적 분권제로서 합의제적이고 계속적인 조직이다.

② 위원회조직의 장·단점
 ㉠ 장점 : 민주성에 부합하고, 위원들의 전문적 지식과 경험을 반영한다.
 ㉡ 단점 : 책임의 분산과 혼란을 가져오며 문제발생시 책임회피의 경향이 있다.

(4) 공기업

① 개념 … 국가 또는 공공단체가 수행하는 여러 사업 중 공공수요의 총족을 위해 기업적·경영적 성격을 지닌 사업을 수행하는 기업으로 국가나 지방자치단체가 이를 소유하여 지배한다.

② 공기업의 유형

ㄱ. **정부부처형** : 조직·인사·재정상의 제약으로 인해 공기업의 이점인 자율성·능률성·신축성을 갖지 못하고 관료적인 경향을 띠며, 기업경영에 필요한 창의력과 탄력성을 발휘하기 어렵기 때문에 공사로 전환하는 경향이 늘어나고 있다.

ㄴ. **주식회사형** : 정부가 주식의 전부 또는 일부를 소유하는 형태의 공기업으로서 주로 국가적으로 중요한 기업체의 도산을 방지하려는 경우, 개발도상국 정부가 외국사기업의 기술과 자본을 이용하려는 경우, 사기업의 창의력이나 신축성을 정부가 뒷받침하여 국책을 수행하려는 경우 등에 설치된다.

ㄷ. **공사형** : 공공성과 기업성의 조화를 도모하기 위해 시작된 제도로서, 전액정부투자기관이고, 정부가 운영의 손익에 대해 최종책임을 지며, 정부가 임명한 임원이 운영을 담당하고, 일반 행정기관에 적용되는 예산·인사·감사·회계에 관한 법령의 적용을 받지 않는다. 사양산업에 대한 지원이나 모험적 사업의 수행 또는 사회복지의 증진 등을 강력히 추진하는 데에 유리하다.

3. 조직과 개인 및 환경

(1) 환경에 대한 조직의 대응(Scott)

① **완충전략** … 분류, 비축, 형평화, 예측, 성장

② **연결전략** … 권위주의, 경쟁, 계약, 합병

(2) 조직과 인간

① 인간관과 관리전략

ㄱ. E.H. Schein의 인간관 유형과 관리전략

- **합리적·경제적 인간관** : 인간은 타산적 존재이므로 경제적 유인으로 동기유발이 가능하다고 본다.
- **사회적 인간관** : 인간은 사회적 존재이므로, 사회·심리적 욕구가 인간행동의 기본적인 요인이라고 본다.
- **자기실현인간관** : 조직구성원은 자아실현을 추구하는 존재이므로, 동기부여는 직무를 통한 개인의 자아실현욕구가 충족됨으로써 이루어지는 내재적인 것이라고 본다.
- **복잡한 인간관** : 인간은 복잡·다양한 존재이며, 동기는 상황과 역할에 따라 다르다고 본다.

ㄴ. McGregor의 X·Y이론

- **X이론** : 인간의 본질은 게으르고 일하기를 싫어하며 생리적 욕구와 안전의 욕구를 추구하고 새로운 도전을 꺼리고, 피동적이기 때문에 외부의 제재와 통제를 통해 조종될 수 있다고 본다.
- **Y이론** : 인간은 자기행동의 방향을 스스로 정하고 자제할 능력이 있으며 책임있는 행동을 한다고 본다.

ㄷ. Ouchi의 Z이론 : 평생고용제, 장기에 걸친 평정 및 승진, 비전문적 경력통로, 내적 통제방식, 집단적 의사결정, 책임을 통한 만족감 고취, 전체적 관심 등의 특징을 주장한다.

② 동기부여이론

　㉠ 내용이론(욕구이론)

　　• Maslow의 욕구단계설 : 생리적 욕구, 안전의 욕구, 애정의 욕구, 존경의 욕구, 자아실현의 욕구

　　• Alderfer의 ERG이론 : 생존의 욕구, 인간관계의 욕구, 성장욕구

　　• Herzberg의 욕구충족요인 이원설 : 위생요인(불만을 일으키는 요인), 동기요인(만족을 일으키는 요인)

　　• Likert의 관리체제모형 : 체제1(수탈적 권위형), 체제2(온정적 권위형), 체제3(협의적 민주형), 체제4(참여적 민주형)

　㉡ 과정이론

　　• Vroom의 기대이론 : 성과가 분명하고 성과에 따른 보상이 클 것으로 기대될수록 개인의 동기는 강하게 작용한다.

　　• Porter & Lawler의 성과만족이론(EPRS이론) : 노력, 성과, 보상, 만족의 환류를 주장하며, 성과에 미치는 요인으로 노력을 강조한다.

　　• Adams의 형평성이론 : 개인의 투입에 대한 보수, 승진 등과 같은 결과의 비율이 준거인과 비교하여 어느 한쪽이 크거나 작을 때 불공정성이 지각되며 이 불공정성을 제거하기 위해 동기가 유발된다.

　　• 순치이론(보강이론) : 외부자극에 의하여 학습된 행동이 유발되는 과정 또는 어떤 행동이 왜 지속되는가를 밝히려는 이론이다.

4. 조직관리론

(1) 갈등

① 갈등의 기능

　㉠ 역기능 : 조직의 목표달성을 저해한다.

　㉡ 순기능 : 조직발전의 새로운 계기로써 선의의 경쟁을 유발시킨다.

② 갈등의 원인과 해결방안

　㉠ 개인적 갈등의 원인과 해결방안 : 수락불가능성(목표 수정), 비교불가능성(대안선택), 불확실성(다른 대안 모색)

　㉡ 복수 의사주체 간의 갈등해결방안 : 상위목표의 제시, 공동의 적 설정, 자원의 증대, 회피, 완화, 타협, 상관의 명령, 제도개혁

(2) 리더십

① 리더십의 유형

　㉠ 고전이론적 관점

　　• White와 Lippitt의 유형 : 권위형, 자유방임형, 민주형

　　• Blake & Mouton의 관리망모형 : 무관심형, 친목형, 과업형, 타협형, 단합형

　㉡ 상황이론적 관점

　　• Tannenbaum과 Schmidt의 유형 : 리더십 유형은 지도자와 집단이 처한 상황에 따라 신축적으로 결정되고, 가장 효율적인 리더십의 유형은 상황과 변수에 따라 신축적으로 결정된다고 보았다.

　　• Hersey와 Blanchard의 상황적 리더십이론 : 부하의 성숙도가 낮은 상황일 경우에는 지시적인 과업행동을 취하는 것이 효과적이고, 부하의 성숙도가 중간정도의 상황에서는 부하를 참여시키도록 노력하는 관계성 행동이 효과적이며, 부하의 성숙도가 높은 상황에서는 부하에게 권한을 대폭 위임해 주는 것이 효과적이라고 보았다.

　㉢ 최근의 이론적 관점

　　• 카리스마적 리더십이론 : 카리스마적 리더가 뛰어난 개인적 능력으로 부하에게 심대하고 막중한 영향을 미칠 수 있고 그 영향으로 부하가 탁월한 업적을 성취할 수 있게 한다는 점을 강조한다.

　　• 거래적 리더십 : 보상에 관심을 가지고 있고, 업무를 할당하고 그 결과를 평가하며, 예외에 의한 관리에 치중하고 책임과 결정을 기피하는 안정지향의 리더십이다.

- 변혁적 리더십 : 카리스마, 영감, 지적 자극, 개인적 배려, 조직의 생존과 적응 중시에 치중하며, 조직합병을 주도하고 신규부서를 만들어 내며, 조직문화를 새로 창출해 내는 등 조직에서 변화를 주도하고 관리하는 변화지향의 리더십이다.

(3) 의사전달

① 의사전달의 기능 ··· 정책결정의 합리성을 확보하고, 조정 · 통제 · 리더십의 효과적 수단을 확보할 수 있도록 한다.

② 의사전달의 유형
   ㉠ 공식적 의사전달
   - 장점 : 상관의 권위유지에 기여하고 의사전달이 확실하고 편리하며 비전문가도 의사결정이 용이하다. 또한 전달자와 대상자가 분명하고 책임소재가 명백하다.
   - 단점 : 결정된 사안의 배후사정을 전달하기 곤란하며 법규에 의거하므로 의사전달의 신축성이 없어 유동적 환경변화에 대한 신속한 대응이 곤란하다.
   ㉡ 비공식적 의사전달
   - 장점
   −전달이 신속하고 상황적응력이 강하고 배후사정을 자세히 전달할 수 있다.
   −긴장감과 소외감의 극복과 개인적 욕구의 충족에 기여한다.
   −행동의 통일성을 확보해 주고 공식적 의사전달의 보완기능을 한다.
   −유익한 정보를 제공하여 관리자에 대한 조언의 역할을 한다.
   - 단점
   −공식적인 권위체계와 의사전달체계가 무력화될 수 있고 책임소재가 불분명하다.
   −조정과 통제가 어렵고 감정과 정서에 치중하여 왜곡의 가능성이 높다.

(4) 행정정보화

① 필요성 ··· 폭증하는 행정수요에 대응하고, 정책결정과정의 합리화를 통하여 복잡한 정책문제해결을 위한 최적대안을 효과적으로 탐색 · 선택하며, 행정의 분권화, 지방화, 민주화, 인간화에 대비하고, 행정관리의 능률화 개선과 행정서비스의 질적 향상을 위하여 그 필요성이 절실하다.

② 행정정보체계(PMIIS) ··· 행정조직의 운영, 행정관리, 정책의 형성 · 집행 · 평가, 행정서비스의 제공 등을 지원하기 위하여 각종 정보를 수집 · 검색하고 목적에 맞게 처리하여 제공해 주는 국가정보관리를 위한 행정체제를 의미한다.

③ 정보공개
   ㉠ 정보공개의 목적 및 필요성 : 헌법에 명시된 국민의 알 권리를 보장하고 국정의 투명성 확보와 행정통제의 효과적 수단이 되어 공무원의 권력남용과 부패 및 관료제 조직의 폐해를 예방할 수 있고, 정부의 정보를 공개함으로써 문제인식을 공유하여 국민의 행정참여를 촉진시킬 수 있다.
   ㉡ 한계 : 정보는 이를 청구한 청구인에게만 제공되어 청구하지 않으면 제공받을 수 없다. 또한 공공기관이 새로운 정보를 수집 또는 작성할 의무는 없기 때문에 정보공개제도의 충실화를 위해서는 각종 회의의 공개와 회의록의 공표 등을 포함하는 정보공표의무제도가 확립되어야 한다.

④ 전자정부 ··· 정보기술을 이용하여 행정활동의 모든 과정을 혁신하고 대국민 서비스를 고급화한 지식정보사회형 정부이다. 1990년대 미국 클린턴 정부가 국민의 삶의 질 향상과 경제발전에 정보기술을 이용하고자 시작한 개념으로 최근에는 유비쿼터스 정부로 발전하였다.

5. 조직변동론

(1) 조직혁신(OI ; Organization Innovation)

① 의의 … 목표지향적 성격을 띠며 계획적 · 의도적 · 인위적 변화과정이다.

② 주체
- ㉠ 착상자 : 새로운 아이디어, 사업계획을 구상해 내는 소수의 창조분자로서 하위계층이다.
- ㉡ 창도자 : 아이디어를 추진하는 통찰력이 있는 중간관리층이다.
- ㉢ 채택자 : 창도자를 지원, 새로운 계획을 선도적으로 채택하는 최고관리층이다.

③ 조직혁신에 대한 저항과 극복방안 … 혁신으로 기득권의 침해에 대한 저항이 생길 시 손실 보상, 설득과 양해로 극복 가능하다.

(2) 조직발전(OD ; Organization Development)

① 의의 … 인위적 · 계획적으로 구성원의 가치관 및 태도 등을 변화시키려는 조직혁신이다.

② 조직발전의 기법
- ㉠ 감수성훈련(실험실훈련, T-Group Study) : 경험과 감성 중시, 행동가능한 능력배양에 역점을 둔다.
- ㉡ 관리망훈련 : 생산에 대한 관심과 사람에 대한 관심의 이원적 변수에 의거하여 빈약형 · 친목형 · 조직인형 · 권위복종형 · 단합형 관리 등으로 구분하고, 이 중 계획적이고 체계적인 훈련을 통하여 단계적으로 사람과 생산의 관련성을 극대화하려는 단합형 관리를 가장 바람직한 관리유형으로 본다.
- ㉢ 작업집단발전 : 개인이 작업집단에 대하여 무관심한 경우 발생할 수 있는 조직목표달성의 장애요인을 제거하기 위해서 마련된 기법이다.
- ㉣ 태도조사환류기법 : 전체 조직을 설문지로 조사하여 얻은 자료를 설문지를 제출한 사람들에게 다시 환류시키는 기법이다.

③ 조직발전의 성공요건과 한계 … 내부적으로도 개혁을 요구하는 분위기가 조성되어야 하며 장기적 노력이 필요하므로 많은 비용과 시간이 소요된다.

(3) 조직의 동태화

① 개념 … 조직이 환경변화에 신축성 있게 적응하고 끊임없이 제기되는 새로운 행정수요를 충족시킬 수 있도록, 경직화된 수직적 구조의 관료제조직으로부터 변동대응능력을 가진 쇄신적 조직으로 전환시켜 문제해결 중심의 협동체제(Adhocracy)를 구성해 나가는 과정을 의미한다.

② 동태적 조직의 유형(Adhocracy)
- ㉠ Project Team(특별작업반) : 횡적 관계의 중시로 전문가의 동기부여에 효과적이므로 극대화된 역량을 발휘할 수 있지만 임시성에 따른 심리적 불안감이 있고, 구성원간 갈등 · 대립 · 긴장이 발생하기 쉽다.
- ㉡ Task Force(전문가조직) : 외부전문가의 도입 및 활용으로 전문적이고 구체적인 과업수행이 이루어지지만 행정의 일관성을 저해하기 쉽다.
- ㉢ Matrix조직(복합조직, 행렬조직) : 프로젝트 조직과 기능 조직을 절충한 형태로 책임과 권한한계의 불명확성문제가 제기된다.
- ㉣ 책임운영기관(Agency) : 중앙정부의 집행 및 서비스전달기능을 분리하여 자율성을 부여하고, 그 운영성과에 대하여 책임을 지도록 하는 성과 중심의 사업부서화된 행정기관을 말한다.

1. 인사행정의 기초

(1) 인사행정의 변천

① **엽관주의(Spoils System)** … 미국에서 처음 도입된 것으로, 복수정당제가 허용되는 민주국가에서 선거에서 승리한 정당이 정당 활동에 대한 공헌도와 충성심의 정도에 따라 공직에 임명하는 제도이다. 행정의 비전문성과 안정성 미확보의 우려가 있다.

② **실적주의(Merit System)** … 개인의 능력·실적을 기준으로 정부의 공무원을 모집·임명·승진시키는 인사행정체제이다. 공직임용의 기회균등으로 사회적 평등 실현이 가능해지고 행정의 공정성이 확보되며 신분보장이 법령에 의해 규정됨으로써 행정의 안정성과 계속성이 확보될 수 있다.

(2) 직업공무원제(Career System)

① **의의** … 현대행정의 고도의 전문화·기술화 및 책임행정의 확립, 재직자의 사기앙양을 위해 중립적·안정적 제도의 요구에 부응하여 나온 인사제도로 영국 및 유럽의 지배적인 제도이다.

② **직업공무원제의 장·단점**
   ㉠ 장점 : 신분보장으로 인한 행정의 안정화, 공직에 대한 직업의식의 확립, 정권교체시 행정의 공백상태의 방지, 행정의 계속성과 정치적 중립성 확보에 용이하다.
   ㉡ 단점 : 공직의 특권화와 관료주의화, 행정에 대한 민주통제의 곤란, 일반행정가 중심으로 인한 전문화, 행정기술발전의 저해, 유능한 외부인사 등용이 곤란, 학력·연령 제한으로 인한 기회의 불균형이 생길 수 있다.

(3) 대표관료제(Representative Bureaucracy)

① **의의** … 사회를 구성하는 모든 주요 집단으로부터 인구비례에 따라 관료를 충원하고, 그들을 정부관료제 내의 모든 계급에 비례적으로 배치함으로써 정부관료제가 그 사회의 모든 계층과 집단에 공평하게 대응하도록 하는 제도이다.

② **대표관료제의 문제점** … 관료들의 사회화 과정을 경시하고 상류계급의 공직임용을 제한하게 되는 역차별의 문제로 사회분열이 조장된다.

(4) 공직의 분류

① **경력직과 특수경력직의 종류와 기능**
   ㉠ 경력직
   • 일반직 : 기술·연구 또는 행정일반에 대한 업무를 담당하며 직군별로 분류되는 공무원
   • 특정직 : 법관·검사·경찰·소방·군인·교육공무원 등
   ㉡ 특수경력직
   • 정무직공무원 : 선거로 취임하거나 임명할 때 국회의 동의가 필요한 공무원 또는 고도의 정책결정 업무를 담당하거나 이러한 업무를 보조하는 공무원으로서 법률이나 대통령령(대통령비서실 및 국가안보실의 조직에 관한 대통령령만 해당한다)에서 정무직으로 지정하는 공무원
   • 별정직공무원 : 비서관·비서 등 보좌업무 등을 수행하거나 특정한 업무 수행을 위하여 법령에서 별정직으로 지정하는 공무원

② 직위분류제와 계급제

　㉠ **직위분류제** : 직무 또는 직위라는 관념에 기초하여 직무의 종류, 곤란도, 책임도 등을 기준으로 하여 직류별·직렬별·등급별로 분류·정리하는 제도이다.

　㉡ **계급제** : 학력·경력·자격과 같은 공무원이 가지는 개인적 특성을 기준으로, 유사한 개인의 특성을 가진 공무원을 하나의 범주나 집단으로 구분하여 계급을 형성하는 제도이다.

2. 채용

(1) 시험

① **의의** … 능력 있는 자와 능력 없는 자를 구별하는 가장 효과적인 방법으로 잠재적 능력의 측정, 직무수행능력의 예측, 장래의 발전가능성 측정에 효용이 있다.

② **측정기준**

　㉠ **타당도** : 측정하려는 대상의 내용을 얼마나 충실하고 정확하게 측정하고 있는가를 나타내는 것으로, 시험성적과 근무성적을 비교해 본다.

　㉡ **신뢰도** : 대상을 얼마나 일관성 있게 측정하고 있는가를 나타내는 것으로, 동일한 내용의 시험을 반복시행한 결과가 비슷해야 한다. 제고방법으로는 채점의 객관성 향상, 보다 많은 문항수, 시험시간의 적절성이 있다.

　㉢ **객관도** : 채점의 공정성에 관한 것으로 제고방법으로는 평가도구·방법의 객관화, 명확한 평가기준의 설정, 공동평가의 종합 등이 있다.

(2) 임용

① **외부임용** … 공개경쟁채용과 특별채용을 이용한다.

② **내부임용**

　㉠ **수직적 내부임용** : 승진, 강임

　㉡ **수평적 내부임용** : 배치전환(전보, 전직, 전입, 파견근무), 겸임, 직무대행

3. 능력발전

(1) 근무성적평정

① **도표식 평정척도법** … 평정요소를 나열하고 평정요소마다 우열을 나타내는 척도인 등급을 표시한 평정표를 사용한다. 평정표의 작성과 사용이 용이하다는 장점이 있으나, 평정요소의 합리적 선정과 기준이 모호하며, 연쇄효과, 집중화 경향, 관대화 경향이 나타나기 쉽다.

② **사실기록법** … 객관적인 사실에 기초하여 근무성적을 평가하는 방법으로 산출기록법, 주기적 검사법, 근태기록법, 가감점수법 등이 있다. 객관적이기는 하나 작업량을 측정하기 어려운 업무에 대하여는 적용할 수 없다는 단점이 있다.

③ **서열법** … 피평정자 간의 근무성적을 비교해서 서열을 정하는 방법으로, 비교적 작은 집단에 대해서만 가능하고 집단 내의 전체적인 서열 외에 객관적 자료는 제시하지 못한다.

④ **체크리스트법** … 표준행동목록에 단순히 가부를 표시하는 방법으로, 평정요소가 명확하게 제시되어 있고 평정하기가 비교적 쉬우나, 평정요소에 관한 평정항목선정이 곤란하고 질문항목이 많을 경우 평정자가 곤란을 겪게 된다.

⑤ **강제선택법** … 2개 또는 4~5개의 항목 가운데서 피평정자의 특성에 가까운 것을 강제적으로 골라 표시하도록 하는 방법으로, 신뢰성과 타당성이 높다는 장점이 있으나, 평정기술항목들을 만들기 어렵고 작성비용이 많이 드는 단점이 있다.

⑥ **강제배분법** … 평정점수의 분포비율을 획일적으로 미리 정해 놓는 방법이다. 피평정자가 많을 때에는 관대화 경향에 따르는 평정오차를 방지할 수 있으나, 현실을 왜곡하는 부작용이 초래될 수 있다.

4. 사기

(1) 보수체계

① **직무급** … 동일직무에 대한 동일보수의 원칙에 근거하여 직무의 내용 · 곤란성 · 책임도를 기준으로 한 보수를 말한다.

② **성과급(능률급)** … 공무원의 직무에 대한 실적 · 성과 · 능률의 정도를 고려하여 보수를 결정하는 것으로 생산성 향상에 가장 유리하다.

③ **근속급(연공급)** … 공무원의 근속 연수를 기준으로 한 보수이다.

④ **직능급** … 직무를 수행하는 데 요구되는 능력을 기준으로 보수를 결정한다.

(2) 고충처리

① **국민권익위원회**
  ㉠ **설치 이유**: 고충민원의 처리와 이에 관련된 불합리한 행정제도를 개선하고, 부패의 발생을 예방하며 부패행위를 효율적으로 규제하도록 하기 위하여 국무총리 소속으로 국민권익위원회를 둔다.
  ㉡ **기능**: 국민의 권리보호 · 권익구제 및 부패방지를 위한 정책의 수립 및 시행, 부패방지 및 권익구제 교육 · 홍보 계획의 수립 · 시행, 부패행위 신고 안내 · 상담 및 접수, 신고자의 보호 및 보상, 법령 등에 대한 부패유발요인 검토 등이 있다.

② **공무원단체** … 공무원의 권익을 증진하고 실적제가 강화될 수 있으나 공무원의 단체 활동은 국민 다수의 이익에 부정적 영향을 미칠 수 있다.

5. 근무규율

(1) 공무원의 정치적 중립

① **미국** … 1883년 Pendleton법에서 분류직 공무원의 정치활동을 금지하였으며 1939년 Hatch법을 통해 선거자금 제공과 선거운동 금지, 정당 강요와 보상 금지 등을 규정하였다.

② **영국(Whitley협의회)**
  ㉠ **하위직**: 정치활동의 자유를 허용하였다.
  ㉡ **서기계급(중간계급)**: 입후보만을 금지하였다.
  ㉢ **행정 · 집행계급(고위계급)**: 정치활동을 금지하였다.

③ **우리나라**
  ㉠ **헌법 제7조 제2항**: 공무원의 신분과 정치적 중립성은 법률이 정하는 바에 의하여 보장된다.
  ㉡ **국가공무원법 제65조**: 공무원은 정당이나 그 밖의 정치단체의 결성에 관여하거나 가입할 수 없으며 선거에서 특정 정당이나 특정인을 지지하거나 반대하는 행위를 할 수 없다. 또한 다른 공무원에게 이와 같은 행위를 요구하거나 정치적 행위의 보상 · 보복으로서 이익 · 불이익을 약속하여서는 안 된다.

(2) 신분보장

① 징계사유
  ㉠ 국가공무원법(지방공무원법) 및 법의 명령(지방공무원의 경우 지방자치단체의 조례 또는 규칙)을 위반한 때
  ㉡ 직무상의 의무를 위반하거나 직무를 태만히 한 때
  ㉢ 직무 내외를 불문하고 체면 또는 위신을 손상하는 행위를 한 때

② 징계의 종류
  ㉠ 파면 : 5년간 임용에 금지되는 강제퇴직이다.
  ㉡ 해임 : 3년간 공직임용에 제한되는 강제퇴직이다.
  ㉢ 강등 : 1계급 아래로 직급을 내리고 공무원 신분은 보유하나 3개월간 직무에 종사하지 못하며 그 기간 중 보수는 전액을 감한다.
  ㉣ 정직 : 1~3개월, 신분은 보유하나 직무에 종사하지 못하며 보수는 전액을 감한다.
  ㉤ 감봉 : 1~3개월, 보수의 3분의 1을 감한다.
  ㉥ 견책 : 전과에 대해 훈계하고 회개하게 한다.

5 재무행정론

1. 예산의 기초이론

(1) 예산의 의의

① 예산의 개념 … 형식적 의미로는 헌법과 국가재정법에 의거하여 편성, 국회의 심의·의결을 거친 1회계연도 간의 재정계획이다. 실질적 의미로는 재정수요와 이에 충당할 재원을 비교하여 배정한 1회계연도에 있어서의 세입·세출의 예정적 계산이다.

② 예산의 기능
  ㉠ 정치적 기능 : 예산은 단순히 합리적·과학적·총체적 결정이 아닌, 다양한 이해관계의 조정과 타협으로 결정되어 가치배분적 성격을 가진다.
  ㉡ 법적 기능 : 예산은 입법부가 행정부에 대해 재정권을 부여하는 하나의 형식이며, 예산이 법률의 형식을 가지지 않더라도 입법부의 승인을 받음으로써 강제적으로 집행해야 할 의무를 가지게 된다.
  ㉢ 행정적 기능(A. Schick) : 통제적 기능, 관리적 기능, 계획기능을 가진다.
  ㉣ 경제적 기능(R.A. Musgrave)
    • 자원배분기능 : 정부는 현재의 수요·공급을 직접 담당하거나 예산지원으로 자원을 배분한다.
    • 소득재분배기능 : 상속세·소득세 등의 세율조정이나 사회보장적 지출 등을 통하여 사회계층의 소득분배의 불균등을 해소한다.

(2) 예산의 종류

① **일반회계예산** ··· 조세수입을 주재원으로 한 국가 활동에 사용되는 예산이다.

② **특별회계예산** ··· 특정한 세입으로 특정한 세출에 충당함으로써 일반의 세입·세출과 구분하여 계리할 필요가 있을 때 법률로써 설치하는 회계이다.

③ **본예산** ··· 정상적인 편성과 심의를 거쳐 최초로 확정되는 예산으로 정기적으로 매년 다음 해의 총세입과 세출을 예산으로 편성하여 정기예산국회에 다음 회계연도가 시작되기 120일 전에 제출하는 예산이다.

④ **수정예산** ··· 예산안이 편성되어 국회에 제출된 후 심의를 거쳐 성립되기 이전에 부득이한 사유로 인하여 그 내용의 일부를 수정하고자 하는 경우 작성되는 예산안을 의미한다.

⑤ **추가경정예산** ··· 예산이 국회를 통과하여 예산이 성립된 이후 예산에 변경을 가할 필요가 있을 때, 국회에 제출하여 성립되는 예산을 말한다.

⑥ **준예산** ··· 의회에서 예산안이 성립되지 않은 경우 예산의 의결이 있을 때까지 세입범위 안에서 전년도 예산에 준하여 일정한 경비를 지출할 수 있도록 하는 제도로 우리나라에서 활용되고 있다.

⑦ **잠정예산** ··· 회계연도 개시 전까지 예산 불성립시, 일정기간 동안 일정금액 예산의 국고지출을 잠정적으로 의회의결에 허용하는 제도이다.

⑧ **가예산** ··· 부득이한 사유로 예산이 국회에서 의결되지 못한 경우에 최초의 1개월분을 국회의 의결로 집행할 수 있는 예산이다. 1개월 간의 기간 제한이 있다는 점에서 잠정예산과 차이가 나며, 국회의 의결을 필요로 한다는 점에서 준예산과 다르다.

2. 예산과정

(1) 예산과정

① **예산편성과정** ··· 중앙관서의 장의 중기사업계획서 제출→기획재정부장관의 예산편성지침서 시달→중앙관서의 장의 예산요구서 작성 및 제출→기획재정부의 사정→정부 예산안의 확정과 국회 제출

② **예산편성의 형식**
  ㉠ **예산총칙** : 세입·세출예산 이외에 매년도의 재정운영에 필요한 기초사항에 관하여 국회의 의결을 받아두는 형식이다.
  ㉡ **세입·세출예산** : 당해 회계연도의 모든 수입과 지출 예정액을 제시하고 있는데, 세입예산은 법적 효력이 없고, 세출예산은 법적 효력이 있다.
  ㉢ **계속비** : 수년에 걸쳐 완성되는 공사, 제조, 연구개발사업은 경비의 총액과 연부액을 정하여 미리 국회의 의결을 얻어 수년에 걸쳐 지출할 수 있다. 계속비의 연한은 회계연도로부터 5년이다.
  ㉣ **명시이월비** : 세출예산 중 경비의 성질상 연도 내에 그 지출을 끝내지 못할 것이 예측될 때에는 그 취지를 세입·세출예산에 명시하여 미리 국회의 승인을 얻어 다음 해에 이월하여 사용할 수 있다.
  ㉤ **국고채무부담행위** : 법률에 의한 것과 세출예산금액 또는 계속비 총액의 범위 내의 것 이외에 국가가 채무를 부담하는 행위를 할 때는 미리 예산으로서 국회의 의결을 얻어야 한다.

③ **예산의 심의**
  ㉠ **대통령의 시정연설** : 회계연도 개시 120일 전까지 예산안이 국회에 제출되면 본회의에서 대통령의 시정연설이 있게 된다.
  ㉡ **상임위원회의 예비심사** : 국회의 각 상임위원회는 소관부처별 예산안을 예비심사한다.

ⓒ 예산결산특별위원회의 종합심사 : 기획재정부장관의 예산안 제안 설명과 전문위원의 예산안 검토·보고 후, 예산결산
특별위원회는 국정 전반에 걸쳐 정책질의를 하며 각 부별로 예산안을 심의하고, 계수조정소위원회의 계수조정이
있은 후 전체 회의에 상정되어 의결, 본회의에 상정한다.
ⓔ 본회의 의결 : 본회의에서는 예산결산특별위원회 위원장의 심사보고에 이어 의원들의 질의 및 토론을 거쳐 예산안을
회계연도 30일 전까지 최종적으로 의결·확정한다.

④ 예산의 집행 … 국가의 수입과 지출을 실행·관리하는 모든 행위로, 국고의 수납, 지출행위와 지출원인행위, 국고채무
부담행위를 포함하여 확정된 예산에 따라 수입을 조달·지출하는 모든 재정활동을 말한다.
ⓖ 예산의 이용 : 입법과목(장·관·항) 간에 예산을 상호융통해서 사용하는 것을 말한다.
ⓛ 예산의 전용 : 행정과목인 세항 또는 세항 내의 목(경비성질별 분류) 간에 상호융통해서 사용하는 것을 말한다.
ⓒ 예산의 이체 : 행정조직의 개편으로 인해 그 직무권한에 변동이 있을 때 예산도 이에 따라 변경시키는 것을 말한다.
ⓔ 예산의 이월 : 회계연도 독립의 원칙에 대한 예외로서 한 회계연도의 세출예산의 일정액을 다음 연도에 넘겨서 사용
할 수 있도록 함으로써 시기적인 신축성을 유지해 주는 제도이다.
ⓜ 예비비 : 예측할 수 없는 예산 외의 지출 또는 예산초과지출에 충당하기 위하여 세입세출예산에 계상한 금액이다.
ⓗ 계속비 : 장기간 사업의 경우 경비의 총액과 연부액을 정하여 미리 국회의 의결을 얻은 범위 내에서 5년 이내에 걸
쳐 지출할 수 있는 예산을 말한다. 예산 1년주의와 회계연도독립의 원칙에 대한 예외를 인정함으로써 예산집행의
신축성을 유지하기 위한 제도적 장치라고 할 수 있다.
ⓢ 국고채무부담행위 : 국가가 채무를 부담하는 행위만 당해연도에 하고, 실제 지출은 그 다음 회계연도에 이루어지는
것이다.
ⓞ 수입대체경비 : 용역 또는 시설을 제공하여 발생하는 수입과 관련되는 경비로서 대통령령이 정하는 경비를 말한다.
ⓩ 긴급배정 : 회계연도 개시 전에 미리 예산을 배정하는 긴급배정제도로 정보비, 여비, 경제정책상 조기집행을 필요로
하는 공공사업비 등이 해당된다.

⑤ 결산 … 예산·결산의 일치 여부, 예산집행의 적정성·적법성 등을 심사하여 정부의 예산집행에 대한 사후감독과 정부
의 국회예산심의권 침해를 방지하기 위한 통제장치이다.

3. 예산제도

(1) 예산제도의 형태

① 품목별 예산제도(LIBS) … 지출의 대상·성질을 기준으로 하여 세출예산의 금액을 분류하는 것으로 예산의 집행에 대
한 회계책임을 명백히 하고 경비사용의 적정화를 기하는 데 필요하다.

② 성과주의 예산제도(PBS) … 관리 중심적 예산으로 지출을 필요로 하는 사업계획과 이에 따른 세부사업, 나아가서는 업
무측정단위로 구획한 다음 이에 따라 예산을 편성한다(예산액 = 단위원가 × 업무량).

③ 계획예산제도(PPBS) … 계획예산제도는 장기적 계획수립과 단기적 예산결정을 프로그램 작성을 통해 유기적으로 연결시
킴으로써 자원배분에 관한 의사결정의 일관성과 합리성을 도모하려는 예산제도이다.

④ 목표관리(MBO) … 상급자와 하급자가 공동으로 목표를 확인하고, 효과적인 관리를 통해 이 목표를 달성하고자 하는
관리기법인 동시에 예산기법이다.

⑤ 영기준예산(ZBB) … 예산편성시에 기존 사업을 근본적으로 재검토하여 예산의 삭감은 물론 사업의 중단이나 폐지도 고
려할 수 있는 예산결정방식이다.

⑥ 일몰법(SSL) … 특정의 행정기관이나 사업이 일정기간(3~7년)이 지나면 자동적으로 폐지되게 하는 법률로 재검토하여
존속하게 한다.

⑦ **자본예산(CBS)** … 복식예산의 일종으로 정부예산을 경상지출과 자본지출로 구분하고, 경상지출은 경상수입으로 충당시켜 균형을 이루도록 하지만, 자본지출은 적자재정과 공채발행으로 수입에 충당하게 함으로써 불균형예산을 편성하는 제도이다.

⑧ **기타**

　㉠ **지출통제 예산제도** : 예산항목간 전용 허용, 회계과목의 단순, 불용액의 이월, 효율적 배당 허용 등으로 기관장이 예산을 자유롭게 지출할 수 있게 한다.

　㉡ **총괄배정 예산제도** : 포괄적 용도에 따라 전체액만 결정하여 신축성과 자율성을 보장한다.

　㉢ **다회계년도 예산제도** : 회계연도를 2년 이상으로 하며 연말의 예산낭비 방지, 시간·노력 절감, 사업의 계속성 보장 등의 장점이 있다.

　㉣ **산출 예산제도** : 예산의 사전승인 대신 자율성을 인정하고, 성과나 산출을 평가·통제한다.

　㉤ **총괄경상비 제도** : 매 회계연도마다 경상비 예산의 추계는 재무부가 각 부처와의 협의에 의해 결정하여 단일비목으로 국회에 제출하고, 국회는 제출된 경상비 예산안에 대하여 연간 금액한도를 기준으로 심의·확정하는 금액한도제 방식을 채택한다.

　㉥ **정치관리형 예산(BPM)** : 계획예산제도에 대한 반발로 의회 우위를 확보하기 위하여 대두된 하향식 예산제도로서 의회 및 대통령의 정치적 계산에 의해 예산의 총한도가 정해지고 주정부 및 행정기관은 그 한도 내에서 우선순위를 통해 집행한다(하향식·집권식 결정).

　㉦ **지출대예산(EEB)** : 계획예산제도와는 대조적으로 하부기관에서 대안 간의 선택이 이루어지게 하는 수단으로 상층부에서 사업의 우선순위와 지출한도를 설정하는 하향식 자원배분절차이다.

　㉧ **성과지향적 예산제도** : 성과 중심으로 예산을 운용하는 것으로 투입 중심의 예산제도에 반대되는 개념이다.

6　행정통제와 행정개혁

1. 행정책임과 행정통제

(1) 행정책임

① **의의** … 행정기관이나 행정인이 직무를 수행할 때 국민의 기대와 희망, 공익 및 행정관계법령 등이 규정하는 행동기준에 따라 행동할 의무를 지는 것을 말한다.

② **필요성** … 위임입법의 증대, 국민통제의 취약, 행정관할범위의 확대, 막대한 예산권의 행사, 정부 주도의 경제발전 추진, 결정권의 집중과 확대·강화 경향, 행정의 전문화·복잡화, 재량권의 확대가 이루어졌다.

(2) 행정통제

① **의의** … 행정책임을 보장하기 위한 사전적·사후적 제어장치로서 행정조직의 하부구조나 참여자들이 조직목표나 규범으로부터 이탈되지 않도록 하기 위한 제재와 보상 등의 활동을 말한다.

② **유형**

　㉠ **외부통제(민주통제)** : 민중통제, 사법통제, 입법통제, 옴부즈만 제도

　㉡ **내부통제(자율통제)** : 정책·기획 통제, 관리통제, 공직윤리 등

③ **시민참여** … 행정의 의사결정과정에 국민이 개인적 또는 집단적으로 직·간접적인 영향을 미치거나 관여하는 것을 의미한다. 그러나 전문성을 저해하고 비능률을 초래하며 행정관청에 의한 대중조작의 위험성이 있다. 또한 정책과정의 복잡화와 지체를 초래하여 시간·자원을 낭비할 가능성이 있고, 적극적 참여의식의 결여, 대표성의 문제가 있을 수 있다.

2. 행정개혁

(1) 행정개혁

① 필요성
  ㉠ 국제적 환경의 변화, 권력 · 이익 투쟁의 작용으로 행정개혁이 요구된다.
  ㉡ 행정문제와 수요의 변동, 정부역할과 행정수요의 변동이 있다.

② 접근방법
  ㉠ 구조적 접근방법
    • 특징 : 공식적 · 합리적 조직과 조직원리에 중점을 두는 전통적 접근방법이다.
    • 문제점 : 후진국의 경우 형식주의에 치중할 위험성이 있고, 인간적 요인을 과소평가하며, 조직의 동태적 성격과 환경적 요인이 충분히 고려되지 않는다.
  ㉡ 기술적 접근방법
    • 특징 : 과학적 관리법의 원리를 적용하여, 사무관리 개선에 목표를 두고 행정수행과정을 중시한다.
    • 장 · 단점 : 전산화된 통합적 관리정보체계는 기술적 쇄신을 통해 표준적 절차와 조직의 과업수행에 영향을 준다. 그러나 기술과 인간성 간의 갈등을 소홀히 할 수 있다.
  ㉢ 인간관계론적(행태적) 접근방법
    • 특징 : 행정인의 가치관 · 태도 등을 감수성훈련 등 조직발전기법을 활용하여 인위적으로 변혁시켜 조직 전체의 개혁을 도모한다.
    • 문제점 : 인간의 행태변화는 장기적인 시간을 소요하며, 권위주의적 행정문화 속에서의 낮은 성공률을 보이며, 행태과학의 전문적 기술 및 지식이 요구된다.
  ㉣ 종합적 접근방법 : 구조적 · 기술적 · 인간관계적 접근방법이 상호보완적으로 병행된다. 정치적 성격과 환경적 요인의 중요성을 감안한 방법이며 현대행정에서 가장 타당한 행정개혁방안이라고 볼 수 있다.

(2) 감축관리

① 의의 … 행정개혁의 실천적 접근방법으로서 정책 · 조직 · 사업 등을 계획적으로 정비 · 폐지 · 축소하여 자원 활용의 총 효과성을 극대화하고자 하는 조직정비운동이다. 일몰법의 도입, 민영화의 확대, 제3섹터를 활용, 영기준예산(ZBB)의 채택, 정책의 종결, 사업의 합병 등을 활용, 규제의 폐지 · 축소 등의 방법을 시행한다.

② 저해요인 및 해소방안
  ㉠ 저해요인
    • 법적인 제약이 따른다.
    • 관련 수혜집단의 저항이 있을 수 있다.
    • 심리적 · 정치적 원인이 작용할 수 있다.
    • 과대한 비용 · 손실 · 매몰비용(sunk cost)이 소요된다.
    • 담당행정조직의 존속지향성(동태적 보수주의 추구)이 있다.
  ㉡ 해소방안
    • 부담의 보상을 해주고 관련정보의 누설을 방지한다.
    • 제도적 장치(ZBB, 일몰법)를 확립한다.
    • 동조세력의 확대와 외부인사의 참여 등을 유도한다.
    • 기존정책의 폐해와 새로운 정책도입을 적극적으로 홍보한다.

1. 지방자치단체와 국가와의 관계

(1) 중앙집권의 장·단점

① 장점 … 행정관리의 전문화, 국가위기에 대한 신속한 대처 가능, 자원배분의 합리화, 대규모의 물질적·정신적 사업에 유리, 행정의 통일성, 안정성, 능률성에 기여, 광역적·거시적·전국적인 국가사업 추진, 급변하는 행정수요에 대한 소요재원 확보가 가능하다.

② 단점 … 중앙정부의 행정부담 가중, 행정수요의 지역적 특수성 무시, 공동체의식·자치의식 등의 결여, 참여의식의 저하, 지방 민주화 저해, 민주통제 약화, 권위주의적·전제주의적 경향이 나타날 수 있다.

(2) 신중앙집권화와 신지방분권화

① 신중앙집권화 … 기존의 지방자치를 부정하는 것이 아니라 지방정부와 기능적으로 협력하고 조화를 모색하기 위하여 등장하였다.
　㉠ 촉진요인 : 행정사무의 양적 증가, 질적인 전문성의 한계, 과학기술과 교통·통신의 발달, 중앙재정에의 높은 의존도, 국민생활권의 확대와 경제규제의 필요성의 대두, 국민의 최저수준 유지의 필요성, 행정의 민주화·능률화의 조화가 필요하였다.
　㉡ 특징 : 능률성과 민주성이 조화되는 이념으로 비권력적·협력적·수평적·기능적 집권에 해당한다.

② 신지방분권화 … 중앙집권적 성향이 강했던 프랑스 등에서 정보화, 국제화, 도시화, 지역불균형 등으로 1980년대 이후 나타난 지방분권화 경향이다(미국의 Home Rule운동).
　㉠ 촉진요인 : 정보화의 확산, 도시화의 진전, 중앙집권화의 폐해로 인한 지역간 불균형, 국제화·세계화의 추세로 활동영역이 확대되었다.
　㉡ 특징 : 상대적·참여적·협조적·적극적 분권으로 능률성과 민주성이 조화된다. 국가의 사전적·권력적 관여를 배제하고, 지식적·사후적 관여만 하면서 국가는 기본정책결정을 담당하고, 지방은 집행을 담당한다.

2. 지방자치

(1) 지방자치단체의 사무

① 고유사무 … 지방자치단체가 자주적으로 처리하는 사무로 중앙으로부터 사후 교정적 감독을 받는다. 지방자치단체의 존립관련사무와 지방 공공복리에 관련된 사무가 이에 해당한다.

② 단체위임사무 … 국가 또는 상급단체의 사무가 법령에 의하여 지방자치단체에 위임되어 중앙의 교정적인 감독하에 처리되는 사무로 국가가 비용을 일부 부담한다. 보건소 운영, 예방접종사무, 시·군의 재해구호사무, 도의 국도 유지·보수사무 등이 이에 해당한다.

③ 기관위임사무 … 국가 또는 상급단체의 사무가 법령의 근거없이 상황에 따라 지방자치단체로 위임되어 지방의회의 간섭을 배제하고 상급단체의 사전적·전면적 감독을 받으며 처리하는 사무로 국가가 비용을 전액부담한다. 병역, 인구조사, 경찰, 선거에 관련된 사무가 이에 해당한다.

(2) 지방재정

① 지방수입의 분류

    ㉠ 자치단체의 자주성 정도

        • 자주재원 : 지방자치단체가 스스로 조달하는 재원으로 지방세 수입, 세외수입 등이 있다.

        • 의존재원 :국가나 상급자치단체에 의존하여 확보하는 재원으로 지방교부세, 국고보조금 등이 있다.

    ㉡ 용도의 제한 여부

        • 일반재원 : 용도의 제한없이 자유롭게 지출할 수 있는 재원으로 지방세, 세외수입, 지방교부세 등이 있다.

        • 특정재원 : 지출용도가 정해져 있는 재원으로 국고보조금 등이 있다.

    ㉢ 규칙적 확보 여부

        • 경상수입 : 매년 규칙적·안정적으로 확보할 수 있는 재원으로 지방세, 사용료, 수수료, 보통교부세 등이 있다.

        • 임시수입 : 불규칙적·임시적·가변적으로 확보할 수 있는 재원으로 특별교부세, 부동산 매각 수입, 지방채 수입, 이월금 등이 있다.

② **지방재정자립도** ··· 지방자치단체의 세입구조를 지방세 수입, 세외수입, 지방교부세, 보조금으로 분류할 경우 그 중에서 지방세 수입과 세외수입이 세입총액에서 차지하는 비율을 의미한다.

$$지방재정자립도 = \frac{자주재원(지방세 \cdot \ 세외수입)}{세입총액(지방세 \cdot \ 세외수입, \ 지방교부세, \ 보조금 등)} \times 100(\%)$$

○ 공공관리설(1980년대~현재)

행정을 시장메커니즘에 의한 국가경영으로 파악하며, 지역사회로부터 국제사회에 걸치는 여러 공공조직에 의한 행정서비스 공급체계의 복합적 기능에 중점을 두는 포괄적 개념으로 인식될 수 있으며, 통치·지배보다 경영의 의미가 강하다.

○ 파킨슨의 법칙(Parkinson's Principle)

① 개념 … 본질적인 업무량과는 직접적인 관련이 없이 공무원의 수는 일정한 비율로 증가한다는 사회심리학적 법칙이다.

② 부하배증의 법칙 … 공무원은 업무 과중시 동료보다는 그를 보조해 줄 부하를 보충받기를 원한다. 동료는 승진에 경쟁자가 될 가능성이 높고 부하는 서로 경쟁시킴으로써 통솔도 용이하고 자신의 권위를 보존할 수 있기 때문이다.

③ 업무배증의 법칙 … 부하가 배증되면 지시, 보고, 승인, 감독 등의 파생적 업무가 발생하여 본질적 업무와 관계없이 업무량이 증가한다. 그리고 배증된 업무량 때문에 다시 부하배증현상이 나타나고 이는 다시 업무배증 현상이 창조되는 순환과정을 거치면서 정부규모가 확대된다.

○ 포드 시스템(Ford System)

작업공정을 Gilbreth의 기본동작연구를 이용하여 세분화·전문화·표준화하고 이를 기계로 대치하여 이동조립법을 실시했다. Ford는 경영을 이윤추구의 수단이라기보다는 사회대중에 대한 봉사의 수단이 되어야 한다고 주장하였다. 즉, 일상품의 저가격과 임금수준의 향상을 통해 대중의 생활수준 향상을 경영을 통한 봉사로 보았다.

○ Hawthorne실험

1924~1932년에 걸쳐 E. Mayo 등의 학자들이 Hawthorne 공장을 대상으로 실험한 생산성 제고에 영향을 끼치는 변수에 관한 실험이다. 그 결과 노동의 작업량은 육체적 능력이 아닌 사회적 능력에 의하여 결정되고, 비경제적 동기부여가 생산성에 영향을 끼치며, 비공식조직이 생산성 제고와 깊은 연관이 있음을 발견하였다.

○ 무의사결정론(신엘리트론)

엘리트론이 R. Dahl 등의 다원주의자들에 의해 비판을 받게 되자, P. Bachrach와 M. Baratz가 권력의 두 얼굴에서 엘리트는 불리한 사태가 예상되거나 또는 행정관료가 과잉충성의 행태를 보일 때, 어떤 특정 문제를 정책의제로 채택하지 않고 기각·방치하여 결과적으로 정책대안을 마련하지 않기로 결정하는 경향이 있음을 지적했다. 이러한 무의사결정은 폭력 등의 강제력의 행사, 혜택의 박탈 또는 제공, 기존의 절차나 규칙에 위반되는 경우 의제화를 막거나 기존의 절차나 규칙의 수정을 통해 의제화를 저지하는 등의 방법을 통해 이루어진다고 주장했다.

○ 기획의 그레샴 법칙(Gresham's Law of Planning)

① 의의 … 기획을 수립할 책임이 있는 기획담당자는 어렵고 많은 노력을 요하는 비정형적 기획을 꺼려하는 경향을 가진다는 것으로, 불확실하고 전례가 없는 상황에서 쇄신적이고 발전지향적인 비정형적 결정이 이루어져야 함에도 불구하고 전례답습적인 정형적 결정·기획이 우선적으로 행해지는 현상을 말한다.

② 원인

- 예측능력의 한계 : 자료부족·분석능력의 부족은 쇄신적 기획활동을 저해한다.
- 목표의 무형성 : 상위목표가 무형적일수록 전통이나 선례를 답습하게 된다.
- 시간·비용·노력의 부족 : 동원 가능한 자원이 부족할 경우 상용적 기획에 그칠 수 있다.
- 환경요소의 무시 : 외부환경의 변화를 고려하지 않으면 정형적 기획에 그치게 된다.
- 과두제의 철칙 : 관료조직의 타성에 의해 목표의 변화가 일어나고, 이에 따라 창의적 기획활동(비정형적 기획)이 출현하지 않게 된다.

○ Task Force(전문가조직)

특별한 임무를 수행하기 위하여 각 조직 내의 필요한 전문가를 차출하여 한 사람의 책임자 아래 입체적으로 편성한 조직으로 Project Team에 비해 존속기간이 길고, 보다 대규모의 공식조직이다. 설치시에는 법적 근거를 요한다.

○ Matrix조직(복합조직, 행렬조직)

전통적인 관료제에 Project Team을 혼합함으로써 수직적 구조와 수평적 구조가 혼합형성된 임시적·동태적 조직을 말한다. 조직구성원은 기능구조와 사업구조에 중첩적으로 속하게 되어 다원적인 지휘·명령체계에서 중첩적인 지휘와 명령을 받게 된다.

○ Project Team(특별작업반)

특정 사업을 추진하거나 주어진 과제를 해결하기 위해서 조직 내의 인적·물적 자원을 결합하여 창설되는 동태적 조직으로서, 직무의 상호 연관성이라는 직무상의 횡적 관련을 중시하여, 전통적인 관료제 조직과 공존하면서 여러 기능을 통합하기 위해 조직된 잠정적인 조직이다. 설치시 법적 근거를 요하지 않는다.

○ 품목별예산제도(LIBS)

지출의 대상·성질을 기준으로 하여 세출예산의 금액을 분류하는 것으로 예산의 집행에 대한 회계책임을 명백히 하고 경비사용의 적정화를 기하는 데 필요하다. 행정재량 범위 제한 및 쉬운 통제로서 행정권 남용 억제, 회계책임 명확화, 지출의 합법성에 치중하는 회계검사 용이, 예산편성 용이 등의 장점이 있고, 예산의 신축성 저해, 행정부의 정책과 사업계획 수립에 유용한 자료를 제공하지 못함, 신규 사업이 아닌 전년도 답습사업만 확대, 투입과 관련 있지만 산출과 관련 없음 등의 단점이 있다.

○ 성과주의 예산제도(PBS)

품목별예산제도를 보완하기 위해 등장한 제도로 최소의 행정이 최선의 행정으로 간주되던 시대에는 품목별 지출의 통제에만 관심을 가졌지만, 사업·예산규모가 급속히 커지므로 예산제도에 있어서도 회계책임을 중시하는 통제적 측면 외에 사업의 능률적인 수행을 위한 관리적 측면도 중요시하게 되었고, 이에 따라 성과주의 예산제도가 등장하였다. 국민이나 입법부가 정부의 활동을 쉽게 이해, 정책이나 사업계획수립이 용이, 효율적 관리수단 제공 및 자금배분의 합리화, 예산집행의 신축성 등의 장점이 있고, 세출통제의 곤란, 행정부에 대한 엄격한 입법통제의 곤란, 회계책임의 불분명과 공급관리의 소홀, 운영상의 문제점, 업무측정단위 선정의 어려움 등의 단점이 있다.

○ 계획예산제도(PPBS)

계획예산제도는 장기적 계획수립과 단기적 예산결정을 프로그램 작성을 통해 유기적으로 연결시킴으로써 자원배분에 관한 의사결정의 일관성과 합리성을 도모하려는 예산제도이다. 특징으로는 목표지향주의, 효과성과 비교선택주의, 절약과 능률, 과학적 객관성, 예산기간의 장기화 등이 있다. 사업계획과 예산편성 간의 불일치 해소, 자원의 합리적 배분, 정책결정과정 일원화, 조직체의 통합적 운영이 효과적, 장기적 시계와 장기계획의 신뢰성 등의 장점이 있고, 간접비의 배분문제, 달성성과의 계량화 곤란, 지나친 중앙집권화의 초래, 목표설정의 곤란, 환산작업의 곤란 등의 단점이 있다.

⭕ 성과주의 예산제도(PBS)

품목별예산제도를 보완하기 위해 등장한 제도로 최소의 행정이 최선의 행정으로 간주되던 시대에는 품목별 지출의 통제에만 관심을 가졌지만, 사업·예산규모가 급속히 커지므로 예산제도에 있어서도 회계책임을 중시하는 통제적 측면 외에 사업의 능률적인 수행을 위한 관리적 측면도 중요시하게 되었고, 이에 따라 성과주의 예산제도가 등장하였다. 국민이나 입법부가 정부의 활동을 쉽게 이해, 정책이나 사업계획수립이 용이, 효율적 관리수단 제공 및 자금배분의 합리화, 예산집행의 신축성 등의 장점이 있고, 세출통제의 곤란, 행정부에 대한 엄격한 입법통제의 곤란, 회계책임의 불분명과 공금관리의 소홀, 운영상의 문제점, 업무측정단위 선정의 어려움 등의 단점이 있다.

⭕ 계획예산제도(PPBS)

계획예산제도는 장기적 계획수립과 단기적 예산결정을 프로그램 작성을 통해 유기적으로 연결시킴으로써 자원배분에 관한 의사결정의 일관성과 합리성을 도모하려는 예산제도이다. 특징으로는 목표지향주의, 효과성과 비교선택주의, 절약과 능률, 과학적 객관성, 예산기간의 장기화 등이 있다. 사업계획과 예산편성 간의 불일치 해소, 자원의 합리적 배분, 정책결정과정 일원화, 조직체의 통합적 운영이 효과적, 장기적 시계와 장기계획의 신뢰성 등의 장점이 있고, 간접비의 배분문제, 달성성과의 계량화 곤란, 지나친 중앙집권화의 초래, 목표설정의 곤란, 환산작업의 곤란 등의 단점이 있다.